E-Book inside.

Mit folgendem persönlichen Code können Sie die E-Book-Ausgabe dieses Buches downloaden:

4uyy6-p56r0-18300-86147

Registrieren Sie sich unter

www.hanser-fachbuch.de/ebookinside

und nutzen Sie das E-Book auf Ihrem Rechner*, Tablet-PC und E-Book-Reader.

Der Download dieses Buches als E-Book unterliegt gesetzlichen Bestimmungen bzw. steuerrechtlichen Regelungen, die Sie unter **www.hanser-fachbuch.de/ebookinside** nachlesen können.

* Systemvoraussetzungen: Internet-Verbindung und Adobe® Reader®

Dowalil

Modulare Softwarearchitektur

Herbert Dowalil

Modulare Softwarearchitektur

Nachhaltiger Entwurf durch Microservices, Modulithen und SOA 2.0

2., überarbeitete Auflage

HANSER

Der Autor:
Herbert Dowalil, Niederösterreich

Alle in diesem Buch enthaltenen Informationen, Verfahren und Darstellungen wurden nach bestem Wissen zusammengestellt und mit Sorgfalt getestet. Dennoch sind Fehler nicht ganz auszuschließen. Aus diesem Grund sind die im vorliegenden Buch enthaltenen Informationen mit keiner Verpflichtung oder Garantie irgendeiner Art verbunden. Autor und Verlag übernehmen infolgedessen keine juristische Verantwortung und werden keine daraus folgende oder sonstige Haftung übernehmen, die auf irgendeine Art aus der Benutzung dieser Informationen – oder Teilen davon – entsteht.

Ebenso übernehmen Autor und Verlag keine Gewähr dafür, dass beschriebene Verfahren usw. frei von Schutzrechten Dritter sind. Die Wiedergabe von Gebrauchsnamen, Handelsnamen, Warenbezeichnungen usw. in diesem Buch berechtigt deshalb auch ohne besondere Kennzeichnung nicht zu der Annahme, dass solche Namen im Sinne der Warenzeichen- und Markenschutz-Gesetzgebung als frei zu betrachten wären und daher von jedermann benutzt werden dürften.

Bibliografische Information der Deutschen Nationalbibliothek:

Die Deutsche Nationalbibliothek verzeichnet diese Publikation in der Deutschen Nationalbibliografie; detaillierte bibliografische Daten sind im Internet über http://dnb.d-nb.de abrufbar.

Lektorat: Brigitte Bauer-Schiewek
Copy editing: Petra Kienle, Fürstenfeldbruck
Umschlagdesign: Marc Müller-Bremer, München, www.rebranding.de
Umschlagrealisation: Max Kostopoulos
Titelmotiv: © istockphoto.com/myillo
Gesamtherstellung: Kösel, Krugzell
Ausstattung patentrechtlich geschützt. Kösel FD 351, Patent-Nr. 0748702
Printed in Germany

Print-ISBN: 978-3-446-46377-6
E-Book-ISBN: 978-3-446-46534-3
E-Pub-ISBN: 978-3-446-46631-9

Inhalt

Vorwort ... **XI**
Danksagung ... XIII

Der Autor ... **XV**

1 Über Softwarearchitektur ... **1**
1.1 Die Softwarekrise ... 1
1.2 Was ist Softwarearchitektur überhaupt? ... 4
1.2.1 Wartbarkeit von Code ... 8
1.2.2 Modularisierung und andere Qualitäten von Software ... 10
1.3 Was ist Softwarearchitektur definitiv nicht? ... 10
1.4 Woran erkennt man, dass man Probleme hat? ... 12
1.4.1 Keine Agilität möglich ... 12
1.4.2 Inflexibilität bei Release ... 13
1.4.3 Tests sind schwierig ... 13
1.4.4 Seiteneffekte ... 13
1.4.5 Teure Weiterentwicklung ... 13
1.5 Wann ist Modularisierung? ... 13
1.6 Digitalisierung und Legacy-Krise ... 15

2 Effiziente Strukturierung auf Code-Ebene ... **17**
2.1 Die ideale Methode und das Single-Responsibility Prinzip ... 17
2.1.1 Das Single-Level-of-Abstraction-Prinzip ... 19
2.1.2 Tutorial #01: Single-Level-of-Abstraction ... 19
2.2 Schnittstellen ... 21
2.2.1 Design-by-Contract ... 22
2.2.2 Interface-Segregation ... 25
2.2.3 Abstraktionen statt Implementierungen ... 27

2.3 Vererbung ... 29
2.3.1 Composition over Inheritance ... 29
2.3.2 Liksov's Substitutionsprinzip ... 31
2.4 Immutability ... 34
2.5 Über Prinzipien, Pattern und Antipattern ... 36
2.5.1 Prinzipien ... 36
2.5.2 Pattern ... 37
2.5.3 Antipattern ... 37
2.6 Aber 39

3 Strukturen auf Modul-Ebene ... 41
3.1 Information Hiding ... 41
3.1.1 Tutorial #08: Kapselung ... 43
3.1.2 Principle of Least Knowledge (Law of Demeter) ... 45
3.1.3 Keine Leaks von Internas in Schnittstellen ... 46
3.2 Kohäsion ... 46
3.2.1 Tutorial #10: Erhöhung der Kohäsivität ... 48
3.3 Abhängigkeiten ... 49
3.3.1 Abhängigkeitszyklen ... 50
3.4 Open-Closed ... 55
3.4.1 Tutorial #13: Factory-Method Pattern ... 56
3.4.2 Tutorial #14: ServiceLoader ... 57
3.5 Enge Kopplung bei Code-Reuse ... 58
3.5.1 Organisatorische Abhängigkeit ... 58
3.5.2 Daten- und Formatabhängigkeit ... 59
3.6 Werkzeuge ... 61
3.6.1 Programmiersprachen ... 61
3.6.2 Werkzeuge ... 63

4 5C Design ... 67
4.1 CUT – Richtig schneiden ... 69
4.1.1 Vertikale vs. Horizontale Abtrennung ... 70
4.2 CONCEAL – Verbergen ... 71
4.3 CONTRACT – Schnittstelle festlegen ... 72
4.3.1 Antipattern ... 73
4.3.2 Pattern ... 76
4.4 CONNECT – Verbinden ... 78
4.4.1 Formen der Kopplung ... 79
4.4.2 Antipattern ... 83
4.4.3 Pattern ... 84
4.5 CONSTRUCT – Aufbauen ... 87
4.5.1 Anitpattern ... 88
4.5.2 Pattern ... 89

5 Metriken ... 93

5.1 Strukturelle Codemetriken ... 93
- 5.1.1 Unit-Test-Abdeckung und das Legacy-Code-Dilemma ... 93
- 5.1.2 Komplexität und Modulgröße ... 95
- 5.1.3 Sichtbarkeit ... 97
- 5.1.4 Kohäsion ... 98
- 5.1.5 Software-Package-Metriken nach Robert C. Martin ... 100
- 5.1.6 Metriken nach John Lakos ... 101
- 5.1.7 Relative Cyclicity ... 104
- 5.1.8 Metriken der Objektorientierten Programmierung (OOP) ... 106
- 5.1.9 Component Rank ... 108
- 5.1.10 Weitere Metriken ... 109

5.2 Über den sinnvollen Einsatz von Metriken ... 109
- 5.2.1 Mögliche Probleme beim Einsatz von Software-Metriken ... 109
- 5.2.2 Mögliche Lösungsansätze ... 111

5.3 Strukturelle Metriken und Verteilte Systeme ... 112

6 Domänengetriebener Entwurf – Domain Driven Design (DDD) ... 115

6.1 Ubiquitous Language ... 115

6.2 Aufteilung in Subdomänen ... 116

6.3 Bounded Context ... 116

6.4 Integration ... 117
- 6.4.1 Shared Kernel ... 117
- 6.4.2 Published Language ... 117
- 6.4.3 Conformist ... 118
- 6.4.4 Customer/Supplier ... 118
- 6.4.5 Partnership ... 118
- 6.4.6 Open/Host Service ... 118
- 6.4.7 Anticorruption Layer ... 118
- 6.4.8 Separate Ways ... 118

6.5 Upstream/Downstream-Beziehungen ... 119

6.6 Context Map ... 119

6.7 Beispiel ... 120

6.8 Fazit ... 121

7 Verteilte Systeme ... 123

7.1 Services ... 124

7.2 Herausforderungen Verteilter Systeme ... 125
- 7.2.1 CAP-Theorem ... 126
- 7.2.2 Unsichere Kommunikation und Idempotenz ... 126
- 7.2.3 Konsistenz in verteilten Systemen ... 129

7.3 Vor- und Nachteile der Verteilung ... 138
- 7.3.1 Technische Freiheit ... 138
- 7.3.2 Deployment und Release ... 138

7.3.3 Fehlerisolation/Graceful Degradation ... 139
7.3.4 Erosion der Struktur ... 139
7.3.5 Komplexität ... 140
7.3.6 Skalierbarkeit ... 140
7.4 Representational State Transfer (REST) ... 143
7.4.1 Level 1 ... 143
7.4.2 Level 2 ... 143
7.4.3 Level 3 ... 144

8 Makro-Architektur ... 145
8.1 Conway's Law ... 148
8.1.1 Die ideale Teamgröße ... 150
8.1.2 Das Spotify-Modell ... 151
8.2 Organisation der Makro-Architekturarbeit ... 152
8.2.1 Das klassische Anti-Pattern ... 153
8.2.2 Strategie und Taktik ... 154
8.2.3 Dokumentation ... 156
8.2.4 Architekturbewertung ... 159
8.3 Architektur-Muster/-Stile ... 161
8.3.1 Service-orientierte Architektur (SOA) im klassischen Sinn ... 161
8.3.2 Microservices ... 169
8.3.3 Self Contained Systems (SCS) ... 178
8.3.4 Modulare Monolithen ... 179
8.3.5 Hybride Ansätze ... 180

9 Komplexes Refactoring ... 183
9.1 Qualitätsmängel ... 183
9.1.1 Analyse und Zieldefinition ... 183
9.1.2 Managing Technical Debt (mit aim42) ... 184
9.1.3 Strategisches Refactoring ... 187
9.1.4 Kombinationen ... 195
9.1.5 Entwicklung neuer Features ... 196
9.2 Technische Migration ... 196
9.2.1 Indirektionen/Minimieren der Abhängigkeit ... 197
9.2.2 Standards ... 197
9.2.3 Langweilige, alte und bewährte Technologien verwenden ... 198
9.2.4 Verteilte Systeme bauen ... 198
9.2.5 Technologie-agnostische Kommunikation ... 198
9.2.6 Libraries statt Frameworks ... 198
9.2.7 Minimalinvasive Technologien ... 199
9.3 Stakeholder überzeugen ... 199
9.3.1 Metriken ... 200
9.3.2 4-MAT ... 200
9.4 Zusammenfassung ... 201

10 Zusammanfassung, Fazit und Ausblick **205**
10.1 Vorgehen bei einer Dekomposition 205
10.1.1 Auflösung einer Smart-Pipe 208
10.1.2 Das finale Tutorial #16: Vertikalität 211
10.2 Die Grenzen der Zerlegung 211
10.3 Tipps zum Scheitern 212
10.3.1 Fallen Sie auf Bullshit rein 212
10.3.2 Legen Sie Konzepte als Ziele fest 214
10.3.3 Glauben Sie ganz fest an Hypes 215
10.3.4 Haben Sie keine vernünftige Kultur des Debattierens 215
10.3.5 Überzeugen Sie unsere Personalabteilung mit Ihrem Lebenslauf 216
10.3.6 Ignorieren Sie Feedback Ihres Teams zu Machbarkeit und Sinnhaftigkeit 216
10.3.7 Betreiben Sie Cargo-Kulte 217
10.3.8 Verlassen Sie sich darauf, dass die Teams sich immer selbst organisieren 217
10.3.9 Sorgen Sie für ein hohes Maß an Produktivität durch eine hohe Auslastung der Mitarbeiter 218
10.4 Nachhaltige Softwarearchitektur 219
10.5 Key-Take-Aways 220

11 Anhang **223**
11.1 Prinzipien 223
11.2 Antipattern und klassische Denkfehler 224
11.3 Gesetze der Softwareentwicklung 224
11.4 Klassische Trade-offs (Kompromisse) der Softwareentwicklung 225
11.5 Begriffe 226

Literatur **229**

Index **233**

Vorwort

Und jedem Anfang wohnt ein Zauber inne ...
Hermann Hesse

Warum ein Buch zum Thema Modularisierung von Software? Ist dazu nicht bereits alles geschrieben worden? Ist das nicht längst alles klar? Das klappt doch praktisch in allen Softwarehäusern, oder etwa nicht? Was ist also die Motivation eines Autors, gerade darüber ein Buch zu schreiben, und das im 21. Jahrhundert? Um es auf den Punkt zu bringen: Ich glaube keineswegs, dass dieses Thema nirgends mehr Herausforderungen bietet. Ich denke, dass der Grund dafür, dass viele nach wie vor nach Patentrezepten für Softwarearchitektur suchen, genau der ist, dass sie sich fragen, wie man denn eine komplexe Software effizient in ihre Einzelteile zerlegen kann. Der aktuelle Microservice-Hype ist da nur ein Beispiel dafür. Der Wunsch nach einem solchen Allheilmittel für die Softwarearchitektur birgt allerdings ein paar Risiken in sich:

- Man redet aneinander vorbei. Viele haben andere Vorstellungen von den jeweiligen Architekturstilen. Gerade bei SOA und Microservices sind Missverständnisse an der Tagesordnung.
- Das Patentrezept wird angewendet, ohne Rücksicht auf Verluste. Es ist dann kein Mittel zum Zweck mehr, sondern das eigentliche Ziel der Architekturarbeit. Es wird irgendwann gar nicht mehr hinterfragt, ob das Patentrezept für den jeweiligen Anwendungsfall überhaupt sinnvoll ist.

Nach der Lektüre dieses Buchs sehen Sie, lieber Leser, hoffentlich gar nicht mehr den Bedarf nach Patentrezepten, um Ihre Software-Lösung zu strukturieren. Diese sind nämlich gar nicht notwendig, wenn man erstmal die folgenden Dinge verinnerlicht hat:

- Warum man strukturiert, wann man dies besser unterlässt und welche Vor-, aber auch Nachteile die Modularisierung von Software haben kann.
- Welche Möglichkeiten zur Modularisierung bestehen, wann man welche davon anwendet und welche Vor- und Nachteile diese haben.
- Wie man die geeigneten Grenzen für die Modularisierung identifiziert.

Über SOA und Microservices

Die Älteren unter meinen Lesern erinnern sich vielleicht noch an den SOA-Hype!? Jahrelang galt es als hip, genau das zu tun, wenn man eine sehr komplexe Software im Unternehmenskontext entwickelt hatte. Es dauerte eine Weile, bis sich zeigte, dass, aus meiner Sicht und der Meinung mehr oder weniger aller Softwarearchitekten zu dem Thema heute, diese Art von Patentrezept nicht funktioniert. SOA-Projekte scheiterten, was aber nicht zwangsläufig dazu führte, dass man diese auch vorzeitig beendete. Oft sind Organisationen hier nicht in der Lage, sich ein Scheitern einzugestehen. Man hält an dem einmal eingeschlagenen Weg so lange fest, bis sich der Fehlschlag nicht mehr leugnen lässt, weil die Organisation sonst ihr Gesicht verlieren könnte. Was wir heute als Überbleibsel dieses Hypes nach wie vor haben, sind Enterprise-Architekturen voller technischer Schuld, inklusive der deswegen unzufriedenen Auftraggeber und frustrierten Entwickler. Lösungsrezepte als Auswege aus solch verfahrenen Situationen liefert dieses Buch in Kapitel 9.

Aktuell wurde der SOA-Hype vom Microservice-Hype beinahe 1:1 abgelöst, wobei viele Enterprise-Architekten - nicht ganz zu Unrecht - daran zweifeln, ob dieser Architekturstil auch für eine komplexe Unternehmensanwendung brauchbar ist. Viele übersehen dabei, dass, ganz ähnlich wie beim SOA-Hype, nicht klar ist, wie genau denn dieser Architekturstil definiert ist. Ich sehe aktuell verschiedene mögliche Interpretationen, die sich zwar in gewissen Grundzügen ähneln, aber doch auf verschiedene Ziele hin optimiert sind. Ich werde auf diese im weiteren Verlauf des Buchs natürlich eingehen und auch erklären, warum der SOA-Hype gescheitert ist.

Womit wir bei einem leidigen Thema wären, welches oft Debatten im Bereich der Softwarearchitektur schwierig macht, nämlich der Art und Weise, wie wir Fachbegriffe benutzen. Anders als Sparten wie Medizin oder Biologie haben wir es bisher versäumt, eine allgemein anerkannte Begriffswelt zu definieren. Inzwischen gibt es einen beachtenswerten Versuch des iSAQB, wo es allerdings Erfolg und Verbreitungsgrad noch abzuwarten gilt. Solange wir eine solche gemeinsame Sprache nicht haben, bleibt auch mir als Autor nichts anderes übrig, als die Begriffe, die ich in diesem Buch verwende, explizit zu definieren. Dem Thema habe ich daher am Ende dieses Buchs einen Abschnitt gewidmet.

Apropos Anhang des Buchs. Da viele der Muster und Prinzipien, die wir in diesem Buch besprechen, in mehr als einem Abschnitt diskutiert werden, habe ich diese mit eindeutigen Identifiern versehen, über die ich mich immer wieder darauf beziehe, wie P02-SoC für das Prinzip „Separation of Concerns". Diese sind im Anhang ebenfalls nochmal zusammengefasst und außerdem in Relation zueinander gestellt. Dasselbe gilt für diverse Antipattern (A??-) und Gesetze wie Conway's Law (L??-), die dort ebenfalls angeführt sind. Darüber hinaus finden Sie dort noch klassische Trade-offs (T??-) der Softwarearchitektur. Dabei handelt es sich um Zwickmühlen, aus denen es keinen klaren Ausweg gibt. Im konkreten Fall muss man jeweils abwägen, für welche der Optionen man sich entscheidet.

Was ich aber zuerst klären möchte, u.a. weil eine klare und allgemeine Definition fehlt, ist, was ich unter dem Begriff Softwarearchitektur verstehe und worum es genau in diesem Buch eigentlich gehen wird. Diesem Thema widme ich gleich im Anschluss das erste Kapitel.

Als roter Faden durch dieses Werk wird sich ein Tutorial zum Thema Modularisierung von Code ziehen. Die Beispiele dafür (genannt „Labs") finden Sie auf der Website des Verlags für Java (*https://downloads.hanser.de/*). Es gibt außerdem noch eine etwas veraltete Version davon in C# auf github unter *https://github.com/hdowalil/software-design-c_sharp* zu finden. Diese basiert noch auf .NET Core 2.0, was aber auf den Code selbst keinen Einfluss hat. Der C#-Code wird von mir nicht mehr gewartet, ist aber, wenn Sie C# der Sprache Java deutlich bevorzugen, durchaus brauchbar.

Um die Labs auf Ihrem Rechner nachvollziehen zu können, benötigen Sie ein JDK (mindestens Version 9) und eine IDE, die Java-Projekte kompilieren kann, die auf Maven basieren. Sehr gut klappt das mit der „Eclipse IDE for Java Developers", in der das m2e-Plugin für die Maven-Integration in Eclipse bereits inkludiert ist. Einfach das .zip-File lokal entpacken und in Eclipse beide Projekte (training-clean und training-design) mit „Import Project" und danach „Existing Maven Project" importieren.

Der Aufbau der einzelnen Labs ist dabei immer derselbe. Es gibt jeweils ein Negativ- („Challenge") und ein Positiv-Beispiel („Solution"), welche auch in diesem Buch diskutiert werden („Sample"). Dazu noch eine weitere Übung („Excercise"), an der Sie sich selbst versuchen können, um im Endeffekt Ihre Lösung („Solution/Your") mit der Vorgabe des Autors („Solution/Trainer") zu vergleichen. Dabei wünsche ich Ihnen viel Spaß!

Die Notation der Abbildungen

Mir sind die Vorteile eines Standards wie der Unified Modelling Language (UML) natürlich vollkommen bewusst. Ich habe auch für die 2. Auflage meines Buchs beschlossen, explizit (mit wenigen Ausnahmen) nicht auf diese zu setzen. Meiner Erfahrung nach bringt die enorme Komplexität der UML auch gewisse Gefahren mit sich. Wussten Sie beispielsweise, dass unterschiedliche Pfeilspitzen-Darstellungen im Sequenzdiagramm bedeuten, dass die jeweilige Kommunikation synchron oder asynchron passiert? In der Theorie bietet einem die UML den Vorteil, dass sie ungemein aussagekräftig ist, allerdings nur, wenn jedem, der die Diagramme bearbeitet und liest, auch all diese Feinheiten bewusst sind. Wenn also jemand synchrone und asynchrone Kommunikation im Diagramm festhält, sollte der Leser, denselben Wissensstand vorausgesetzt, genauestens Bescheid wissen. In der Praxis erlebe ich aber oft, dass es genau deswegen zu Missverständnissen kommt. Entweder wusste der Autor des Diagramms nichts darüber und das Diagramm wird vom Leser fehlinterpretiert, oder aber der Leser übersieht diese möglicherweise wichtige Information. Der Nachteil, wenn man nicht auf einen Standard wie die UML setzt, ist der, dass man die eigene Notation erklären muss. Ich mache das vor allem, was die Bedeutung der Pfeilrichtungen angeht: Es geht in meinen Diagrammen, wenn diese nicht auf der UML basieren, meist um statische Abhängigkeit, nicht etwa um zeitliche Reihenfolge oder Datenflüsse. Nur wenn die Pfeile auch mit Zahlen notiert sind, geht es um den Ablauf einer Interaktionssequenz.

Danksagung

Danken möchte ich allen, die mich zu diesem Buch inspiriert und ermutigt haben, sowie meiner Frau und meiner Tochter, die mir den Freiraum dafür geschaffen und es mir ermöglicht haben. Inspiriert zu den Inhalten wurde ich von aktuellen und ehemaligen Kollegen wie Stefan Toth, Stefan Zörner, Peter Götz, Rene Weiss, Oliver Zeigemann, Mohammad

Kabiri, Michael Koitz, Miroslaw Szelag, Christa Dihanich, Jürgen Kofler, Milan Heimschild und Sebastian Bicchi. Ermutigt, meine Inhalte als Buch zu veröffentlichen, haben mich in erster Linie Gernot Starke und Alexander von Zitzewitz. Danken möchte ich aber auch jenen, die mit einer entweder hoffnungslos veralteten Einstellung oder einer bizarren Überzeugung zum Thema Softwarearchitektur meinen Skill zur Argumentation zu diesem Thema geschärft haben. Letztere werde ich an dieser Stelle allerdings nicht namentlich anführen.

Der Autor

Herbert Dowalil, Jahrgang 1976, ist glücklich verheiratet und lebt mit seiner Frau und der gemeinsamen Tochter im Großraum Wien. Er begann bereits zu seiner Grundschulzeit, in den 80er-Jahren des vergangenen Jahrhunderts, sich selbst das Programmieren beizubringen. Dabei begann er mit Acorn Electron Basic, um dann Turbo Pascal, C und C++ und später im 21. Jahrhundert Java zu verwenden. Dabei legte er sein Hauptaugenmerk bald auf die Frage, was gut wartbare und robuste Systeme von den Problemfällen, welche man in der Branche ja leider zu oft antrifft, unterscheidet. Heute beschäftigt er sich mit Themen wie Vermessung von Software in Kennzahlen, Mikro- bzw. Makro-Architekturen, Design Pattern und Prinzipien des modularen Softwareentwurfs. Spezialisiert ist er u. a. auf Refactorings und Evolution von Legacy-Architekturen.

Kontakt: *hdowalil@gmail.com*

Im World Wide Web:

https://5c-design.info

Trainingsvideos passend zu den Inhalten dieses Buchs gibt es hier:

https://www.udemy.com/user/herbert-dowalil/

1 Über Softwarearchitektur

Your mind is just a program and I am the virus. I'm changing the station.
I will improve your thresholds.
Muse

1.1 Die Softwarekrise

Begonnen hat alles im Jahr 1968, als ein gewisser Edsger W. Dijkstra ein Papier mit dem Titel „A Case against the GO TO Statement“ [Dij68] veröffentlichte. Warum war dies damals notwendig? Hardware wurde immer leistungsfähiger. Als die ersten Programme geschrieben wurden, war es kaum nötig, sich über Dinge wie Wartbarkeit Gedanken zu machen. Die Hardware war erstmals schlichtweg nicht ausreichend leistungsfähig für Programme, welche komplex genug waren, um nicht mehr verstanden zu werden. Im Laufe der 60er-Jahre des 20. Jahrhunderts änderte sich dies aber schön langsam. Man bemerkte erstmals, dass Code, der von einem Programmierer entwickelt wurde, von einem anderen kaum noch verstanden werden konnte. Man bezeichnete diese Problematik der immer komplexer werdenden Software als die „Softwarekrise“. Als Dijkstra sein Papier veröffentlichte, in dem er dafür plädierte, auf Sprunganweisungen (GOTO) im Code zu verzichten und stattdessen auf Schleifen (for, while) zu setzen, sorgte dies zunächst für heftige Diskussionen, die aus heutiger Sicht vermutlich nicht mehr nachvollzogen werden können. Heute gilt es unter Softwareentwicklern klar als Konsens, dass man auf die Verwendung von GOTO-Sprüngen verzichten sollte.

Um dies zu verstehen, bitte ich Sie, einen Blick auf Bild 1.1 zu werfen. Die beiden Blöcke links und rechts repräsentieren einen vom Ergebnis her äquivalenten Programmablauf, wobei im linken Sprünge zur Anwendung kommen, im rechten aber nicht. Tatsächlich ist der rechte Ablauf für einen Menschen einfacher zu verstehen, während dies natürlich für einen Compiler völlig irrelevant ist. Woran liegt das? Das menschliche Gehirn begreift einen komplexen Sachverhalt, indem es diesen in seine Einzelteile, sogenannte „Chunks“ (Bündel), zerlegt. Von Code, der aber von x-beliebigen Sprüngen durchzogen ist, lässt sich nicht gut ein gedanklich „gebündeltes“ Modell erzeugen, das einem dabei hilft, ihn zu verstehen und den Überblick zu behalten.

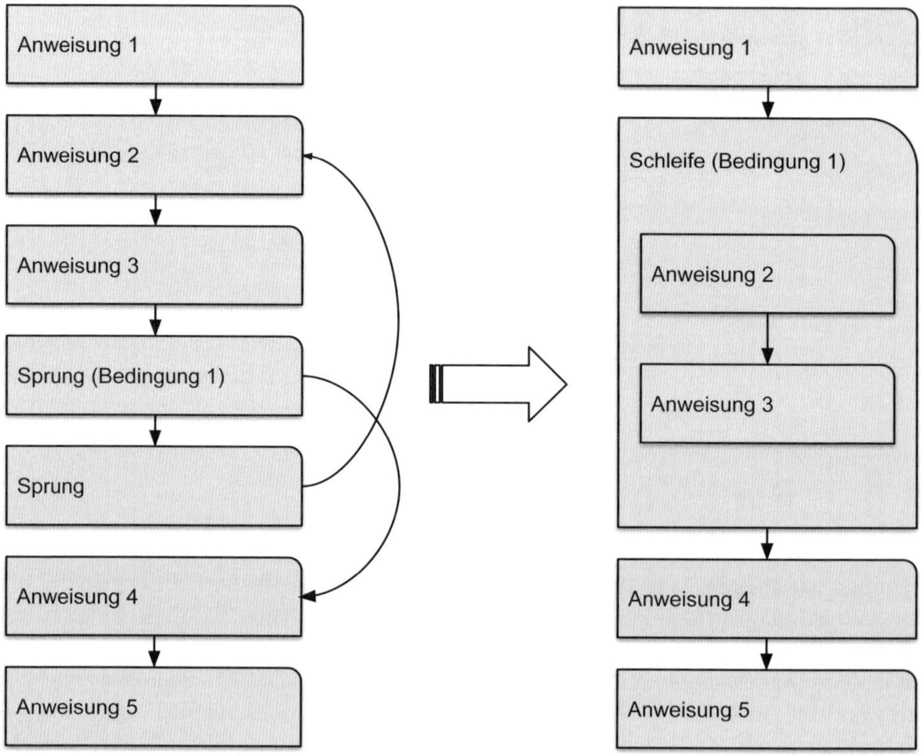

Bild 1.1 Sprünge im Code vs. Schleifen

Laut einer durchaus anerkannten Theorie eines gewissen George A. Miller [Mil55] tun wir uns als Menschen außerdem schwer damit, mehr als ca. sieben (zwischen minimal fünf bis maximal neun) Chunks im Kopf zu behalten. Was aber tun, wenn der Sachverhalt komplexer ist als das? Wenn er aus mehr Einzelteilen besteht, welche immer noch verstanden werden müssen? Wir helfen uns dann damit, dass wir derart komplexe Systeme in Substrukturen aufteilen. Das Verstehen selbst läuft dann auf unterschiedlichen Ebenen der Abstraktion. Zur Verdeutlichung möchte ich ein Beispiel bringen, welches in Zusammenhang mit einem meiner Lieblingshobbies steht, nämlich dem Bergsteigen. Angenommen ich möchte meinen Lieblingsklettersteig in den Wiener Voralpen gehen – den Teufelsbadstubensteig auf die Rax –, dann überlege ich mir zunächst einmal, wie ich über die Autobahn in die Gegend der Wiener Hausberge komme. Dafür fahre ich von der Wiener Neustädter Gegend über die Autobahnen A2 und S6 bis Gloggnitz. Sobald ich dort abgefahren bin, orientiere ich mich etwas lokaler und fahre zum Parkplatz in der Weichtalklamm. Sobald ich das Klettersteigset angelegt und den Rucksack umgeschnallt habe, orientiere ich mich wiederum noch lokaler (also auf einer weiter unten liegenden Abstraktionsebene) und bewege mich auf den markierten Wanderwegen zum Einstieg in den Teufelsbadstubensteig. Dabei haben wir uns in Summe auf drei Abstraktionsebenen bewegt, einerseits bei der Fahrt von einem Bezirk in den anderen über zwei Autobahnen, dann entlang der Bundesstraße zum Parkplatz und schließlich zu Fuß zum Einstieg in den Klettersteig. Tatsächlich gibt es darüberliegend noch weitere mögliche Abstraktionsebenen. Bei einer Dienstreise nach München sind mir die einzelnen Bezirke, die ich durchquere, egal und ich navigiere von einem Land zum anderen. Wenn ich geopolitische Zusammenhänge verstehen möchte, denke ich auf einer noch höheren Ebene der Großmächte und Kontinente.

Wenn wir dies nun auf die Welt der Softwarearchitektur übertragen, stellt sich die Frage, was man tun soll, wenn einfache Programmstrukturen nicht ausreichen, einfach weil man mehrere solcher Ebenen benötigt? Die Lösung besteht auch hier darin, Strukturen auf höheren Abstraktionsebenen zu bauen. Siehe dazu Bild 1.2, wo Baustein 1 und Baustein 2 miteinander über eine Schnittstelle interagieren, die Baustein 1 anbietet. Baustein 1 selbst zerlegt sich aber wiederum in die Bausteine A, B und C. Man fasst also Programmstrukturen in Methoden zusammen, diese bilden gemeinsam Klassen, welche in Modulen gebündelt werden. Für dieses Spiel bieten die einzelnen Technologieplattformen unterschiedliche Möglichkeiten. So gibt es in Java über den Klassen Packages, welche sich wiederum zu JPMS-Modulen zusammenfassen lassen. Dieses Spiel, auf so viele Abstraktionsebenen wie nötig gespielt, ist es, was Software dauerhaft effizient wartbar macht. Und genau davon handelt dieses Buch.

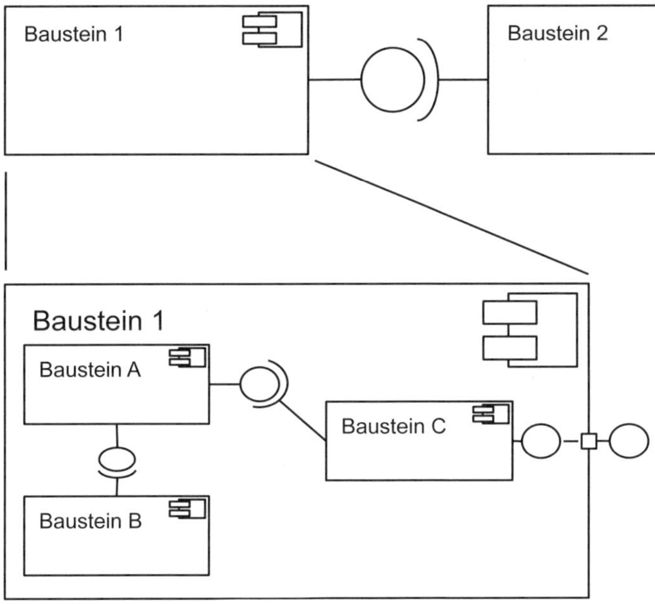

Bild 1.2 Eine in der UML dargestellte hierarchische Zerlegung

Ein Diagramm wie das in Bild 1.2 bietet eine rein statische Sicht auf das Zusammenspiel von Bausteinen. In der Black-Box-Sicht sehen wir erst mal nur die außerhalb wahrnehmbaren Eigenschaften eines Bausteins, welche Aufgabe er erfüllt und welche Schnittstellen er im Sinne eines Vertrags nach außen anbietet. Wenn wir einen Blick in einen dieser Bausteine hinein werfen, so nennt man dies eine White-Box-Sicht, die den inneren Aufbau eines Bausteins zeigt. Ein Baustein sollte dabei, wenn sauber entworfen, die folgenden Eigenschaften aufweisen:

- Einzelne Bausteine können möglichst ohne Seiteneffekte auf andere Bausteine und Abstimmungsarbeit mit anderen Teams weiterentwickelt werden.
- Einzelne Bausteine sind unabhängig vom Rest zu dokumentieren und zu verstehen.
- Einzelne Bausteine sind an ihren ein- und ausgehenden Schnittstellen isoliert zu testen.
- Einzelne Bausteine können unabhängig voneinander ausgetauscht werden.

Diese statische Sicht auf die einzelnen Bausteine ist allerdings nicht die ganze Wahrheit. Man sieht darin nicht, ob, wann und wie oft eine solche Interaktion an einer der Schnittstellen erfolgt. Deshalb kann es auch interessant sein, auch die dynamische Sicht eines solchen Zusammenspiels zu zeigen. Dafür wiederum eignet sich ein Sequenzdiagramm der UML wunderbar, welches vereinfacht in Bild 1.3 für den Ablauf des sogenannten Circuit-Breaker-Patterns dargestellt ist.

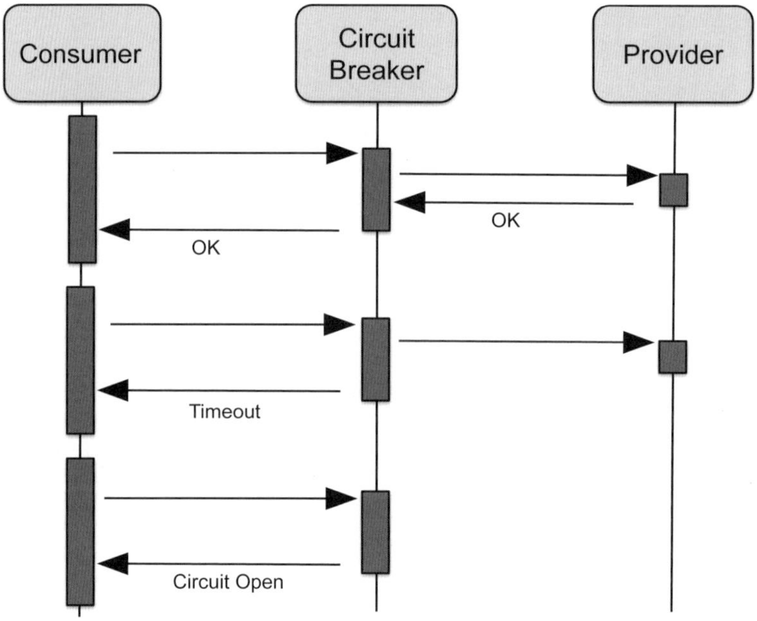

Bild 1.3 Der Ablauf des Circuit-Breaker-Patterns, in Anlehnung an die UML

1.2 Was ist Softwarearchitektur überhaupt?

Was ist nun eigentlich Softwarearchitektur? Eine allgemein anerkannte und wirklich von allen gleichermaßen benutzte Definition dafür gibt es nicht. Man muss wohl unterscheiden zwischen verschiedenen klassischen Definitionen, bei denen strukturelle Aspekte von Software im Vordergrund stehen. Dabei geht es darum, wie komplexe Software in ihre Substrukturen zerlegt wird, und um das Zusammenspiel ihrer einzelnen Bausteine. Das Problem bei dieser Definition ist allerdings, dass es meist nicht weit genug geht. Einerseits gibt es Themen, welche mit der Zerlegung in einer so engen Wechselwirkung stehen, dass sie davon schlecht getrennt werden können. Andererseits ist die Zerlegung in Substrukturen kein Ziel mit Selbstzweck, sondern dazu da, langfristig Wartbarkeit sicherzustellen. Womit wir beim Thema Qualitätsmerkmale von Software wären und somit bei den Kompromissen, welche man bei deren Erfüllung als Architekt oft eingehen muss. Betrachten wir mit dem Standard ISO 9126 [WIK19-a] einen der bekannteren Standards zum Thema Softwarequalität. Dieser legt folgende Kategorien und Unterkategorien fest:

Änderbarkeit/Wartbarkeit

Dabei wird die Frage beantwortet, welche Aufwände durch bestimmte Änderungen an einer Software verursacht werden. Unterkategorien sind:

- Analysierbarkeit
- Modifizierbarkeit
- Stabilität
- Testbarkeit

Effizienz

Hier geht es um das Verhältnis der Leistung der Software und der dafür nötigen Ressourcen. Auch hier gibt es Unterkategorien:

- Zeitverhalten
- Verbrauchsverhalten

Funktonalität

In welchem Ausmaß ist die geforderte Funktionalität auch korrekt? Von einer Telebanking-Software wird wohl immer eine korrekte Antwort verlangt, wenn diese vielleicht manchmal auch nicht ganz aktuell ist. Bei einer Spracherkennung mag eine korrekte Erkennung des Sprachinputs in 98 % der Fälle genügen, während es weniger akzeptabel scheint, wenn eine Verarbeitung erst an einem späteren Tag erfolgt. Unterkategorien:

- Angemessenheit
- Sicherheit
- Interoperabilität
- Ordnungsmäßigkeit
- Richtigkeit

Übertragbarkeit

Dabei geht es darum, ob bzw. mit welchem Aufwand die Möglichkeit gegeben ist, eine Software von einer Umgebung in eine andere zu übertragen. Unterkategorien hierfür sind:

- Anpassbarkeit
- Austauschbarkeit
- Installierbarkeit
- Koexistenz

Zuverlässigkeit

Welches Leistungsniveau bietet die Software über welchen Zeitraum unter welchen festzulegenden Bedingungen? Unterkategorien sind:

- Fehlertoleranz
- Reife
- Wiederherstellbarkeit

Benutzbarkeit

Individuelle, teils subjektive Bewertung durch die Benutzer und Aufwand, der für diese nötig ist, um die Software zu erlernen bzw. zu bedienen. Unterkategorien:

- Attraktivität
- Bedienbarkeit
- Erlernbarkeit
- Verständlichkeit

Der letzte Punkt Bedienbarkeit verdient noch mal besondere Beachtung. Man kann nämlich - in den Unterkategorien ersichtlich - Verschiedenes darunter verstehen. Bedienbarkeit ist ein typischer Wunsch von Sachbearbeitern, die sehr oft mit derselben Software arbeiten. Dafür darf durchaus etwas spezielles Know-how vonnöten sein, das man sich auf Dauer aneignet. So besteht hier der Wunsch, gewisse Dinge über Hotkeys abkürzen zu können. Oft gibt es sehr viele Optionen auf einzelnen Bildschirmmasken, welche nur der Poweruser noch überblicken und bedienen kann. Wenn Sie allerdings Benutzer über das Web auf Ihre Plattform locken möchten, damit sich diese dort registrieren, so werden Sie diesen wohl eher etwas mehr Führung und Übersicht anbieten wollen. Dieser Wunsch nach einfacher Erlernbarkeit steht demnach durchaus im Widerspruch zum Wunsch der Bedienbarkeit. Wir sehen also: Einzelne geforderte Qualitätsmerkmale einer Software können im Widerspruch zueinander stehen. Beim Entwurf einer Softwarearchitektur ist es schlichtweg so, dass sich nicht immer alle Wünsche unter einen Hut bringen lassen (T01-Quality). Außerdem kollidieren Wünsche nach bestimmten Qualitäten auch nicht selten mit technischen oder organisatorischen Rahmenbedingungen in Projekten. Bei solchen Rahmenbedingungen handelt es sich um Dinge wie das zur Verfügung stehende Budget.

Bei der Modularisierung von Software geht es in erster Linie um die Qualitätsmerkmale der Kategorie Änderbarkeit bzw. Wartbarkeit. Auch diese können im Widerspruch stehen, und zwar beispielsweise zu Zielen der Effizienz. Um wartbar zu sein, empfiehlt es sich, Strukturen zu bauen, Schichten, Adapter, Module und explizite Schnittstellen zu entwerfen. Dies kann aber wiederum Systemressourcen (wie CPU) verbrauchen. In manchen Fällen mag dies relevant sein, wie beispielsweise bei der Entwicklung von Embedded-Systems oder wenn Sie einen Schachalgorithmus schreiben möchten, der AlphaZero Konkurrenz machen soll. In den allermeisten Fällen führt aber kein Weg um wenigstens ein gewisses Mindestmaß an Wartbarkeit durch Modularisierung herum. Ich habe schon Teams erlebt, wo dies explizit niedrig priorisiert wurde, weil der Plan ohnehin war, die Software nur für einen gewissen Zeitraum einzusetzen, die dann aber während der erstmaligen Entwicklung dieser bereits in Probleme gekommen sind. Abgesehen davon habe ich aus Erfahrung gelernt, dass Software, deren Einsatz nur für kurze Zeit geplant wird, im Endeffekt doch länger lebt als gedacht.

Was ich zeigen möchte, ist, dass man das Thema Softwarequalität nicht gut vom Thema Modularisierung trennen kann. Wenn Sie eine etwas weiter gefasste Definition von Softwarearchitektur haben möchten, dann muss es bei dieser generell um wichtige Entscheidungen gehen, die bei der Erstellung und Weiterentwicklung von Software getroffen werden. Diese stehen dann meist in Zusammenhang mit den geforderten Qualitäten der Software. Wichtig ist eine Entscheidung dann, wenn sie Einfluss auf die Erfüllung der Qualitätsziele hat, sich stark auf den Entwurf der Software auswirkt oder sich später nicht mehr einfach ändern lässt.

Falls Sie der Meinung sind, dass die Ermittlung der geforderten Qualitäten einer Software beim Kunden Aufgabe des Requirement-Engineerings wäre, dann muss ich Sie enttäuschen. Auch wenn es das theoretisch ist, so sind es doch wir Softwarearchitekten, die diesen Input mehr oder weniger als einzige benötigen, weshalb es im Endeffekt auch an uns liegt, diesen zu erheben. Das Gute daran ist, dass man den Kunden dabei direkt auf Kompromisse aufmerksam machen kann, die dabei gemacht werden müssen.

In diesem Jahrtausend hat sich am grundlegenden Verständnis von Softwarearchitektur übrigens kaum mehr etwas geändert. Große Paradigmenwechsel auf dieser ganz allgemeinen Ebene gab es (noch) nicht. Falls es manchmal dennoch so scheint, so handelt es sich um Hypes, wie Microservices, die dann teilweise als „neue Softwarearchitektur“ verstanden werden, aber im Grunde nichts weiter sind als neue Architekturstile. Wenn auch, wie im konkreten Fall der Microservices, recht interessante.

Um es noch mal auf den Punkt zu bringen: Auch wenn ich hier eine etwas weitere Definition des Begriffs Softwarearchitektur biete, so wird es in diesem Buch aber um das Thema Änderbarkeit bzw. Wartbarkeit durch effiziente Strukturierung bzw. Modularisierung gehen. Von den untersten Abstraktionsebenen des Codes bis hinauf zur Enterprise-Architektur, für welche ich in diesem Werk moderne und effiziente Ansätze liefern werde (Kapitel 8). Wenn Sie an einem guten Buch interessiert sind, welches allgemeiner auf die weitere Definition von Softwarearchitektur eingeht, lassen Sie mich Ihnen das Werk von Gernot Starke [Sta15] empfehlen.

Qualitäten und Änderbarkeit

Noch etwas: Auch wenn Sie eine Software von wunderbar effizienter Struktur entwerfen, so bezieht sich die damit erreichte Änderbarkeit meist auf neue Funktionen, neue Felder, Entitäten und Bildschirmmasken. Neue Qualitätsaspekte dagegen lassen sich üblicherweise nicht ohne großen Aufwand hinzufügen. Ein neues Feature wie „Skalierbarkeit“, „Performance“ oder „Ressourceneffizienz“ ist selten einfach, schnell und billig in eine bestehende Softwarelösung einzubauen. Dies liegt dann aber nicht daran, dass die gewählte Strategie zur Modularisierung nicht effizient wäre, sondern liegt in der Natur der Sache.

Aber: Ohne ein gewisses Niveau an Änderbarkeit wird eine nachträgliche Optimierung einer Software bezüglich eines dieser Qualitätsmerkmale ziemlich sicher scheitern. Wenn jede Änderung ein riskantes Abenteuer darstellt, das unvorhergesehene und destabilisierende Seiteneffekte auslöst, wird ein solches Unterfangen ziemlich sicher scheitern.

1.2.1 Wartbarkeit von Code

Was zeichnet nun besonders gut wartbaren Code aus? Bzw. was genau bedeutet es eigentlich, wartbar zu sein? Es kann sich dabei um unterschiedliche Aspekte handeln wie:

- Die Einarbeitungszeit für neue Entwickler ist vergleichsweise kurz. Dadurch können neue Mitarbeiter relativ günstig an Bord geholt werden, um danach produktiv mitzuarbeiten.
- Der Aufwand zur Identifikation der von der gewünschten Änderung betroffenen Codeteile hält sich in Grenzen.
- Das Verständnis des zu ändernden Codes ist vergleichsweise einfach möglich. Der Code hält sich an die gängigen Konventionen, die die allermeisten Entwickler kennen. Der Code ist außerdem selbsterklärend oder inline dokumentiert.
- Änderungen können den bestehenden Konzepten entsprechend effizient umgesetzt werden. Für eine gewünschte Änderung müssen bestehende Konzepte möglichst nicht adaptiert werden. Neuerungen sind dem Code wiederum relativ einfach hinzuzufügen, ohne dass der bestehende Code an vielen Stellen dafür geändert werden muss.
- Die Entwickler verstehen die Auswirkungen der Änderungen und das Risiko unerwünschter Auswirkungen hält sich in Grenzen.
- Implementierte Änderungen entsprechen danach auch den tatsächlichen Wünschen des Auftraggebers.
- Die Neuerungen bzw. Änderungen lassen sich vergleichsweise einfach auf ihre Fehlerfreiheit hin überprüfen. Genau genommen gilt dies auch für die bestehenden Features, wo einfach festgestellt werden kann, ob deren Qualität unter den Neuerungen gelitten hat.
- Der Release der Änderungen, sodass diese auch beim Kunden wirksam werden, ist relativ flott und problemlos möglich.

In diesem Buch wird es in erster Linie darum gehen, wie man durch Strukturierung und Modularisierung wartbare Systeme entwickelt. Auf Code-Ebene gibt es teilweise unterschiedliche Strategien, die jeweils andere der o.a. Aspekte der Wartbarkeit fördern. Das folgende Beispiel soll dies verdeutlichen. Als ich eine frühe Version meiner App „Finde den Käse“ (siehe: *https://play.google.com/store/apps/details?id=net.dowalil.findthecheese*) meiner Tochter zeigte, hatte sie natürlich sofort Ideen, was man noch alles hinzufügen könnte. In dieser App führt man eine Maus durch Programmierung vier einfacher Befehle zum Käse (Bild 1.4). Sie meinte dann, dass man jetzt noch eine Katze programmieren könnte, die versuchen würde, die Maus zu fressen. Außerdem Steine, die verschoben werden können, ein Trampolin, mit dem sie über die Mauer springen könnte, ein Mauseloch und so weiter. Angenommen, wir beschließen, so wie ich es tatsächlich getan habe, die Katze zu implementieren, was haben wir dann für Möglichkeiten und wie wirken sich diese später auf die Wartbarkeit der Software aus? Wir wollen ja auf keinen Fall ausschließen, später noch einige der anderen Ideen zu implementieren. Es gab dafür zwei Möglichkeiten:

- Man schreibt den Algorithmus für die Katze nach allen Regeln des Clean Codes. Man denkt dabei gar nicht an weitere Entwicklungen und folgt dem „You-ain’t-gonna-need-it“-Prinzip (P01-YAGNI), nachdem man keine in Zukunft möglichen Änderungen vorwegnehmen sollte. Die Lösung ist nicht generisch und dadurch für andere Entwickler einfach zu verstehen. Andererseits wäre es relativ aufwendig, eine neue Figur hinzuzufügen

- Die Alternative wäre eine abstrakte Klasse „Spielfigur", die sich durch Festlegung der Verhaltensregeln individualisieren lässt. Diese Lösung wäre relativ komplex, aber einfach zu erweitern.

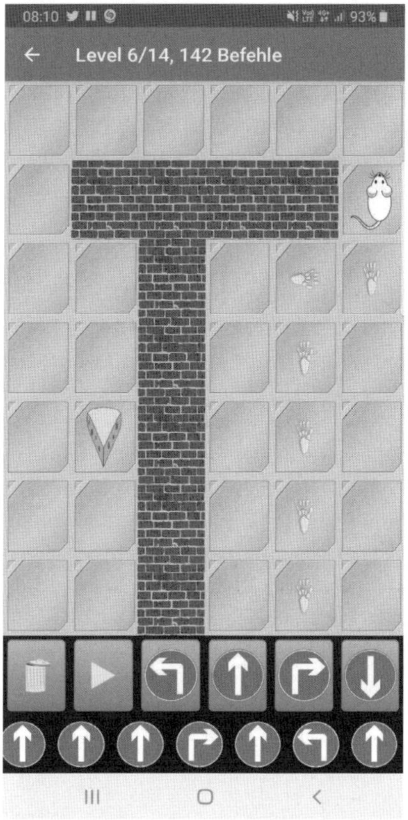

Bild 1.4 Level 6 aus „Finde den Käse"

Beide Lösungen sind valide. Man kann in so einem Fall überlegen, ob öfter neue Spielfiguren entwickelt oder neue Mitarbeiter eingeschult werden. Tendenziell empfehle ich aber, dem YAGNI-Prinzip zu folgen und auf die Vorwegnahme von Komplexität zu verzichten. Der Kreativität meiner Tochter sind schließlich keine Grenzen gesetzt, und wenn sie sich einmal eine variable Spielfeldgröße wünscht, so wäre die Komplexität der abstrakten Spielfigur dabei gar nicht hilfreich. Vielleicht sogar im Gegenteil, wenn der komplexe und generische Code dann angepasst werden muss an den dann doch überraschenden neuen Wunsch.

Ein Gegenbeispiel

Das ändert nichts daran, dass es natürlich auch den gegenteiligen Fall gibt. Angenommen, ein Shop im Internet möchte regelmäßig Rabattaktionen starten. Die Rabatte können für bestimmte Produktgruppen gelten (wie für Mode oder für alles außer Technik) oder bestimmte Kriterien haben, wo sie angewendet werden können (wie ein Mindestbestellwert oder nur für eine Region geltend) usw. Es ist dann davon auszugehen, dass

- an den prinzipiell möglichen Kriterien, auf Basis dessen eine Rabattaktion gebildet wird, sich vermutlich so bald nichts Grundlegendes ändern wird,
- es vermutlich recht oft Rabattaktionen mit unterschiedlichen Parametern geben wird.

Ich nehme an, es ist bereits klar, worauf ich hinauswill: In diesem Fall wäre die einfache Erweiterbarkeit (neue Rabattaktionen) einer einfachen Änderbarkeit bestimmt vorzuziehen. Ich fände es ausgesprochen kurios, wenn jede neue Rabattaktion eigens von einem Entwickler programmiert werden müsste.

1.2.2 Modularisierung und andere Qualitäten von Software

Modularisierung verbessert auch andere Aspekte einer Software und nicht nur deren Wartbarkeit. Durch die klare Kapselung entstehen üblicherweise saubere Schnittstellen, an denen ich ein Modul auf funktionale Korrektheit überprüfen kann, wodurch die Zuverlässigkeit der Software verbessert wird. Fehler im Betrieb lassen sich ebenfalls einfacher identifizieren und auf das zugehörige Code-Artefakt mappen. Modulare Software kann auch einfacher betrieben werden, indem man die einzelnen Module in verschiedenen voneinander abgeschotteten Bereichen laufen lässt, womit sie sich auch im Betrieb weniger gegenseitig beeinflussen sollten. Modularisierung wirkt sich demnach ebenfalls positiv auf die Zuverlässigkeit und funktionale Korrektheit einer Software aus.

1.3 Was ist Softwarearchitektur definitiv nicht?

Über die folgenden Irrtümer in Bezug auf die Softwarearchitektur bin ich in meiner beruflichen Laufbahn immer wieder gestolpert. Zur besseren Abgrenzung des Themas möchte ich noch definieren, was Architektur absolut NICHT ist!

Pflege des Legacy-Systems

Oft habe ich erlebt, dass einfach die Person als Architekt bezeichnet wurde, welche als einzige Know-how in Bezug auf das Legacy-System anzubieten hatte. Solche Mitarbeiter sind enorm wichtig für jedes Unternehmen. Trotzdem ist ihr Wissen aus der Historie begründet und hat nicht zwingend etwas mit Architektur zu tun. Nicht selten kommt es hier sogar zu einer gewissen Betriebsblindheit, welche den Beginn eines Verbesserungsprozesses manchmal erschwert.

Projektleitung

Damit ein Architekt seinen Job machen kann, ist es oft notwendig, mit vielen Stakeholdern zu sprechen und sich mit Mitarbeitern abzustimmen, welche detailliertes Know-how zu den einzelnen Systemen besitzen, die im Zuge eines Projekts geändert werden. Das sollte allerdings nicht als Vorwand dienen, dem Architekten einfach die gesamten Tätigkeiten zu übertragen, die üblicherweise ein Projektleiter übernehmen würde.

Allgemeine Wichtigtuerei

Es ist keinesfalls der Job des Architekten, alles besonders gut zu wissen. In manchen Organisationen erwartet man sich von dieser Rolle, sowohl das Development als auch den Betrieb inhaltlich anzuführen, jede Technologie bestens zu verstehen und außerdem jeden Developer persönlich zu betreuen, weil die ja sonst angeblich nicht wüssten, was sie zu tun haben. Die Arbeit an der Modularisierung der Lösung wird dabei dann nicht selten vergessen.

Development

Zugegeben, ich habe noch keinen guten Architekten kennengelernt, welcher nicht auch exzellente Entwicklerskills hatte. Trotzdem gibt es einen Unterschied zwischen einem Senior-Developer und einem Architekten. Ein guter Programmierer ist nicht automatisch auch ein guter Architekt. Ich empfehle eigentlich immer, die guten Entwickler zu motivieren, sich um die Strukturierung ihres Codes zu kümmern, und wenn sie sich dabei bewähren, sie bei entsprechendem Interesse zum Architekten weiter auszubilden. Außerdem braucht ein Developer eher detailliertes Know-how, was die einzelnen Technologien betrifft, die er auch einsetzt. Ein Architekt sollte dagegen wiederum eher über einen breiten Überblick verfügen. Heutzutage ändern sich Technologien so schnell, dass es eigentlich unmöglich ist, tiefes und zugleich aktuelles Know-how in vielen Technologien zu besitzen. Rich Hickey hat es einmal ganz gut auf den Punkt gebracht, was den Entwickler vom Architekten unterscheidet [Hic12]:

> *Programmers know the benefits of everything and the tradeoffs of nothing.*
> *Architects have to understand both!*

Wobei es absolut Sinn macht, wenn Architekten sich auch alle paar Jahre mal die Hände schmutzig machen und sich bei der Programmierung beteiligen. So erfahren sie nämlich aus erster Hand, was sie mit ihren Architekturkonzepten verursachen, und es wird auch der allseits gefürchtete „Elfenbeinturm-Effekt“ dadurch verringert. Man könnte sogar darauf bestehen, dass die Architekten eines Systems bei dessen Entwicklung zumindest anfangs auch immer teilnehmen. Die beste Art und Weise, sicherzustellen, dass die ausgearbeiteten Konzepte sich auch im Code wiederfinden, ist es nämlich, selber an dessen Erstellung mitzuwirken. Außerdem erhält man direktes und ehrliches Feedback dazu. Aber: Ein absolutes Muss, dass ein Architekt auch im Code mitarbeiten sollte, gibt es, je nach genauer Definition der Rolle des Softwarearchitekten, in meinen Augen keineswegs.

Verstehen Sie mich bitte aber auch nicht falsch. Dass es im Umfeld der Architektur so viele Aufgaben gibt, bedeutet natürlich nicht, dass es auch eine 1:1-Zuteilung jeder Aufgabe zu einem verantwortlichen Mitarbeiter geben muss. Natürlich ist es denkbar, dass sich ein Makro-Architekt auch um das Requirements Engineering kümmert oder der Designer auch die Lead-Developer-Rolle einnimmt. Untersuchen Sie einfach das von Ihnen geplante Unterfangen und stellen Sie sich die Frage, welche Fähigkeiten zur Umsetzung tatsächlich nötig sind. Stellen Sie danach ein Team zusammen, in dem diese Skills auch alle vorhanden sind. Helfen Sie sich zur Not dabei durch die Konsultierung externer Mitarbeiter. Und vergessen Sie dabei bitte keine der Aufgaben. Ich habe nämlich schon oft erlebt, dass durch den erweiterten Architekturbegriff (wo auch Kommunikation, Technologie und Lead Development dabei sind) die eigentliche Kernaufgabe der Architektur, eben die Modularisierung, vergessen wurde.

1.4 Woran erkennt man, dass man Probleme hat?

Bei der folgenden, nicht notwendigerweise vollständigen Auflistung handelt es sich um die Problemfelder, welche auftreten, wenn Sie die Modularisierung Ihrer Software nicht im Griff haben. Wenn Sie an einem der folgenden Symptome leiden, besteht demnach diesbezüglich dringend Handlungsbedarf.

1.4.1 Keine Agilität möglich

Agile Entwicklung erfolgt üblicherweise iterativ. Die agilen Teams sind dabei cross-funktional aufgestellt, was bedeutet, dass sie in der Lage sein sollten, die an sie in den einzelnen Iterationen gestellten Herausforderungen möglichst eigenständig zu lösen. Unterm Strich bedeutet das, dass die Architektur in jedem einzelnen dieser kurzen Entwicklungszyklen für den Teil, der dabei jeweils implementiert wird, gemacht werden muss. Nicht mehr und nicht weniger. Der entsprechende Skill muss dafür im Team vorhanden sein. Diese iterative und agile Entwicklung wird nicht selten durch fehlende Architektur unmöglich. In einer entsprechend großen Systemlandschaft, wo nicht auf angemessene Strukturen geachtet wurde, ist es nämlich oft gar nicht möglich, an einer Stelle an Änderungen zu basteln, ohne dass der Rest der Systemlandschaft und somit auch die anderen Mitarbeiter des Unternehmens davon betroffen wären. Anstatt einzelner unabhängig arbeitender agiler Teams wird Ihnen dann nichts anderes übrig bleiben, als eine entsprechend große Bürokratie aufzubauen, die es in komplizierten Abläufen vielleicht noch auf ein gemeinsames Release des gesamten Systems pro Jahr bringt. Die notwendigen Abstimmungsmeetings und somit die Zeit, die in Besprechungen „verloren" geht, sind somit umgekehrt proportional zur Qualität der Architektur. Agile Pilotprojekte scheitern also manchmal an der mangelhaften Makro-Architektur, was dann allerdings selten als die tatsächliche Ursache erkannt wird.

Eine Wechselwirkung zwischen iterativer Entwicklung und Architektur gibt es übrigens auch in die andere Richtung. So wie gute Architektur ein solchermaßen isoliertes Arbeiten überhaupt erst möglich macht, fördert iterative Entwicklung auch gute Architektur. Einerseits, weil ein solches Vorgehen die Teams fast automatisch dazu bringt, möglichst wenige Abhängigkeiten im Code zu anderen Teams und Bausteinen haben zu wollen. Die Planung in einzelnen kleinen Iterationsschritten, in denen ein Feature nach dem anderen entwickelt wird, ergibt also schon fast automatisch eine Komponente je Feature im Code, was durchaus im Sinne moderner Architektur ist. Andererseits bekommt man als Architekt zu den jeweils getroffenen Entscheidungen sehr bald Feedback und nicht erst am Ende des Projekts. Man kann also evtl. getroffene Fehlentscheidungen verhältnismäßig früh korrigieren.

1.4.2 Inflexibilität bei Release

Neue Features kommen nur noch an wenigen Terminen im Jahr heraus, dafür aber immer die gesamte Systemlandschaft gleichzeitig.

1.4.3 Tests sind schwierig

Das Testen einzelner Systembausteine ist wegen der Abhängigkeiten zu anderen Systemteilen kaum oder gar nicht möglich. Es muss immer das System als Ganzes getestet werden.

1.4.4 Seiteneffekte

Mit dem Einsatz neuer Versionen kommt es immer wieder zu Fehlern, manchmal dabei in Teilen der Software, welche im Zuge des Updates nicht einmal geändert wurden. Oft habe ich schon gesehen, dass Unternehmen versuchen, diese Art von Problematik durch vergleichsweise witzlose organisatorische Maßnahmen der Qualitätssicherung, wie manuelles Testen, in den Griff zu bekommen. Die langfristige Absicherung gegen unerwünschte Seiteneffekte ist aber einzig und allein eine effiziente Strukturierung des Codes.

1.4.5 Teure Weiterentwicklung

Die Schnittstellen der Systeme sind wahrscheinlich nicht darauf ausgelegt, auch mit anderen Komponenten zu interagieren, oder auf andere Art und Weise unflexibel.

1.5 Wann ist Modularisierung?

Bevor wir – gleich – dazu kommen, wie man modularisiert, möchte ich noch die Frage beantworten, wann man dies denn am besten tut. Zu Beginn der Ära der Softwarearchitektur glaubte man noch, man könnte auch komplexe Architekturen vorab am Reißbrett entwerfen. Es zeigte sich aber bald, dass diese vorab entworfenen Architekturen später nicht haltbar waren. Hauptsächlich, weil die Komplexität der Anforderungen vor Beginn der Entwicklung nicht vollständig verstanden wurde und teilweise auch, weil diese sich während der Entwicklung der Software oft noch geändert hatten. Dieses Top-down-Vorgehen, auch Big-

Up-Front-Design (oder kurz BUFD) genannt, war also gescheitert. Daher gab es auch recht bald darauf die Welle des No-Up-Front-Designs (NUFD), wobei vorab teilweise überhaupt keine Überlegungen gemacht wurden. Diese beiden Extreme des möglichen Vorgehens sind in Bild 1.5 dargestellt. Beim NUFD begann man stattdessen mit dem ersten Sprint und behauptete, dass man einmal getroffene Entscheidungen später einfach revidieren würde, sobald man die Meinung dazu ändert. Dieses Vorgehen birgt aber ebenfalls jede Menge Risiken, denn ein Start mit einer im Extremfall für das Vorgehen nicht einmal passenden Programmiersprache ist später nur schwierig wieder rückgängig zu machen und nicht jeder Product-Owner ist einfach von einem teuren Rewrite der Software zu überzeugen.

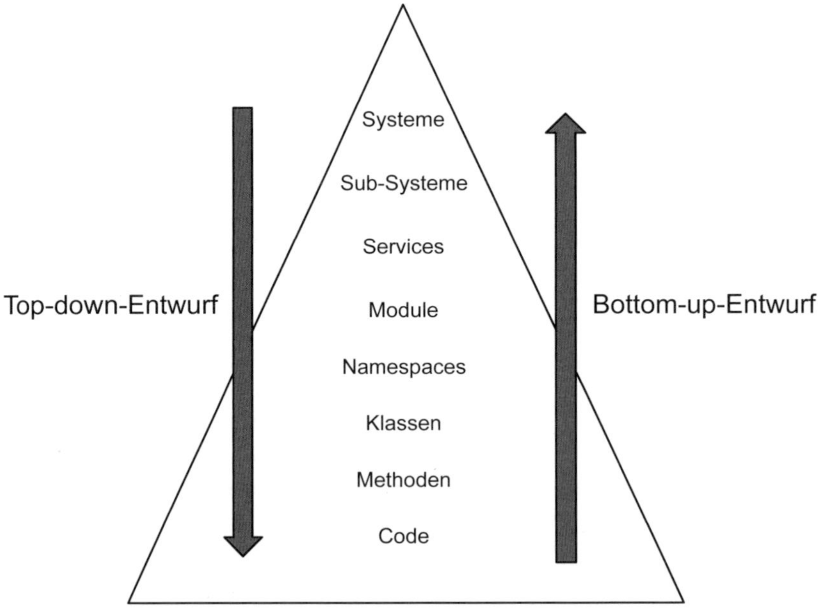

Bild 1.5 Top-down vs. Bottom-up

Was wäre dann die Alternative? Ich denke, dass man in den meisten Fällen mit einem Kompromiss gut beraten ist. Man sollte zu Beginn genug Input vom Kunden haben, was sowohl die Qualitätsanforderungen als auch die gewünschten Features angeht, um einen ersten groben Entwurf zu machen, der noch nicht besonders ins Detail geht [Tot15]. Diese sogenannte „Vision" soll als bewegliches Ziel gesehen werden und nicht als endgültige Entscheidung. Sobald man genug weiß, um loszulegen, wechselt man vom Vorgehen her in den Bottom-up-Entwurf. Man testet quasi die Vision, indem man beginnt, sie mit Code zu befüllen, und lernt dabei dazu, was die Tragfähigkeit der Architekturvision angeht. Mit dem Gelernten wechselt man ggf. wieder in den Top-down-Entwurf und passt die Vision an. Irgendwann nach einigen Iterationen treffen dann Vision und tatsächliche Lösung aufeinander.

1.6 Digitalisierung und Legacy-Krise

Unsere Gesellschaft befindet sich aktuell im Wandel. IT dringt inzwischen in Bereiche vor, wo sie bis dato noch keine Rolle gespielt hat. Heutzutage trägt fast jeder ein Smartphone mit sich herum, welches nicht nur über einen Internetzugang verfügt, sondern auch in Rechenkapazität den meisten Heimcomputern der 90er-Jahre überlegen ist. Das Internet Of Things bringt dabei sogar noch mehr Geräte des Alltags in die vernetzte Welt. All das geht auch an den großen Konzernen nicht spurlos vorbei. Dort, wo IT bis jetzt nur ein Anhängsel und lästige Kostenstelle war, beginnt inzwischen ein Umdenken. Schwerfällige, über die Jahre gewachsene Systemlandschaften müssen plötzlich ihre Schnittstellen betreffend offener und flexibler werden, sodass Daten und Funktionalität leichter zugänglich sind. Dadurch werden die Dienste, welche diese Konzerne bieten, auch vergleichbarer für den Endkunden, und somit kommt es automatisch zu mehr Wettbewerb.

Die immer schneller voranschreitende Entwicklung der künstlichen Intelligenz wiederum bietet sich an, in manchen Komponenten dieser Konzern-ITs eingesetzt zu werden, um dort gewisse Aufgaben zu erledigen, welche vor einigen Jahren noch kaum durch Softwarekomponenten auszuführen waren. Dadurch werden neuartige Anforderungen implementierbar, welche Mehrwert für das Unternehmen und den Kunden bieten. Unter dem Strich kann man aber heute nicht absehen, was im Laufe des 21. Jahrhunderts noch alles möglich sein wird. Ein gezielter Aufbau gewisser IT-Systeme, um für die Zukunft fit zu sein, ist also demnach nicht möglich, da wir einfach heute nicht wissen können, was morgen aufgebaut sein sollte. Das Ziel muss somit sein, mit der eigenen Systemlandschaft möglichst flexibel zu bleiben, um für diesen unter dem Schlagwort „Digitale Transformation" zusammengefassten Wandel bereit zu sein. Dieses Buch soll Ihnen genau bei der Erreichung dieses Ziels helfen.

Neu ist dies übrigens keineswegs. Begonnen hat dieser Trend in den 70er- und 80er-Jahren. Davor gab es noch wenig bis keine IT-Unterstützung und Sachbearbeiter mussten das meiste händisch oder mit einer Schreibmaschine erledigen. Etwas später konnte es sich dann bereits kein Unternehmen mehr leisten, seinen Kunden kein Webportal anzubieten. Das, was jetzt passiert, ist also nur das weitere Voranschreiten eines seit langem anhaltenden Trends. Digitalisierung ist also im Grunde ein alter Hut. Ob die Unternehmen, welche diese Entwicklung erst jetzt als solche erkennen, es beim zweiten Versuch wirklich besser machen, wird sich erst noch zeigen.

Die Gefahr, die sich dabei für viele Unternehmen auftut, darf man nicht unterschätzen. Viele IT-Landschaften sind nun seit Jahrzehnten gewachsen. Dabei schließt sich der Kreis zur anfangs dieses Kapitels erwähnten Softwarekrise. Die heute oft sehr komplexe Software in großen Unternehmen wurde nämlich entwickelt, ohne dass wir Softwareentwickler und Architekten geeignete Rezepte hatten, um dies auch längerfristig effizient zu machen. Aus der Softwarekrise wurde somit, wenn man so will, eine Legacykrise. Ich wage hiermit die Prognose, dass einige Unternehmen, vor allem große Konzerne, im Laufe des 21. Jahrhunderts in nicht mehr bewältigbare Problemsituationen durch die zunehmende Unwartbarkeit ihrer IT kommen werden. Vielen wird die eigene IT entweder über den Kopf wachsen und sie lähmen, während sie anderen wiederum unter dem Allerwertesten zusammenbrechen wird.

2 Effiziente Strukturierung auf Code-Ebene

Follow me into the desert as thirsty as you are.
Soundgarden

Beginnen wir mit der Frage, auf welche Art und Weise man Code auf der unteren Abstraktionsebene zerlegt und was man dabei beachten sollte. Hierbei geht es, wenn wir von objektorientierter Programmierung sprechen, um Methoden und Klassen.

2.1 Die ideale Methode und das Single-Responsibility-Prinzip

Sie haben doch bestimmt, genauso wie ich, schon Code-Snippets gesehen, die ihren Sinn und Zweck auch nach längerem Studium dem Leser nicht offenbaren. Dafür gibt es meist einen der folgenden Gründe:

- Es ist weder selbsterklärend durch Verwendung aussagekräftiger Begriffe für Methodenbezeichnung, Parameter- und Variablennamen, noch gibt es dafür ausreichend Dokumentation im Code.
- Es sind zu viele Dinge in eine Struktur (wie eine Methode einer Klasse) verpackt, die diese zu groß machen, um sie einfach und schnell zu verstehen.
- Es sind unterschiedliche Dinge verpackt, welche auch auf den zweiten Blick nichts miteinander zu tun haben. Es wird einem der Sinn und Zweck nicht klar.

Wenn Sie sich für den ersten der hier angeführten Punkte interessieren, dann möchte ich Ihnen das Werk von Robert C. Martin zum Thema „Clean Code" [Mar13] ans Herz legen. Kurz gefasst geht es dabei darum, möglichst sprechende Bezeichnungen zu verwenden für Funktionen, Klassen, Methoden, Parameter und Variablen. Im Idealfall ist Code dadurch selbsterklärend. Nur wenn dies nicht ausreicht, ist der Code durch interne Dokumentation (wie Javadoc) zu ergänzen. Selbsterklärender Code ist zusätzlicher Inline-Dokumentation überlegen, weil er bei Änderungen automatisch gewartet wird. Bei der Dokumentation ist dies keineswegs gewährleistet und es besteht das Risiko, dass der Code angepasst wird, während der Kommentar nicht aktualisiert wird. Code und Kommentar würden sich dann potenziell widersprechen.

Die anderen beiden typischen Probleme unverständlichen Codes sind wiederum miteinander verwandt. Die ideale Methode einer Klasse hat genau eine Aufgabe und ist dadurch in Summe nicht zu groß, um in ihrem Sinn und Zweck vergleichsweise schnell und einfach von einem Entwickler verstanden zu werden. Bekannt ist dieses Prinzip der „1 Aufgabe" unter dem Namen Separation-of-Concerns (P02-SoC). Dies geht zurück auf Edsger W. Dijkstra, den wir schon in Abschnitt 1.1 kennengelernt haben. Sein Artikel „On the role of scientific thought" [Dij74] hat allerdings recht wenig mit Software-Entwicklung zu tun. Robert C. Martin griff diesen Gedanken später auf [Mar13] und formulierte das Single-Responsibility-Prinzip, welches besagt, dass es für jede Methode nur einen Grund geben soll, diese zu ändern. Für mich sind diese zwei Prinzipien nur schwierig voneinander zu trennen, weshalb ich sie als synonym für ein und denselben Gedanken sehe. Indizien dafür, dass in eine Methode zu viel hineingepackt wurde, wären:

- Man braucht mehr als einen Satz, um zusammenzufassen, welche Aufgabe sie hat.
- Es gibt verschiedene Gründe, sie zu ändern, weil sie mehr als ein Feature abbildet oder weil mehr als ein Auftraggeber das Recht hat, Änderungen zu beauftragen.

Dadurch wird allerdings nicht näher definiert, ob ein solcher Concern nun fachlicher oder technischer Natur ist. Ich denke, dass er prinzipiell beides sein kann. Allerdings stellen sowohl technische Aspekte (wie Persistenz) als auch Dinge zur Erfüllung bestimmter Qualitätsmerkmale (wie Effizienz) Concerns dar, welche sich nicht gut in einer Methode verorten lassen, wie in Bild 2.1 dargestellt. Daher werden sie auch als Querschnittsaspekte oder Cross-Cutting-Concerns bezeichnet. Hier wird eine Kapselung im Code zumindest schwieriger sein als bei fachlichen Aspekten, wie vom Auftraggeber gewünschter Features.

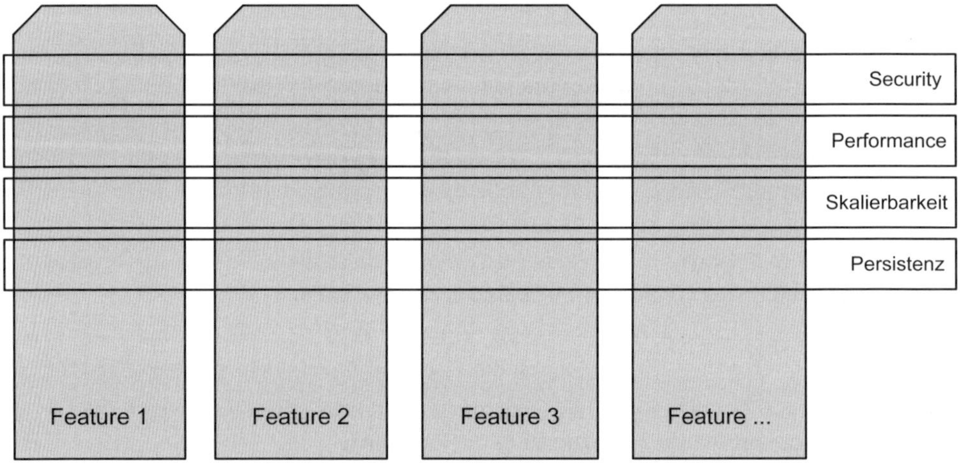

Bild 2.1 Technische Aspekte betreffen meist mehrere fachliche Strukturen im Code.

Um solche Cross-Cutting-Concerns zu kapseln, kann man sich der Möglichkeiten der aspektorientierten Programmierung bedienen oder auch mit dem Decorator Pattern [Gam94] arbeiten. Dieses werden wir noch später in Abschnitt 2.3.1 kennenlernen, wo wir es als Alternative zur Vererbung verwenden.

2.1.1 Das Single-Level-of-Abstraction-Prinzip

Eng mit dem P02-SOC verwandt ist das sogenannte Single-Level-of-Abstraction-Prinzip (P04-SLA). Hierbei geht es darum, dass man Logik, welche mehrere Abstraktionsebenen abdeckt, auch entsprechend in der Lösung aufteilen sollte. Ein Beispiel dafür, das geläufig sein dürfte, ist in Bild 2.2 dargestellt, nämlich das ISO/OSI-Schichtenmodell für die Kommunikation über das Netzwerk.

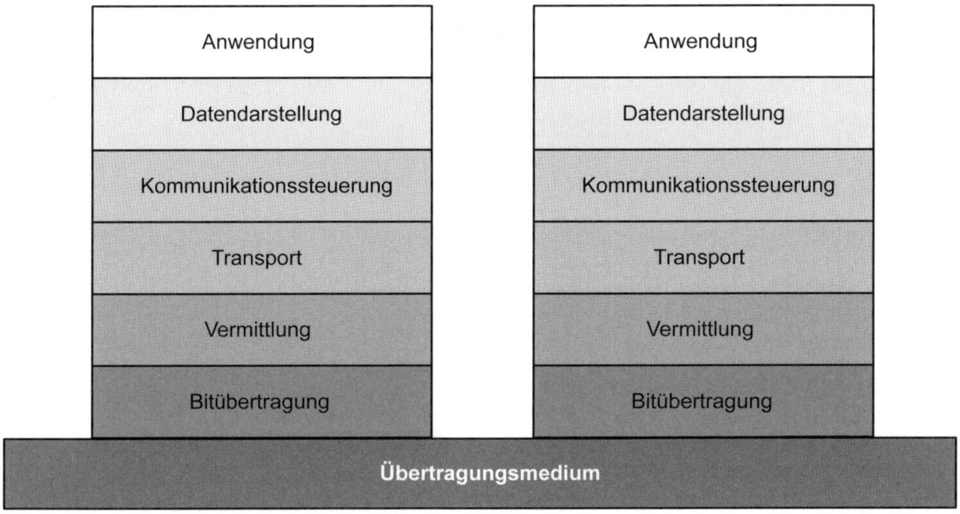

Bild 2.2 Das ISO/OSI-Schichtenmodell

2.1.2 Tutorial #01: Single-Level-of-Abstraction

```
training-clean / clean-program-structure / lab01
```

Das Beispiel

```
public void sendMessage(String input, String exchangeName, String routingKey)
      throws IOException, KeyManagementException, NoSuchAlgorithmException,
      URISyntaxException, TimeoutException {

   ConnectionFactory factory = new ConnectionFactory();
   factory.setUri("amqp://userName:password@hostName:portNumber/virtualHost");

   try (final Connection conn = factory.newConnection();
         final Channel channel = conn.createChannel()) {

      // fancy message transformation business logic
      Message message = new Message();
      message.setSomeText("The user said: " + input);
      message.setSomeValue(input.length() + 42);
      Calendar cal = Calendar.getInstance();
```

```
        cal.setTime(new Date());
        cal.add(Calendar.DATE, -30);
        Date dateBefore30Days = cal.getTime();
        message.setSomeDate(dateBefore30Days);

        Gson gson = (new GsonBuilder()).setDateFormat("yyyy-MM-dd").create();
        byte[] messageBodyBytes = gson.toJson(message).getBytes();
        channel.basicPublish(exchangeName, routingKey, null, messageBodyBytes);
    }
}
```

Die Herausforderung

Es wird eine Nachricht über die RabbitMQ API geschickt. Allerdings ist hier etwas zu viel Inhalt in eine Methode gepackt worden.

Die Lösung

```
public Message wrapTextInMessage(String input) {

    Message message = new Message();
    message.setSomeText("The user said: " + input);
    message.setSomeValue(input.length() + 42);
    Calendar cal = Calendar.getInstance();
    cal.setTime(new Date());
    cal.add(Calendar.DATE, -30);
    Date dateBefore30Days = cal.getTime();
    message.setSomeDate(dateBefore30Days);

    return message;
}

public void sendMessage(Message input, String exchangeName, String routingKey) {

    try {
        ConnectionFactory factory = new ConnectionFactory();

        factory.setUri("amqp://userName:password@hostName:portNumber/virtualHost");

        try (Connection conn = factory.newConnection();
                Channel channel = conn.createChannel()) {

            channel.basicPublish(exchangeName, routingKey, null,
                convertMessageToJsonByteArray(input));
        }

    } catch (Exception e) {
        throw new RuntimeException(e);
    }
}

private byte[] convertMessageToJsonByteArray(Message message) {

    Gson gson = (new GsonBuilder()).setDateFormat("yyyy-MM-dd").create();
    return gson.toJson(message).getBytes();
}
```

Die Aufgabe

Die Klasse PolicyCreator zum Erzeugen und Persistieren einer Versicherungspolice enthält eindeutig zu viele Concerns in einer Methode. Zerlegen Sie diese und beachten Sie dabei P02-SoC und P04-SLA.

2.1.2.1 Das Integration-Operation-Segregation-Prinzip

Beim Integration-Operation-Segregation-Prinzip (P06-IOSP) handelt es sich um einen Spezialfall des P04-SLA [Lie17]. Die einzelnen Methoden (Operations) bilden dabei die untere Ebene, während die Integration und das Zusammenspiel der Methoden die Ebene darüber bilden.

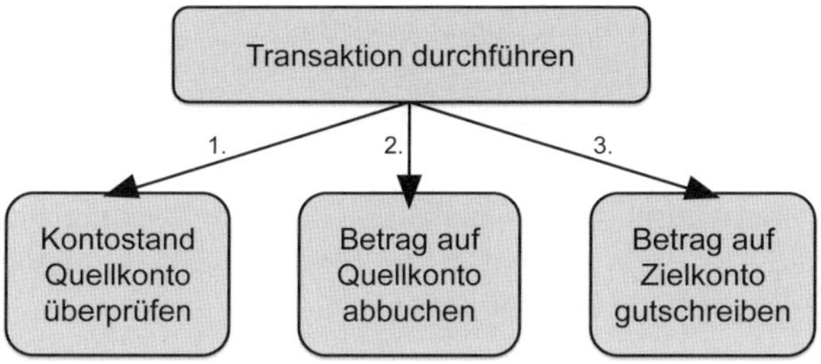

Bild 2.3 Das P06-IOSP in Aktion

2.2 Schnittstellen

Die Bedeutung klar definierter Schnittstellen kann gar nicht intensiv genug betont werden. Meiner Erfahrung nach sind Unklarheiten bei Schnittstellen die Hauptursache für Instabilitäten bei der Wartung von Code. Dafür gibt es hauptsächlich zwei Gründe:

- Eine unklare Schnittstelle bietet zu viele Möglichkeiten zur Interpretation und wird daher im Zuge der Benutzung falsch verstanden.
- Eine Schnittstelle von geringer Klarheit ist erstmal der formale Kontrakt einer Komponente. Unabhängig davon gibt es die tatsächlichen Informationen, die über die Schnittstelle transportiert werden. Letztere sind oft konkreter und nutzen die volle Bandbreite an Möglichkeiten des formalen Kontrakts nicht aus. Da Consumer meist gegen den konkreten Output des Providers getestet werden, kann eine spätere Änderung des Providers, wenn auch im Rahmen des formalen Kontrakts, den Consumer durcheinanderbringen.

Der zweite Punkt ist vielleicht etwas schwierig nachzuvollziehen, weshalb ich noch ein weiteres Beispiel bringen möchte. Nehmen wir einmal an, es passieren die folgenden Dinge in genau dieser Reihenfolge:

1. Eine Methode (als Provider) definiert ein Interface, nachdem sie einen numerischen Wert zurückliefert, ohne dies näher zu spezifizieren.

2. Der konkrete Code des Providers liefert ausnahmslos positive Werte > 0 zurück.
3. Ein Consumer nimmt den Output dieser Methode als Wert x und berechnet damit das Ergebnis von y / x, ohne sich gegen eine Division durch 0 zu sichern.
4. Es wird getestet und alles ist gut.
5. Durch eine Änderung am Provider kann es erstmalig passieren, dass auch 0 als mögliches Ergebnis zurückgeliefert wird.

Und schon haben wir den potenziellen Salat. Ein genauerer Kontrakt, der bei Schritt 1 bereits definiert hätte, dass alle Werte >= 0 als Rückgabewerte möglich sind, hätte das Problem evtl. verhindern können. Dem Consumer wäre es vielleicht klar gewesen, dass er sich gegen Divisionen durch 0 absichern muss.

Als Alternative wäre anfangs im formalen Kontrakt bereits klar definiert worden, dass nur Werte > 0 möglich sind, wodurch 0 kein gültiger Rückgabewert gewesen wäre. Für die spätere Änderung hätte der formale Kontrakt angepasst werden müssen, wodurch vermutlich klar gewesen wäre, dass dies ein gewisses Risiko bzw. Änderungsaufwand für die Consumer bedeutet.

Ein wunderbares Beispiel für einen unerwünschten Seiteneffekt im Zuge der Wartung von Software. Womit wir bei der Frage wären, wie man Methoden im Code genauere Schnittstellenkontrakte verpassen kann, was uns zu Design-by-Contract bringt.

2.2.1 Design-by-Contract

Eine Möglichkeit, um Schnittstellen genauer zu spezifizieren, bietet das Entwurfsprinzip Design-by-Contract (P10-DbC). Dabei werden Vor- und Nachbedingungen von Parametern explizit geprüft (siehe Abschnitt 2.2.1.1), wodurch deren genaue Bedeutung dem Consumer klarer wird und sich somit dauerhaft die Gefahr von unerwartetem Verhalten minimieren lässt. Außerdem soll durch die laufende Überprüfung des Zustands einer Klasse (den Invarianten – siehe Abschnitt 2.2.1.2) die Gefahr von unerwünschtem Verhalten auf ein Minimum gesenkt werden [Mey94]. Bei diesen beiden Tutorials verwende ich ausnahmsweise C#-Code, da hier das Design-by-Contract in die Plattform bereits eingebaut ist.

2.2.1.1 Tutorial #02: Design-by-Contract, Vor- und Nachbedingungen prüfen

```
TrainingClean / ContractAndAPI / Lab01
```

Das Beispiel

```
public Employee ChangeName (String newName)
{
   return new Employee(newName);
}
```

Die Herausforderung

Die Klasse Employee ist immutable. Das bedeutet, dass ihr State niemals geändert werden kann. Möchte man einen andere State, so wird jedes Mal eine neue Instanz erzeugt. Im konkreten Fall ist das aufgrund der geringen Größe der Methode noch auf den ersten Blick sichtbar, wir wollen das aber trotzdem noch klarer machen.

Die Lösung

```
public Employee ChangeName(String newName)
{
   Contract.Requires(newName != null);
   Contract.Requires(newName.Trim().Length > 0);

   Employee result = new Employee(newName);

   Contract.Ensures(result != null);
   Contract.Ensures(result != this);

   return result;
}
```

Die Aufgabe

Die Parameter der Methode ChooseFromList sind in ihrer Verwendung nicht ganz eindeutig. Mit der Prüfung von Vor- und Nachbedingungen sollte dies klarer gemacht werden. Bei Bedarf kann auch ein Inline-Kommentar helfen.

2.2.1.2 Tutorial #03: Design-by-Contract, Invarianten

```
TrainingClean / ContractAndAPI / Lab02
```

Das Beispiel

```
class Particle
{
   public double Speed;
   public double Mass;

   public Particle (double speed, double mass)
   {
      this.Speed = speed;
      this.Mass = mass;
   }

   // Fancy Physic Logic goes here ...

}
```

Die Herausforderung

In der Klasse Particle, die ein Elementarteilchen abbildet, ist nicht ganz klar, worum es sich bei speed und mass handelt. Bessere Namenwahl und eine Prüfung der Grenzen der aktuellen physikalischen Gesetze würden hier bestimmt helfen.

Die Lösung

```
using System.Diagnostics.Contracts;

class Particle
{
   public double SpeedRelativeToLightSpeed;
   public double MassInKilograms;

   public Particle (double speedRelativeToLightSpeed, double massInKilograms)
   {
      this.SpeedRelativeToLightSpeed = speedRelativeToLightSpeed;
      this.MassInKilograms = massInKilograms;
   }

   [ContractInvariantMethod]
   protected void ObjectInvariant()
   {
      Contract.Invariant(SpeedRelativeToLightSpeed >= 0);
      Contract.Invariant(SpeedRelativeToLightSpeed < 1.0);

      // at this moment it is not clear if sthg as a negative mass exists,
      // so we do not check!
   }

   // Fancy Physic Logic goes here ...

}
```

Die Aufgabe

Der Akkuladestand einer Batterie verläuft immer innerhalb gewisser Grenzwerte. Der Zustand (State) der Klasse sollte sich niemals außerhalb dieser befinden.

2.2.1.3 Java und der JSR 305

Beim JSR 305 handelt es sich um einen Specification-Request zur Verabschiedung eines Standards für Java, der es möglich machen soll, Bugs im Code durch statische Codeanalyse vorab auffindbar zu machen. Obwohl der Prozess dazu bis heute nicht abgeschlossen wurde, gibt es einerseits sowohl eine Referenzimplementierung als auch mit SpotBugs (vormals FindBugs) ein weit verbreitetes Tool, das die darin enthaltenen Annotations analysiert und damit näher spezifizierte Schnittstellen auf missbräuchliche Verwendung hin untersucht.

Den Employee aus Abschnitt 2.2.1.1 könnte man als `@Immutable` markieren und die Methode changeName mit `@CheckReturnValue`. Wenn nun ein Consumer die zurückgelieferte neue Instanz nicht zuweist, sondern ignoriert, kann SpotBugs dies als fehlerhafte Verwendung identifizieren. Weitere Annotations des JSR305 sind:

- `@Nullable`, `@NotNull`: Um den Consumern einer Methode explizit mitzuteilen, ob für einen übergebenen Wert Null akzeptiert wird oder nicht.
- `@Nonnegative`: Der übergebene Wert darf niemals negativ sein.
- `@ThreadSafe`, `@NotThreadSafe`: Ist die Klasse oder Methode in konkurrierenden Threads verwendbar? Angenehmer Nebeneffekt einer Klasse, die `@Immutable` ist, ist ja unter anderem, dass sie dadurch schon fast automatisch auch `@ThreadSafe` wird.

- `@MatchesPattern`: Der übergebene String muss dem im Parameter der Annotation angegebenen regulären Ausdruck entsprechen.
- `@Syntax`: Der Inhalt einer zurück- oder übergebenen Zeichenkette wird dadurch näher spezifiziert. Der Parameter könnte Werte wie „HTML“, „JSON“ oder „XML“ enthalten.
- `@WillClose`, `@WillNotClose`: Teilt dem Benutzer der Programmierschnittstelle mit, ob die übergebene Ressource von der Klasse oder Methode schlussendlich geschlossen wird, oder nicht.
- `@WillCloseWhenClosed`: Einer Klasse, die selbst Closeable ist, wird eine Ressource übergeben (wie ein Reader, der einen Inputstream erhält). Diese Annotation zeigt an, dass die gewrappte Ressource geschlossen wird, wenn die wrappende Instanz geschlossen wird.

2.2.2 Interface-Segregation

Beim Interface-Segregation-Prinzip (P12-InSeg) handelt es sich um das Separation-of-Concerns (P02-SoC) für Schnittstellen. Es besagt, dass Bausteine nicht eine große und generische Schnittstelle für alle Anwendungsfälle anbieten sollten, sondern für jeden Anwendungsfall eine spezifische. Werfen Sie dafür bitte einen Blick auf Bild 2.4 oder das Beispiel in Abschnitt 2.2.2.1, wo die Digitalkamera eine gemeinsame Schnittstelle für das Filmen und das Fotografieren anbietet.

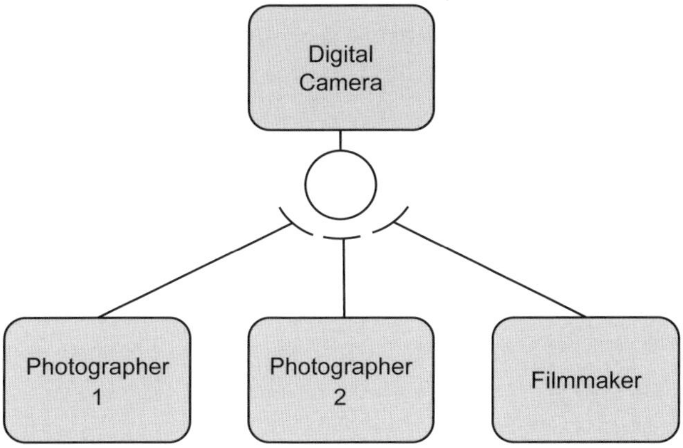

Bild 2.4 Die große generische Schnittstelle stellt eine Verletzung des Interface-Segregation-Prinzips dar.

Dies ist nicht im Sinne der Interface Segregation, weil dadurch die Consumer, die nur am Fotografieren respektive Filmen interessiert sind, auch Abhängigkeiten zur Schnittstelle des jeweils anderen Anwendungsfalls bekommen werden. Dadurch kann der Provider einer der Schnittstellen leichter ausgewechselt werden, ohne dass die anderen Schnittstellen und deren Consumer davon betroffen wären. In der verbesserten Umsetzung, welche in Bild 2.5 dargestellt ist, könnten wir dem Filmer eine dedizierte Filmkamera unterjubeln, ohne dass die Fotografen etwas davon mitbekommen würden. Beachten Sie bitte, dass wir nach Anwendung des Interface-Segregation-Prinzips für alle Fotografen nach wie vor eine gemeinsame Schnittstelle anbieten. Es geht nämlich hier nicht darum, für jeden expliziten einzelnen Consumer eine eigene Schnittstelle anzubieten.

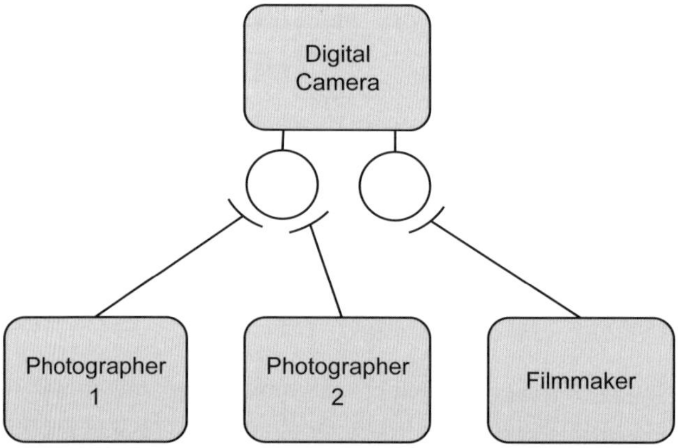

Bild 2.5 Eine explizite Schnittstelle für die, die filmen möchten, als auch für die, die fotografieren

Diese Abtrennung von Schnittstellen hat noch einen weiteren positiven Effekt: Die Schnittstellen werden für die jeweiligen Consumer verständlicher. Weniger Möglichkeiten zu Missverständnissen erhöhen dauerhaft die Stabilität des Systems, da sie die Gefahr unerwünschter Seiteneffekte verringern, welche sich oft über Schnittstellen ausbreiten.

2.2.2.1 Tutorial #04: Interface-Segregation

```
training-clean / clean-contract-and-api / lab03
```

Das Beispiel

```
public byte[] shoot(boolean film) {

   if (film) {
      return "This is a fancy film that you just shot".getBytes();
   } else {
      return „Picture".getBytes();
   }
}
```

Die Herausforderung

Die Kamera-Klasse besitzt nur eine gemeinsame public-Methode für Filmer und Fotografen. Dies soll geändert werden und für jede dieser beiden Arten der Verwendung der Kamera soll eine eigene dedizierte Schnittstelle angeboten werden. Im Idealfall wissen die Filmer bzw. Fotografen gar nicht, dass man mit der Kamera auch noch etwas anderes machen kann.

Die Lösung

```
public class Camera implements PictureRecordingDevice, VideoRecordingDevice {

   private byte[] shoot(boolean film) {

      if (film) {
         return "This is a fancy film that you just shot".getBytes();
      } else {
         return "Picture".getBytes();
      }
   }

   @Override
   public byte[] recordVideo() {
      return shoot(true);
   }

   @Override
   public byte[] recordPicture() {
      return shoot(false);
   }
}
```

Die Aufgabe

Eine Raumstation kann einerseits navigiert werden, andererseits wird mit der Klasse ihr Energiehaushalt überwacht und gesteuert. Diese beiden Anwendungsfälle sollen voneinander getrennt werden.

2.2.3 Abstraktionen statt Implementierungen

Lassen Sie mich zu Beginn dieses Abschnitts einen Begriff näher erläutern, nämlich den der Abstraktion. Damit ist die Entfernung von Informationen gemeint. Dies kann auf verschiedene Art und Weise und aus unterschiedlichen Gründen geschehen. Einen davon haben wir im Abschnitt 2.1.1 gesehen, wo es um das P04-SLA ging. Eine bestimmte Verarbeitung ist dabei so komplex, dass sie auf verschiedenen Ebenen betrachtet wird. Je höher die Ebene, desto mehr Informationen werden entfernt. Auf den unteren Ebenen erfolgen die detaillierten Schritte. Auf dem Weg nach oben werden Informationen entfernt, wodurch sich eben eine Abstraktion ergibt.

Eine andere Art von Abstraktion – und damit kommen wir wieder zum Thema des aktuellen Abschnitts – ist die Abtrennung der Schnittstelle von einer Implementierung. Auf Code-Ebene ist dies sowohl in Java als auch in C# mit dem `interface`-Schlüsselwort möglich. In Schnittstellen wie einer Methodensignatur sollte man, wenn möglich, immer auf die für den Client am wenigsten einschränkende Abstraktion setzen, welche verfügbar ist. Zur Verdeutlichung werfen Sie bitte einen Blick auf die folgende Methodensignatur:

```
public void doSomething(ArrayList<String> input) {
```

Potenzielle Consumer werden evtl. durch die konkrete Verwendung der ArrayList abgeschreckt. Wenn der Client nämlich eine der anderen Implementierungen von `java.util.List` verwendet, ist der Aufruf dieser Schnittstelle ohne vorherige Conversion nicht mehr möglich. Um die Methode wirklich auf die Abstraktion umzustellen, darf darin allerdings natürlich kein Spezifikum der jeweiligen Implementierung zur Anwendung kommen. Idealerweise sieht die Implementierung der doSomething-Methode dann so aus:

```
public void doSomething(List<? extends CharSequence> input) {
```

Dadurch ist auch die Verwendung mit einem threadsicheren Vector oder einem threadsicheren StringBuffer möglich geworden! All das durch die Verwendung von Abstraktionen statt Implementierungen in der Schnittstelle (P13-AoI).

2.2.3.1 Die Grenzen der Abstraktion

Naiverweise könnte man nun meinen, dass es vorteilhaft wäre, für wirkliche jede Implementierung auch eine eigene Schnittstelle zu definieren. Dem ist aber natürlich nicht so. Die explizite Abtrennung der Schnittstelle von der Implementierung macht eigentlich nur Sinn, wenn es mehr als eine Implementierung der Schnittstelle gibt oder es sehr wahrscheinlich ist, dass es in absehbarer Zeit eine weitere Implementierung geben wird. Eine 1:1-Abbildung aller Implementierungen in zusätzlichen Interfaces wäre nämlich eine Verletzung des YAGNI-Prinzips (P01-YAGNI). Sollte später eine Abtrennung nötig werden, so lässt sich diese relativ schnell durch ein Refactoring in der IDE erzeugen. Meist steckt dahinter die Angst, komplexe Softwarelösungen später nicht mehr ändern zu können. Da aber die konkrete Ausprägung zukünftiger Änderungswünsche üblicherweise noch nicht bekannt ist, optimiert man damit nicht selten in die Irre. Üblicherweise aufgrund schlechter Erfahrungen, die man mit Legacy-Code gemacht hat. Die Lösung für diese Dilemma lautet aber Änderbarkeit durch Modularisierung, was ja genau das Thema dieses Buchs ist!

Was ich auch immer noch recht häufig beobachte, ist eine meist unbegründete Hoffnung, welch Wunderdinge durch Abstraktion alle möglich wären (A03-MagicAbstract). Angeblich könnte man sich durch Abstraktion von konkreten Implementierungen soweit emanzipieren, dass die Implementierung jeweils beliebig austauschbar wäre. Ich bringe dann gerne das Beispiel der zwei Schlüsselwert-Felder aus zwei unterschiedlichen Modellen derselben Domäne, die prinzipiell die gleiche Bedeutung haben. In einem wird der Sachverhalt durch drei Werte dargestellt, im anderen nur durch zwei. Nun können Sie es drehen und wenden, wie Sie wollen, aber die Modelle werden sich alleine schon deswegen niemals ohne Informationsverlust in beide Richtungen mappen lassen. Somit sollte klar sein, dass sich Modelle, auch wenn sie derselben Domäne entstammen, nicht automatisch x-beliebig konvertieren lassen. Bei der Abstraktion geht es nämlich um die Entfernung von Information und nicht um eine magische x-beliebige Konvertierbarkeit dieser.

2.3 Vererbung

Bei der Vererbung in der objektorientierten Entwicklung (OOP) handelt es sich um einen Mechanismus, mit dem eine Klasse (das Child) alle Eigenschaften einer anderen Klasse (dem Parent) bekommen kann. Dabei handelt es sich sowohl um Status als auch Verhalten der Parent-Klasse, die an das Child vererbt werden. Dies geschieht mit einer einzigen kleinen Anweisung bei der Deklaration der Child-Klasse.

2.3.1 Composition over Inheritance

Mögliche Probleme bei der Vererbung ergeben sich aus den folgenden beiden Gründen:

- Es ist eine nicht besonders transparente Form einer Schnittstelle. Die Child-Klasse bekommt sowohl State als auch Verhalten von der Parent-Klasse, ohne dass dies in der Child-Klasse außer in der Klassendeklaration sichtbar wäre. Änderungen der Parent-Klasse schlagen sich ebenfalls gnadenlos und unsichtbar auf die Child-Klasse durch.
- Es handelt sich um eine sehr enge Form der Kopplung, welche die beiden Klassen in ein sehr enges gegenseitiges Abhängigkeitsverhältnis bringt.

Die Konsequenz, die man daraus ziehen sollte, ist, Vererbung wirklich nur dann anzuwenden, wenn man tatsächlich sowohl Status als auch Verhalten einer Klasse an eine andere weitergeben möchte und man sich der Nachteile dieser Form der Interaktion auch wirklich bewusst ist. Übertriebene (!) Anwendung der Vererbung wird heute eher als Antipattern gesehen (A01-MisInh). Wirkliche Anwendungsfälle für die Vererbung sind relativ selten.

Ich finde es sogar empfehlenswert, ungewollte Vererbung in Klassen gezielt zu verhindern. Wenn Sie dies nicht tun, besteht immer die Gefahr, dass jemand ein „Kind" von dieser Klasse ableitet und später Probleme bekommt, wenn er dessen „Elternteil" verändert. In Java ist dies ganz einfach mit dem `final`-Schlüsselwort möglich, in C# mittels `sealed`. Dabei handelt es sich quasi um das Pendant zur Verhütung in diesen Programmiersprachen.

Vererbung birgt noch ein prinzipielles Problem in sich: Die meisten Programmiersprachen bieten nur die Möglichkeit, von einer Parent-Klasse zu erben. Wäre es möglich, von mehreren Parent-Klassen zu erben, käme es nämlich schnell zu unübersichtlichen und missverständlichen Situationen im Code wie dem Deadly-Diamond-of-Death. Mit dieser Einschränkung kann man auf diese Art und Weise aber nur mit einer einzigen anderen Klasse interagieren. Das Tutorial im folgenden Abschnitt verdeutlicht dieses Problem und bietet mit dem Decorator Pattern auch eine Lösung dafür an.

2.3.1.1 Tutorial #05: Decorator-Pattern

```
training-clean / clean-inheritance / lab02
```

Das Beispiel

```
public class SpaceStationModuleLivingWithSolarPanels extends SpaceStationModuleBasic
{

   private ChargableResource batteryToLoad;
   private int numberOfBeds;
   private int bedQuality;

   public SpaceStationModuleLivingWithSolarPanels(
         @Nonnull ChargableResource batteryToLoad, @Nonnegative int numberOfBeds,
         @Nonnegative int bedQuality) {
      super();
      this.numberOfBeds = numberOfBeds;
      this.bedQuality = bedQuality;
      this.batteryToLoad = batteryToLoad;
   }

   @Override
   public void restAstronauts(Astronaut ... astronauts) {

      for (int i=0; i<astronauts.length; i++) {

         if (i>=numberOfBeds) {
            // no bed left, has to rest standing in the closet
            astronauts[i].rest(1);
         } else {
            astronauts[i].rest(bedQuality);
         }
      }
   }

   /**
    * this will not call super, as instead heating up, we produce electricity
    */
   @Override
   public void receiveSunshine() {

      this.batteryToLoad.charge(0.1d);
   }
}
```

Die Herausforderung

Die Raumstation besitzt Module, in welchen Astronauten leben können. Es gibt welche, die durch Solarpanele Strom erzeugen. Es soll aber auch welche geben, die beides können. Hier stößt die Vererbung an ihre Grenzen, aber das Decorator Pattern schafft Abhilfe.

Die Lösung

```
abstract class SpaceStationModuleDecorator implements SpaceStationModule {

   private SpaceStationModule delegate;

   SpaceStationModuleDecorator(SpaceStationModule delegate) {
      super();
      this.delegate = delegate;
}

   public int getTemperatureInCelsius() {
      return delegate.getTemperatureInCelsius();
   }

   public void receiveSunshine() {
      delegate.receiveSunshine();
   }

   public void coolDown(ChargableResource battery) {
      delegate.coolDown(battery);
   }

   public void restAstronauts(Astronaut ... astronauts) {
      delegate.restAstronauts(astronauts);
   }

}
```

Die Aufgabe

Meine Tochter hätte gerne sowohl eine Barbie als auch einen Ken, welche beide in der Lage sind, sie mit ihrem Namen anzusprechen.

2.3.2 Liksov's Substitutionsprinzip

Die Vererbung der OOP bietet noch eine potenzielle Stolperfalle, welche relativ einzigartig ist für diese Art von Schnittstelle. Zur Verdeutlichung werfen Sie bitte einen Blick auf Bild 2.6. Das Quadrat vom Rechteck erben zu lassen, ist keine gute Idee. Auf den ersten Blick sieht ein Quadrat vielleicht wie eine spezielle Form eines Rechtecks aus, tatsächlich kann ein Quadrat aber keine unterschiedlichen Werte für Breite und Höhe besitzen. Diese Eigenschaften wären zu synchronisieren. Damit müsste man beim Setzen der Breite eines Quadrats auch immer die Höhe anpassen. Wenn aber verwendender Code ein Rechteck erwartet, dann erwartet er auch, dass unterschiedliche Werte, welche er für Breite und Höhe setzt, entsprechend im State der benutzten Klasse zur Anwendung kommen. Wenn diese Werte wieder ausgelesen werden, werden diese wieder genauso erwartet, wie ursprünglich gesetzt. Wird solch einem Code allerdings ein Quadrat anstatt eines Rechtecks untergejubelt, dann wäre dies nicht mehr gegeben [Lis87].

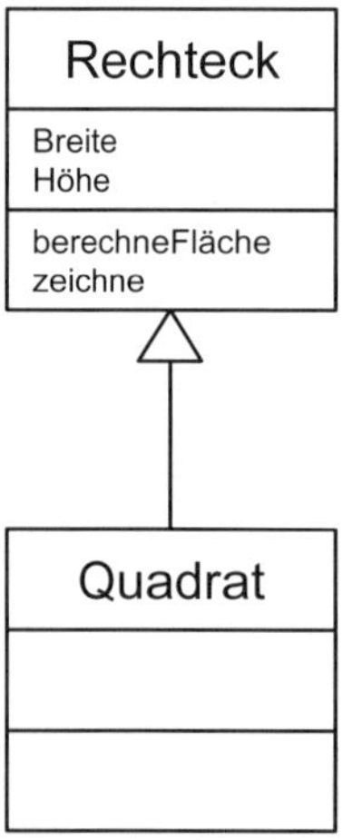

Bild 2.6 Das Quadrat ist genaugenommen keine nähere Spezifikation eines Rechtecks.

Was wäre in solch einem Fall geschehen? Eine Vererbung tut mehr, als nur den formalen Kontrakt einer Schnittstelle von der Parent-Klasse an die Child-Klasse weiterzugeben. Es wird auch ein konkreterer Teil der Schnittstelle, das nach außen wahrnehmbare Verhalten, vererbt. Dies sollte allerdings von einer Child-Klasse nicht abgeändert werden. Wenn dies doch passiert, ist das Liskovsche Substitutionsprinzip verletzt worden. Das bedeutet, dass die so fehlerhaft entworfene Child-Klasse nicht zwangsläufig reibungslos die Superklasse ersetzen kann. Was kann man im gegebenen Fall aber tun? Die Parent-Klasse ist so zu entwerfen, dass sie das Gemeinsame der Dinge kapselt, was sowohl die explizite formale Schnittstelle betrifft als auch das konkrete nach außen wahrnehmbare Verhalten. In unserem Fall könnte das zumindest die Methoden-Signatur für das Berechnen der Fläche und das Zeichnen sein. Das Klassendiagramm dafür ist in Bild 2.7 dargestellt.

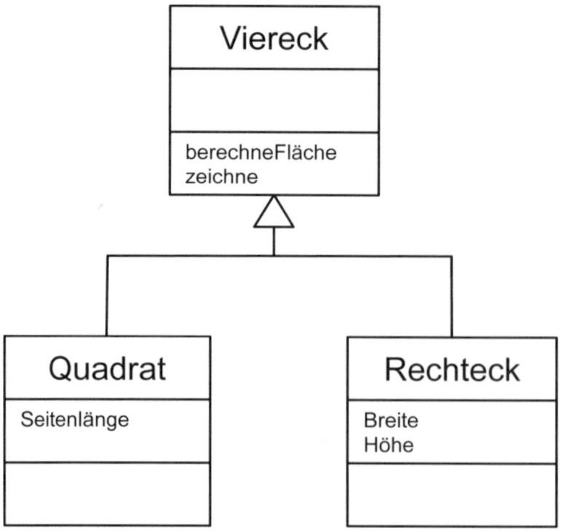

Bild 2.7 Quadrat und Rechteck sind jeweils eine nähere Spezifikation eines Vierecks.

2.3.2.1 Tutorial #06: Liksov's Substitutionsprinzip

```
training-clean / clean-inheritance / lab01
```

Das Beispiel

```
public class Square extends Rectangle {

   @Override
   public void setWidth(int width) {
      super.setWidth(width);
      super.setHeight(width);
   }

   @Override
   public void setHeight(int height) {
      super.setHeight(height);
      super.setWidth(height);
   }
}
```

Die Herausforderung

Das Quadrat sollte nicht vom Rechteck erben. Das Überschreiben der setter ist eine klassische Verletzung von P11-Liskov.

Die Lösung

```
public abstract class FourSidedFigure {

   public abstract int area();

   protected int calculateAreaOfRectangularFourSidedFigure(int width, int height) {
      return width*height;
   }
}

public final class Square extends FourSidedFigure {

   private int sideLength;

   public Square(int sideLength) {
      super();
      this.sideLength = sideLength;
   }

   @Override
   public int area() {
      return super.calculateAreaOfRectangularFourSidedFigure(sideLength, sideLength);
   }

   public int getSideLength() {
      return sideLength;
   }
}
```

Die Aufgabe

Ein natürliches Objekt im Weltraum kann nach unserer Definition nur an Masse verlieren. Für Raumschiffe und Raumstationen gilt aber das genaue Gegenteil. In diesem Fall können Raumstationen und Raumschiffe aber nicht einfach von natürlichen Objekten im Weltraum abgeleitet werden. Finden Sie dafür eine Lösung, ohne P11-Liskov zu verletzen.

2.4 Immutability

Das Prinzip der Unveränderbarkeit bzw. Immutability ist jedem Java-Entwickler geläufig, weil dort alle Basisklassen aus Prinzip unveränderbar entworfen wurden. Für Instanzen von Klassen wie `java.lang.String` ist es demnach gar nicht erst möglich, den jeweiligen Wert zu verändern. Im Fall einer gewünschten Änderung des Werts wird immer eine neue Klasseninstanz erzeugt. Einer der Gründe ist der folgende: Stellen Sie sich vor, Sie übergeben einen String an eine Methode, von der Sie nicht erwarten, dass diese den Wert dieses Strings ändern würde (Listing 2.1). Auch wenn eine erste Version der Methode someMethodBeingCalled den Wert des Strings nicht ändert, so tut es eventuell eine spätere, und sei es durch einen Bug. Der auf den Aufruf folgende Code, der davon ausgeht, dass der String immer noch denselben Wert hat, produziert dann potenziell Fehler. Daher ist es in Java gar nicht erst möglich, die Werte von Klassen wie String oder Integer zu verändern.

Listing 2.1 Basisklassen sind in Java alle immutable

```
String someString = "Hello World!";
someMethodBeingCalled(someString);
// here you would expect someString Variable to still have the same value, right?
// -> In JAVA you can be sure it does!
```

Dieses Prinzip der Unveränderbarkeit oder Immutability können Sie sich in Ihrem Design natürlich genauso zunutze machen. Nehmen wir an, Sie wollen eine Instanz einer Pizza-Klasse erzeugen. Dann möchten Sie bestimmt nicht, dass der Lieferjunge auf dem Weg zum Kunden die Pizza verändern kann. Er sollte gar nicht erst in der Lage sein, den Mais von der Pizza zu naschen. Sie könnten nun alle Setter entfernen und die Werte nur im Konstruktor empfangen, was aber zu unschönem Code führen würde (Listing 2.2). Jemand, der diesen Code sieht, würde sich beispielsweise fragen, was die beiden booleschen Parameter bedeuten!?

Listing 2.2 Die gesamte Pizza wird im Konstruktor definiert

```
Pizza pizza = new Pizza (10,true,false,'Cheese","Tomatoes","Ham","Corn");
```

Abhilfe schafft hier das Builder-Pattern. Hierbei definieren Sie den Konstruktor kurzerhand als private und stellen eine innere Klasse zur Verfügung, die keinen anderen Job hat, als eine solche Pizza-Instanz zu erzeugen (Listing 2.3). Das sieht gleich viel eleganter aus (Listing 2.4) und spricht für sich selbst. Dem gefräßigen Lieferjungen wurde dabei außerdem auch gleich das Handwerk gelegt.

Listing 2.3 Statt den Konstruktor bieten wir einen expliziten Builder mit einer Fluent-API an

```
public final class Pizza {

   private Set<String> ingredients;
   private int size;
   private boolean cheesyCrust = false;
   private boolean folded = false;

   private Pizza(int size, boolean cheesyCrust, boolean folded,
         Set<String> ingredients) {
      super();
      this.ingredients = ingredients;
      this.size = size;
      this.cheesyCrust = cheesyCrust;
      this.folded = folded;
   }

   static class Builder {
      private Set<String> ingredients = new HashSet<String>();
      private int size = -1;
      private boolean folded = false;
      private boolean cheesyCrust = false;

      public Builder addIngredient(String newIngredient) {
         ingredients.add(newIngredient);
         return this;
      }

      public Builder diameterInInches(int size) {
         this.size = size;
         return this;
      }

      public Builder cheesyCrust() {
         this.cheesyCrust = true;
         return this;
      }

      public Builder fold() {
         this.folded = true;
         return this;
      }

      public Builder cardinale() {
         ingredients.clear();
         addIngredient("Tomatoes").addIngredient("Cheese").addIngredient("Ham");
         return this;
      }

      public Pizza build() {
         return new Pizza(this.size,this.cheesyCrust,this.folded,this.ingredients);
      }
   }

   public void eat() {
      // ...
   }
}
```

Listing 2.4 Die Erzeugung einer Pizza wird dadurch selbsterklärend

```
// big cardinale cheesy crust with extra corn
Pizza myPizza = (new Pizza.Builder()).cardinale().
addIngredient("Corn").diameterInInches(12).cheesyCrust().build();
```

Dies ist übrigens NICHT das Builder-Pattern, wie es die berühmte Gang of Four definiert hat [Gam94]. In deren Buch werden Sie eine andere Definition unter demselben Namen finden. Dazu kommen wir gleich nochmal in Abschnitt 2.5.2.

2.5 Über Prinzipien, Pattern und Antipattern

In diesem Kapitel habe ich einige Begriffe eingeführt, welche ich noch etwas näher erläutern möchte, weil es wichtig ist, hier ein gemeinsames Verständnis zu haben. Schließlich werden uns diese auch weiterhin begleiten.

2.5.1 Prinzipien

Prinzipien können als Handlungsmaximen verstanden werden, welche als Leitlinien einer bestimmten Art von Tätigkeit einen Rahmen geben. Die Idee ist, dass sie von den handelnden Personen selbstständig angewendet werden können, was ein gemeinsames Verständnis des jeweiligen Prinzips voraussetzt [Tot15]. Prinzipien können sehr spezifisch auf ein konkretes Unterfangen wie ein Projekt hin formuliert werden oder auch allgemeinerer Natur sein. Allerdings denke ich nicht, dass es so etwas wie ganz allgemeine Prinzipien geben kann, sondern dass ein solch allgemeines Set an Prinzipien immer im Bezug zu einem bestimmten Kontext gesehen werden muss. Bei den in diesem Buch vorgestellten Prinzipien geht es um den Entwurf einer nachhaltig wartbaren, flexiblen und änderbaren Struktur und Modularisierung von Software. In der IT gibt es ähnliche „Off-the-Shelf-Prinzipiensets" wie beispielsweise die 12-Factor-App-Methodology (*https://12factor.net/*), die konkret für die Erstellung von Software-as-a-Service-(SaaS)-Anwendungen gedacht ist.

Die in diesem Buch vorgestellten Prinzipien werden im Anhang in einem eigenen Abschnitt des Glossars noch einmal explizit zusammengefasst und zueinander in Beziehung gebracht. Vielleicht kennen Sie die guten alten SOLID-Prinzipien von Robert C. Martin [Mar17]. Es handelt sich dabei ebenfalls um ein Set von Designprinzipien für den effizienten Entwurf objektorientierter Software. Dabei werden die folgenden Prinzipien zusammengefasst, von denen wir manche in diesem Buch erst noch kennenlernen werden:

S	Single Responsibility (P02-SoC)
O	Open-Closed (P09-Open)
L	Liskov's Substitutionsprinzip (P11-Liskov)
I	Interface Segregation (P12-InSeg)
D	Dependency Inversion (P17-DepInv)

Meiner Meinung nach ist SOLID heute als nicht mehr zeitgemäß anzusehen. Einerseits liegt der Fokus zu sehr auf dem Entwurf einer Klassenstruktur und es wird eigentlich nicht auf Module generell eingegangen. Dann hat sich die gängige Interpretation mancher dieser Prinzipien (wie beim „O“ und beim „D“) seit der Definition bereits grundlegend geändert. Und zu guter Letzt scheint es mir nicht vollständig, vor allem wo ein ganz wesentlicher Aspekt mit dem Prinzip des Information-Hidings (P07-Hide) hier völlig abwesend ist. Das ändert aber bitte wohlgemerkt nichts an den einzelnen Punkten, die in SOLID enthalten sind. Ich bezweifle hier nur, ob es einen Mehrwert hat, genau diese fünf Prinzipien zusammenzufassen.

2.5.2 Pattern

Bei Pattern bzw. Mustern handelt es sich um bewährte Lösungen für bestimmte Problemstellungen, welche in einem gewissen Kontext auftreten [Bus96]. Mit anderen Worten: Pattern existieren nicht zum Selbstzweck. Um sinnvoll angewendet werden zu können, müssen sowohl Kontext als auch konkrete Problemstellung passen. Beim Kontext kann es sich unter anderem um die Abstraktionsebene handeln, auf der das Pattern sinnvoll angewendet werden kann, wie Code, Module, Applikation oder Systemlandschaft. Manche Muster sind wiederum nur sinnvoll in der OOP oder auch nur in einer bestimmten Programmiersprache anwendbar.

Abgesehen davon, dass Muster bewährte Lösungen für gewisse Probleme liefern und man dadurch Zeit bei der Lösungsfindung spart, haben sie noch einen weiteren positiven Effekt. Üblicherweise sind bestimmte Pattern den meisten Entwicklern und Architekten geläufig. Wird ein Muster in einer Lösung wiedererkannt, führt das zu einem schnelleren Verständnis dieser. Im Zuge dessen besteht allerdings das Risiko von Missverständnissen. Es gibt beispielsweise zwei Pattern, die beide als Builder bezeichnet werden, die aber Unterschiedliches bezwecken. Eines davon haben wir eben in Abschnitt 2.4 im Einsatz gesehen, wobei es sich explizit NICHT um das Pattern aus dem berühmten Buch der Gang-of-Four [Gam94] handelt. Um hier Probleme zu vermeiden, empfehle ich Teams gerne die Definition eines eigenen Pattern-Katalogs. Dabei einigt man sich auf die Muster, die man gedenkt, häufig einzusetzen. Im Zuge dessen startet bereits eine Diskussion mit vielen positiven Effekten im Team. Sinnvoll ist dann auch, für die einzelnen Pattern Referenzimplementierungen festzulegen. Diese gibt es zu Hauf und kostenlos verfügbar auf github. Danach sollten Muster noch, wenn sie zur Anwendung kommen, auch entsprechend gekennzeichnet werden, z. B. durch Namenskonventionen oder entsprechende Kommentare.

Wie auch immer: Eine sehr detaillierte Beschreibung der einzelnen Muster werde ich in diesem Buch nicht liefern. Für UML-Klassendiagramme der klassischen Design-Pattern verweise ich auf den Klassiker zum Thema der berühmten Gang-of-Four [Gam94].

2.5.3 Antipattern

Bei einem Antipattern handelt es sich um ein Muster, das entweder früher als Pattern galt oder aber immer wieder für gewisse Problemstellungen in einem bestimmten Kontext als

Lösung benutzt wird, nach einhelliger Meinung aber mehr Nachteile als Vorteile besitzt. Ein Antipattern ist also nicht einfach ein Unsinn, sondern stellt eine Art „Falle" des Softwareentwurfs dar, in die viele oft tappen. Know-how zu diesem Thema ist sehr wichtig. Wenn man typische Antipattern kennt und auch weiß, warum diese als Antipattern gelten, ist das ausgesprochen hilfreich beim Entwurf einer Softwarearchitektur. Darum ist den Antipattern bei Entwurf und Modularisierung komplexer Software ebenfalls ein eigener Abschnitt im Glossar dieses Buchs gewidmet. Zum Abschluss von Kapitel 2 hier im folgenden Abschnitt noch ein Beispiel für ein häufig anzutreffendes Antipattern.

2.5.3.1 Gottklasse

Irgendwie scheint es verlockend zu sein, Dinge, bei denen man nicht gleich weiß, wohin mit ihnen, einfach in eine zentrale Komponente zu geben. Dies kommt eigentlich auf allen Abstraktionsebenen vor, wenn es auf der Ebene des Codes passiert, bezeichnet man eine solche Komponente als „Gottklasse" oder „Gottobjekt" (A02-GodObj). Natürlich wird dabei meist auch das P02-SoC verletzt. Ein Beispiel dafür ist die zentrale Controller-Klasse, welche in Bild 2.8 dargestellt ist. Das Problem bei dieser Umsetzung des Controllerablaufs ist, dass Kompetenzen der einzelnen Bausteine in eine zentrale Klasse verschoben werden, wo sie nichts verloren haben.

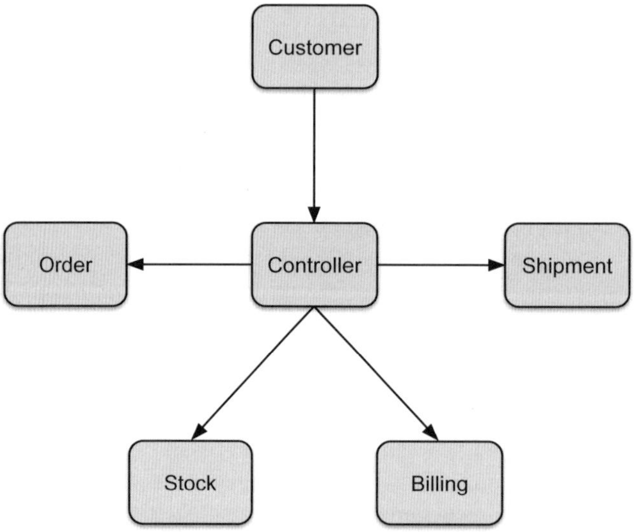

Bild 2.8 Verletzung des Separation-of-Concerns-Prinzips durch eine Gott-Klasse

Die Lösung für dieses Problem ist ebenso einfach wie offensichtlich. Genauso wie beim Prinzip Dumb-Pipes-and-Smart-Endpoints (P05-DumbPipe), das wir später noch kennenlernen werden, gehört auch hier die Logik in die jeweils zuständigen Klassen verschoben. Die Umsetzung sollte also vielmehr so aussehen wie in Bild 2.9. Hierbei spricht der Kunde nur mit der Order-Klasse, um eine Bestellung abzugeben, die wiederum gegenüber der Stock-Klasse den Lagerstand prüft. Wenn die Bestellung möglich ist, wird die weitere Abarbeitung an die Shipment-Klasse delegiert, die mithilfe der Billing-Klasse eine Rechnung erzeugt und im Endeffekt den Lieferanten beauftragt.

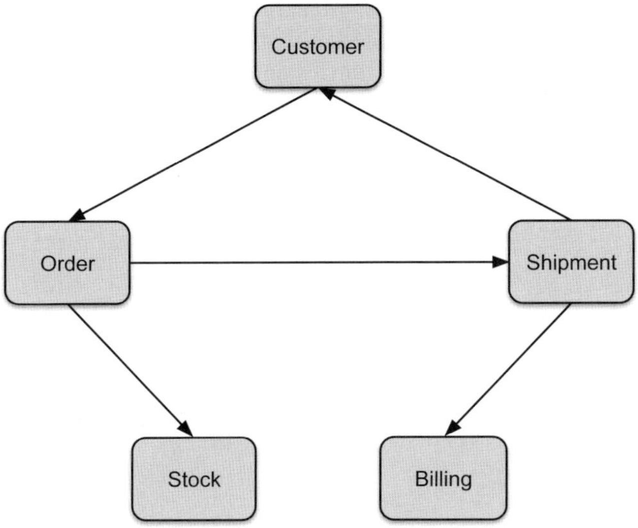

Bild 2.9 Sauber strukturiert und modular

2.5.3.2 Tutorial #07: Gottobjekt

```
training-design / design-modularization / lab01
```

Das Beispiel

Es steckt viel zu viel an Logik in der zentralen Controller-Klasse, bei der es sich um eine Gottklasse handelt. Verschieben Sie diese in die Klassen, wo sie jeweils hineingehört. Idealerweise kann die Controller-Klasse nach dem Refactoring komplett entfernt werden.

2.6 Aber ...

Eines noch, bevor wir dieses Kapitel abschließen: Code auf dieser Abstraktionsebene zu modularisieren, klappt nicht unbedingt immer. In den folgenden Situationen ist es auch aus meiner Sicht keine Schande, nicht modular zu arbeiten:

- Klassische Utility-Klassen mit diversen Helper-Methoden gelten zwar als Bad-Smell in einer Architektur. Meiner Erfahrung nach haben sie aber durchaus eine gewisse Daseinsberechtigung. Die Methoden in diesen Klassen haben keinerlei Bezug zueinander und scheinen eigentlich das Prinzip der Kohäsion (P03-Cohesion) zu verletzen. Außerdem haben diese Methoden viele eingehende Abhängigkeiten aus anderen Klassen und Modulen. Trotzdem habe ich noch keine Architektur erlebt, die deswegen in ernstzunehmende Schwierigkeiten geraten wäre.
- Während Klassen meist modular entworfen werden, was man z. B. an Methoden erkennen kann, die vor der Welt außerhalb der Klasse mit dem Schlüsselwort `private` verbor-

gen wurden, gibt es darüber oft eine Ebene, die nicht modular ist. In Packages, Namespaces oder Verzeichnissen erfolgt eine Ebene darüber oft eher eine Art Kategorisierung der Klassen oder Funktionen. So werden dort manchmal sämtliche Klassen, die Datenzugriffe kapseln, zusammengefasst. Die Einteilung erfolgt demnach eher nach querschnittlichen Aspekten. Dies ist selbstverständlich in Ordnung. Ggf. gibt es dann eine Ebene darüber nochmal den Bedarf nach einer Kapselung und Modularisierung. Damit ist mir auch gleich ein prima Übergang ins nächste Kapitel gelungen.

3 Strukturen auf Modul-Ebene

A crash course in brain surgery has stopped the bloody knife of words again.
Metallica

In diesem Kapitel begeben wir uns nun eine Abstraktionsebene höher und formen mit Klassen und Methoden aus Kapitel 2 Strukturen höherer Ordnung. In Java kann dies mittels Packages und dem JPMS erfolgen. In C# würde man dafür Namespaces oder Assemblies verwenden. Wobei die Namespaces in C# nur bedingt zur Modularisierung taugen, da gleich das im kommenden Abschnitt vorgestellte Prinzip des Information Hiding sich damit nicht umsetzen lässt.

3.1 Information Hiding

Das Prinzip des Information Hiding (P07-Hide), auch bekannt als Kapselung, wurde erstmals formuliert von einem gewissen David Parnas [Par01]. Es besagt, dass ein Benutzer einer Komponente möglichst wenig über diese wissen sollte. Merkmale, welche zur Verwendung einer Komponente nicht nötig sind, sollten vor deren Benutzern verborgen bleiben. Der Grund dafür ist schnell erklärt: Alle Eigenschaften einer Komponente, die nicht öffentlich zugänglich sind, sind auch in Zukunft einfach änderbar. Man hat die Garantie dafür, dass außerhalb nie etwas davon abhängig sein wird, da diese Aspekte außerhalb nicht sichtbar sind. Beim Information Hiding handelt es sich demnach um das explizite Vermeiden eingehender Abhängigkeiten.

Ein verborgener Aspekt kann jederzeit lokal isoliert geändert werden, ohne dass sich diese Änderung auf die Welt darum auswirken wird. Bei diesem Aspekt kann es sich um Subbausteine (wie private-Methoden innerhalb einer Klasse) oder auch Dinge wie Technologien oder Konzepte handeln. Laut David Parnas sollten vor allem die Aspekte vor der Außenwelt verborgen werden, von denen angenommen wird, dass diese sich ändern werden. Ich würde noch weitergehen und empfehlen, möglichst vieles zu verbergen. Und zwar je mehr, desto besser.

Wie wichtig das ist, darf wirklich niemals unterschätzt werden! Nehmen wir einmal an, Sie schreiben Code, welcher zu einem x-beliebigen Zeitpunkt über die Position eines Planeten Auskunft geben kann, und das zurzeit von Sir Isaac Newton. Sie entwickeln einige Java-Klassen und geben diese in ein und dasselbe Package (Bild 3.1).

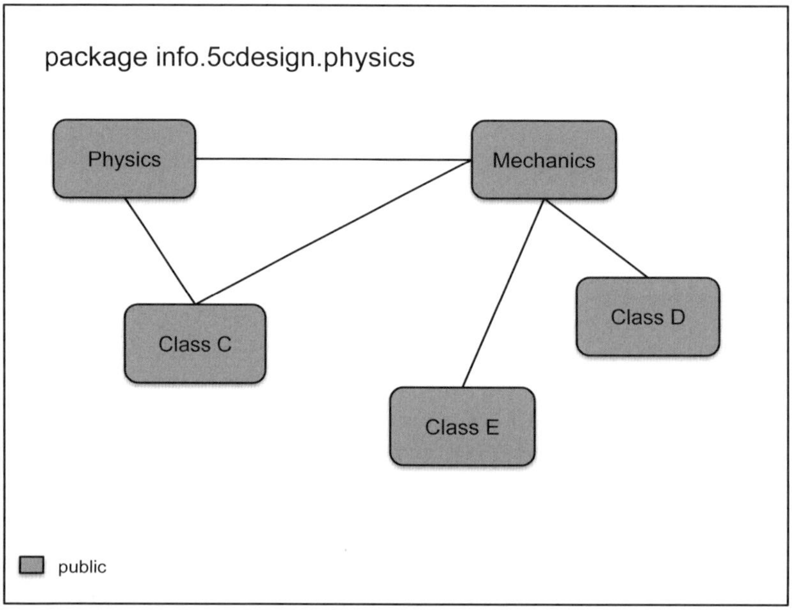

Bild 3.1 Physik-Package, alle Klassen öffentlich

Der umfangreiche Code wurde zwecks Wartbarkeit dem Separation-of-Concerns-Prinzip (P02-SoC) folgend auf mehrere Klassen aufgeteilt. Jede einzelne davon ist auch außerhalb dieses Pakets sichtbar. Sichtbar bedeutet, dass es theoretisch eingehende Abhängigkeiten auf alle Klassen des Packages geben kann. Nehmen wir jetzt an, ein gewisser Albert Einstein behauptet plötzlich, dass die gesamte klassische Mechanik falsch ist, und ersetzt diese durch seine Relativitätstheorie. Wenn Sie nun alle Ihre Klassen bis auf die „Hauptklasse" Physics wegschmeißen müssen, wird das potenziell problematisch. Da die anderen Klassen außerhalb des Packages sichtbar sind, könnte es sein, dass es unzählige externe Abhängigkeiten außerhalb des Packages zu diesen Klassen gibt. Mit anderen Worten: Es wird mühsam werden, die klassische Mechanik loszuwerden, um sie auf die neuesten Erkenntnisse umzuschreiben.

Die Lösung ist einfach: Alles, was nicht zwingend außerhalb des Packages bekannt sein muss, sollte tunlichst verborgen werden. Im Falle von Java gibt es die Möglichkeit, einzelne Klassen als package protected zu definieren. Physics kann dann immer noch auf Mechanics zugreifen, Klassen außerhalb des Packages können dies aber nicht mehr. Das Package sollte also so aussehen wie in Bild 3.2, wobei die entsprechend dargestellten Klassen jetzt package protected sind. Damit haben wir außerdem ein neues Muster kennengelernt, nämlich das Facade-Pattern. Dabei fungiert eine Klasse explizit als Zugriffspunkt für die weiteren Klassen eines Pakets, die vor der Außenwelt gezielt verborgen werden. Damit wird einerseits eine wohldefinierte Schnittstelle festgelegt und andererseits werden dadurch Details vor der Außenwelt verborgen.

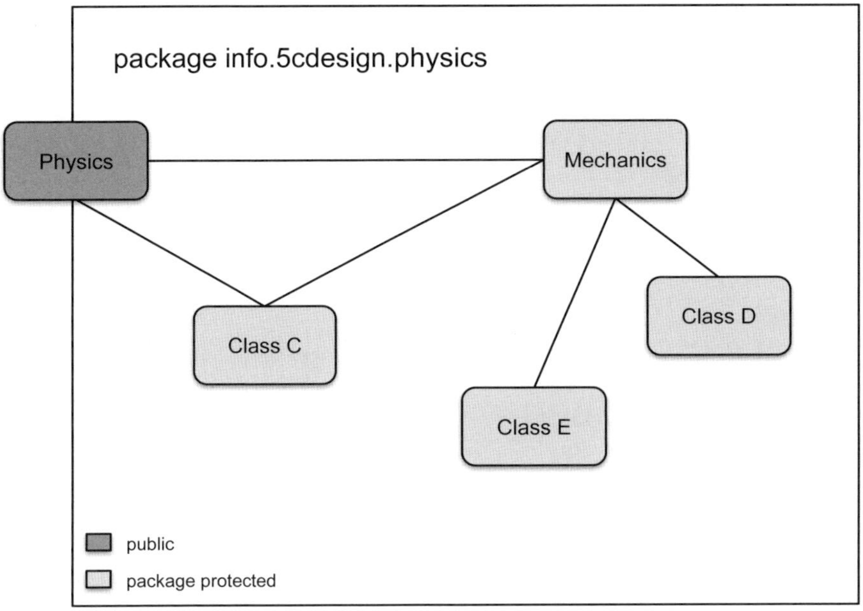

Bild 3.2 Physics-Package; nur das ist außerhalb sichtbar, was auch nötig ist.

Stellt sich noch die Frage, wie das Prinzip des Information Hiding umgesetzt werden kann. Wie können Bausteine innerhalb gewisser Grenzen vor der Welt außerhalb dieser verborgen werden? Das einfachste ist dabei immer, wenn Sie die Möglichkeiten nutzen, welche Ihre jeweilige Plattform bereits von Haus aus mit sich bringt. Die Welt der OOP bietet eigentlich immer Möglichkeiten, einzelne Member einer Klasse vor der Außenwelt zu verbergen. In Java und C# mit dem Schlüsselwort private. In Java können Sie außerdem, wie bereits in diesem Abschnitt erwähnt, eine Klasse als package-protected definieren, wodurch auf sie von außerhalb des Packages nicht mehr zugegriffen werden kann. Die Namespaces von C# bieten eine solche Möglichkeit leider nicht. Zur Modularisierung gibt es außerdem in Java noch die JPMS-Module und in C# Assemblies, die jeweils Teile vor der Außenwelt verbergen bzw. gezielt an diese exportieren können. In Java gibt es außerdem seit Jahren das proprietäre OSGi, das von der Natur her etwas anders ist als das JPMS und vermutlich daher auch weiter seine Existenzberechtigung haben wird. JavaScript hat hier übrigens ebenfalls aufgeholt und bietet seit ECMAScript Version 6 ebenfalls eine native Möglichkeit zur Modularisierung.

3.1.1 Tutorial #08: Kapselung

```
training-design / design-information-hiding / lab01
```

Das Beispiel

```
public class WeatherStation extends HashMap<Long, Integer> {

   private static final long serialVersionUID = 4546643639218753568L;

   public int measure() {

      // now let´s assume this is a very complex thing to do:
      Random rnd = new Random();
      int temperature = rnd.nextInt(100);

      return temperature;
   }

   public int measureAndLog() {

      int temperature = measure();
      put(System.currentTimeMillis(), temperature);
      return temperature;
   }
}
```

Die Herausforderung

Wir nehmen an, dass die Methode zur Messung der Temperatur selbst komplex und aufwendig ist und daher nicht von außen aufgerufen werden sollte. Auf die gemerkten Messungen soll zwar von außerhalb zugegriffen werden können, da wir aber der Einfachheit halber die HashMap beerben, kann auch jeder von außen Einträge aus dem Log löschen. Hier bedarf es eindeutig einer besseren Lösung.

Die Lösung

```
public class WeatherStation {

   private Map<Long, Integer> log = new HashMap<>();

   public void measureAndLog() {

      int temperatue = measure();
      log.put(System.currentTimeMillis(), temperatue);
   }

   public Optional<Integer> getMeasuredHistory(long time) {
      return Optional.of(log.get(time));
   }

   public Set<Long> allMeasuredHistoryLogs() {

      Set<Long> keys = log.keySet();
```

```
        // the keyset is not immutable, removing a key would remove it from our map!
        return Collections.unmodifiableSet(keys);
    }

    private int measure() {

        // now let´s assume this is a very complex thing to do:
        Random rnd = new Random();
        int temperature = rnd.nextInt(100);
        return temperature;
    }
}
```

Die Aufgabe

Das Fernsehen wird einem hier nicht leicht gemacht. Der Zuseher muss genauestens Bescheid wissen, wie die Anlage funktioniert. Eine einzige Klasse im equipment package, welche dem Zuseher das Leben vereinfacht, wäre wünschenswert. Die genaue Funktionsweise der TV-Anlage sollte vor dem Zuseher dadurch außerdem verborgen werden.

3.1.2 Principle of Least Knowledge (Law of Demeter)

Beim Gesetz von Demeter (P08-Demeter), auch bekannt als Principle of least knowledge, handelt es sich um einen Spezialfall des Information-Hiding-Prinzips bzw. der losen Kopplung. Es geht dabei darum, dass für den Consumer einer Schnittstelle das Zusammenspiel des Providers mit anderen Komponenten so gut es geht verborgen sein sollte [Hol87]. Der Consumer sollte dadurch möglichst keine Abhängigkeiten zu den vom Provider verwendeten weiteren Komponenten haben.

3.1.2.1 Tutorial #09: Law-of-Demeter

```
design / design-information-hiding / lab02
```

Das Beispiel

```
Car wartburg = new Car();
wartburg.getSeatbelt().buckleUp();
wartburg.getEngine().start();
```

Die Herausforderung

Das Auto exportiert zu viel von seinem internen Aufbau nach außen. Es verlangt von manchen Fahrern einfach zu viel. Woher soll man denn wissen, dass ein Auto so etwas wie einen Motor besitzt? Im Grunde möchte man das Auto ja einfach nur starten und losfahren. Außerdem würden die Autohersteller gerne ein Sicherheitsfeature einbauen, wodurch sich das Auto nicht mehr starten lässt, wenn der Fahrer nicht angeschnallt ist.

Die Lösung

```
Car tesla = new Car();
tesla.secureDriver();
tesla.activate();
```

Die Aufgabe

Machen Sie der Mission-Control das Leben einfacher. Sowohl der Aufbau einer Raumstation als auch die Ausführung eines Experiments sollen wesentlich simpler werden.

3.1.3 Keine Leaks von Internas in Schnittstellen

Ein mögliches Problem von Schnittstellen, die mehr exportieren als eigentlich erwünscht, wird oft übersehen. Manche Methoden liefern interne Objekte als Rückgabewert und Ergebnis zurück, die selbst wiederum eine API haben. Ein typisches Beispiel wären Referenzen auf Listen (wie `java.util.List`), die dann dem Consumer eine Möglichkeit bieten, einzelne Einträge dieser eigentlich internen Liste zu modifizieren, also Einträge hinzuzufügen oder zu löschen. In einem solchen Fall sollten Sie zumindest die Liste in eine unveränderbare (immutable) Liste verwandeln, bevor diese als Ergebnis zurückgegeben wird. Ab Java 9 geht das ganz einfach mittels `java.util.Collections.immutableList`.

3.2 Kohäsion

Passende kohäsive Strukturen gelten als Qualitätsmerkmal von Softwarearchitekturen [Con79]. Das Wort selbst ist abgeleitet vom lateinischen „cohaerere", was so viel bedeutet wie „zusammenhängen". Bei einem kohäsiven Strukturschnitt geht es darum, Bausteine zu bilden, deren Subbestandteile zueinander eine stärkere Beziehung haben als zu anderen Bausteinen auf derselben Abstraktionsebene außerhalb des jeweiligen Bausteins. Beziehungen ergeben sich in der Softwarearchitektur durch Abhängigkeiten zwischen Bausteinen oder Subbausteinen. Das Prinzip des kohäsiven Entwurfs (P03-Cohesion) ist sehr eng verwandt mit P02-SoC. Abgetrennte Verantwortlichkeiten ergeben üblicherweise auch eine passende Kohäsion. Verletzen kann man P03-Cohesion auf zwei Weisen:

- Die Abhängigkeiten nach außen sind stärker oder von höherer Anzahl als nach innen.
- Es gibt Teilbereiche innerhalb eines Bausteins, welche wenig oder gar nichts miteinander zu tun haben, wodurch sich eine weitere Aufteilung anbietet.

Verdeutlichen möchte ich dies anhand des Beispiels, das in Bild 3.3 dargestellt ist. Was dort sofort ins Auge sticht, ist einerseits, dass es Teilbereiche innerhalb von Package 1 gibt, die nichts miteinander zu tun haben, nämlich von A bis F und von G bis K. Außerdem scheint Subbaustein L in Package 2 irgendwie nichts verloren zu haben, da er mehr Dependencies mit Package 1 zu haben scheint als innerhalb von Package 2.

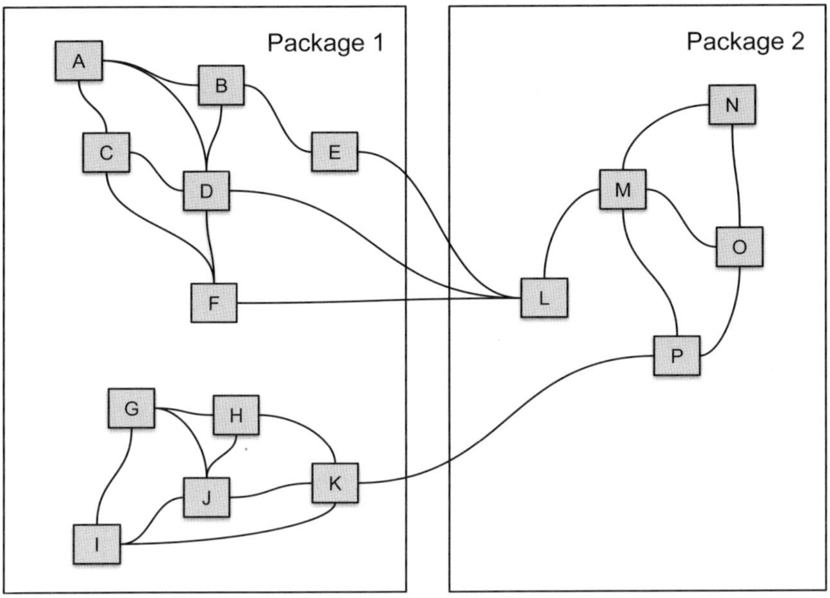

Bild 3.3 Ein offenbar suboptimaler Strukturschnitt

Diese Situation lässt sich relativ einfach bereinigen. Wir geben Subbaustein L nach Package 1 und trennen den unteren Teil von Package 1 als ein neues Package 3 ab. Dies ist in Bild 3.4 dargestellt.

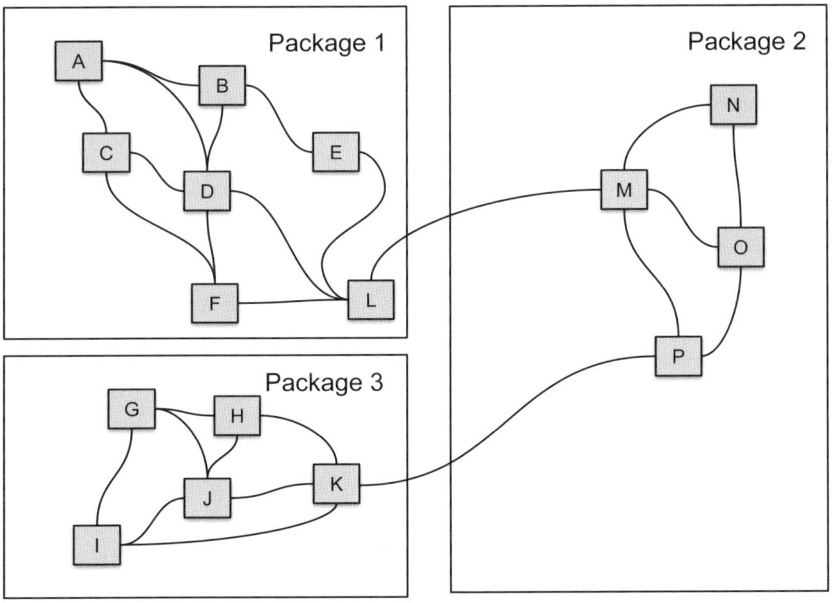

Bild 3.4 Dasselbe Beispiel nach dem Refactoring

3.2.1 Tutorial #10: Erhöhung der Kohäsivität

```
training-design / design-cohesion / lab01
```

Das Beispiel

```
public class Demo {

   private int var1;
   private int var2;

   public void setVar1(int var1) {
      this.var1 = var1;
   }

   public void setVar2(int var2) {
      this.var2 = var2;
   }

   public int methodA() {
      return var1*2;
   }

   public int methodB() {
      return methodA()*3;
   }

   public int methodC() {
      return var2*4;
   }
}
```

Die Herausforderung

Die Klasse Demo besteht aus zwei Teilbereichen, welche nichts miteinander zu tun haben. Der eine besteht aus var1, setVar1, methodA und methodB. Der andere setzt sich aus var2, setVar2 und methodC zusammen. Hier bietet sich eine Aufteilung an.

Die Lösung

```
public class Demo1 {

   private int var1;

   public void setVar1(int var1) {
      this.var1 = var1;
   }

   public int methodA() {
      return var1*2;
   }

   public int methodB() {
      return methodA()*3;
   }
```

```
}

public class Demo2 {
   // [...] var2, setVar2, methodC
}
```

Die Aufgabe

Die Aufteilung der Klassen CA bis CP auf die beiden Packages scheint willkürlich und lässt sich bestimmt optimieren.

3.3 Abhängigkeiten

Bei Abhängigkeiten auf Code-Ebene sprechen wir üblicherweise von Methoden- und Funktionsaufrufen. Prinzipiell gilt es zu beachten, dass je stärker die Abhängigkeit zwischen zwei Bausteinen ist, desto eher kann es zu destabilisierenden Effekten durch den Baustein mit der eingehenden Abhängigkeit beim Baustein mit der ausgehenden kommen. Konkret ist damit Folgendes gemeint: Nehmen wir an, dass ein Baustein A eine Schnittstelle von Baustein B benützt. Wenn dem so ist, dann treffen die Entwickler von Baustein A gewisse Annahmen bezüglich der Schnittstelle und des Verhaltens von Baustein B. Wenn diese sich später ändern, sei es durch einen Bugfix oder auch eine gezielte Änderung an Baustein B, dann kann das potenziell negative Auswirkungen auf Baustein A haben.

Als ein Beispiel für einen solch destabilisierenden Effekt nehmen wir einen Baustein B an, der eine Methode anbietet, welche einen numerischen Wert zurückliefert. Diese wird von Baustein A benützt. Angenommen, dass bis zu einer gewissen Änderung an Baustein B niemals ein Wert kleiner oder gleich 0 zurückgeliefert wurde. Wenn dies durch diese Änderung nicht mehr gewährleistet ist, kann dies zu unerwünschten Seiteneffekten in Baustein A führen, welcher dadurch korrumpiert wird (z. B. Division durch 0).

Abhängigkeiten sind transitiv. Wenn wir das eben erwähnte Beispiel noch um weitere Bausteine C und D erweitern (so wie in Bild 3.5 dargestellt), dann ist eine Änderung an Baustein C potenziell problematisch für Baustein B. Die Destabilisierung von Baustein B könnte sich wiederum indirekt auf Baustein A auswirken, wenn die Destabilisierung von Baustein B die Annahmen verändert, welche Baustein A von Baustein B getroffen hatte. Natürlich wird die Wahrscheinlichkeit für Probleme geringer, je weiter wir dieser Kette von Abhängigkeiten folgen. Völlig verschwinden wird die potenzielle Gefahr allerdings nicht.

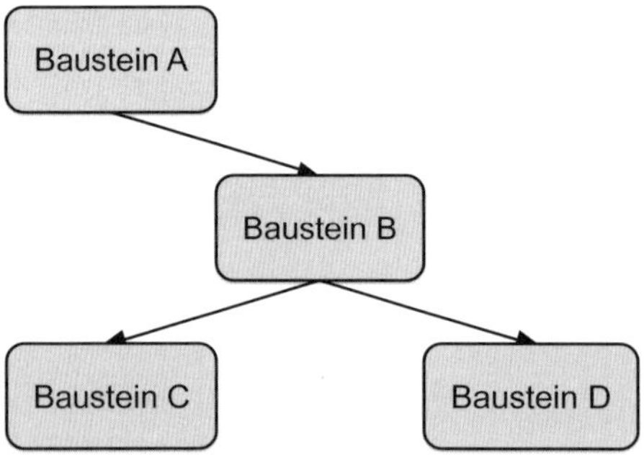

Bild 3.5 Abhängigkeitskette

3.3.1 Abhängigkeitszyklen

Dies ist auch der Grund, warum man auf zyklische Abhängigkeitsketten verzichten sollte (A04-Cyclic). In Systemen mit zyklischer Abhängigkeit (Bild 3.6) zwischen den Bausteinen sind alle Bausteine, welche an diesem Zyklus beteiligt sind, direkt oder indirekt voneinander abhängig. Ein relativ untrügerisches Indiz für unwartbaren Legacy-Code sind oft solche zyklischen Abhängigkeitsketten im Code. In so einem Fall können die Entwickler kaum noch irgendwo an einem Schräubchen drehen, ohne dass dadurch potenziell das gesamte System destabilisiert werden könnte. Es gibt verschiedene Möglichkeiten, um solche Zyklen gezielt aufzulösen.

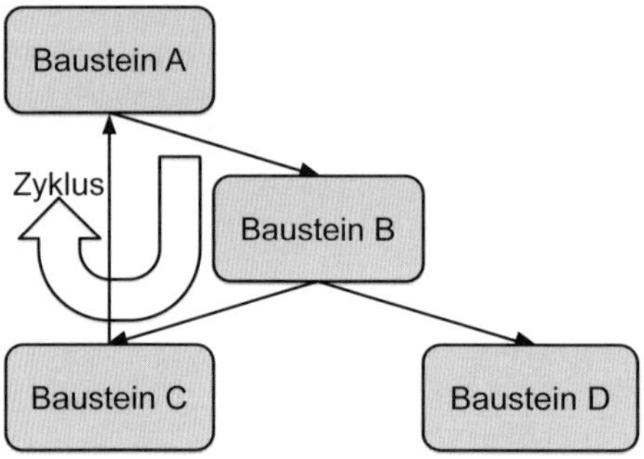

Bild 3.6 Durch den Zyklus ist nun auch Baustein C von einer Änderung an Baustein D potenziell betroffen.

Soll man Strukturzyklen generell verbieten? Was spricht dafür und was dagegen? Wenn man Zyklen verbietet, wird es unmöglich, dass es zu einer zufälligen Architektur (auch als accidental Architecture bekannt) kommt. Nun könnte man die Architekten, Designer und Entwickler über ein „Zyklenverbot" immer dazu bringen, einen konkreten Architekturentwurf zu machen. Andererseits ist ein totales Verbot oft schwierig einzuhalten und eine völlige Zyklenfreiheit nicht unbedingt ein notwendiges Ziel für eine Architektur. Ich empfehle diesbezüglich, eine Obergrenze für die relative Zyklizität festzulegen. Diese wird in Abschnitt 5.1.7 vorgestellt. Dies genügt, um eine chaotische Architekturarbeit von Anfang an zu verhindern, ohne zu restriktiv zu sein.

3.3.1.1 Extraktion von Funktionalität

Was ich zunächst empfehlen kann, ist, um beim konkreten Beispiel zu bleiben, zu versuchen, den Teil aus Baustein A zu extrahieren, der von Baustein C benötigt wird. Danach sollten Baustein A und C jeweils eine Abhängigkeit zu diesem neuen Baustein E haben und der Zyklus wäre aufgelöst (Bild 3.7).

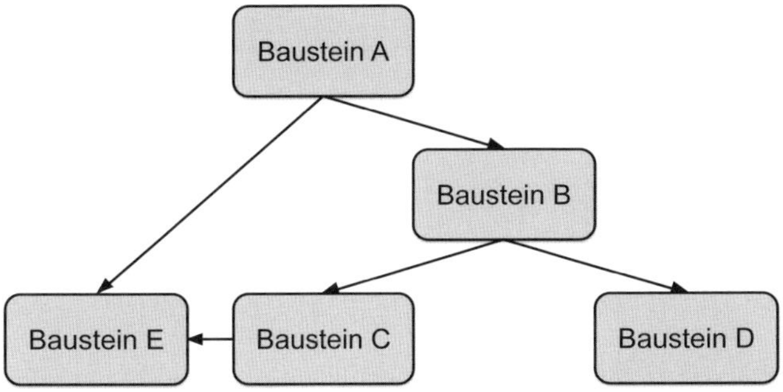

Bild 3.7 Extrahieren des Teils aus Baustein A, der von C benötigt wird als Baustein E

3.3.1.2 Interface und Dependency Injection

Alternativ könnte Baustein C noch festlegen, was er benötigt, anstatt direkt A zu benützen. Wenn C dabei völlig agnostisch gegenüber der Schnittstelle von Baustein A bleibt, dann wird die Funktionalität, welche A anbietet, nicht genau auf die von C geforderte Schnittstelle passen. Mit einem Adapter sollte sich aber auch dieses Problem lösen lassen (Bild 3.8). Dabei wird die Abhängigkeit aber nur aufgelöst, wenn sich ein Dependency Injection Container darum kümmert, Baustein C mit der konkreten Implementierung des Adapters zu versorgen, da man sonst wiederum die Abhängigkeit von Baustein C zum Adapter haben würde.

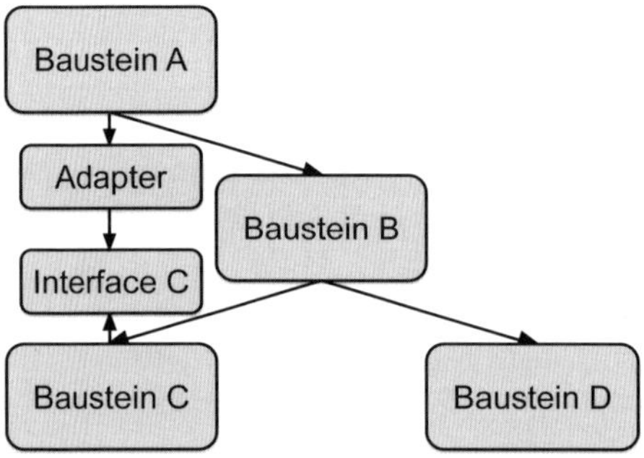

Bild 3.8 Baustein C definiert für sich ein Interface. A liefert einen Adapter, welcher C mittels Dependency Injection bereitgestellt wird.

3.3.1.3 Tutorial #11: Dependency Inversion mittels Interface und Adapter

```
design / design-dependency-inversion / lab02
```

Das Beispiel

```
public class C4 {

   @Inject
   C3 c3;

   // ...
}
```

Die Herausforderung

Die Abhängigkeit von C4 auf C3 erzeugt einen Zyklus zwischen Package a und Package b.

Die Lösung

```
public interface WhatC4Needs {
   public void whatC4Needs();
}

public class C3ToPackageBAdapter implements WhatC4Needs {

   @Inject
   C3 c3;

   @Override
   public void whatC4Needs() {
      c3.do3();
   }
}

public class C4 {
```

```
    @Inject
    WhatC4Needs whatINeed;

    // ...
}
```

Die Aufgabe

Es gibt einen Zyklus zwischen p1 und p2. Lösen Sie diesen auf mit einer der beiden in Abschnitt 3.3.1 vorgestellten Methoden.

3.3.1.4 Dependency Inversion/Inversion-of-Control/Dependency Injection

Nun haben wir einige Möglichkeiten kennengelernt, um Abhängigkeiten umzukehren. Dies kann hilfreich sein, um Zyklen zu vermeiden oder um einen Baustein gezielt stabil (also frei von ausgehenden Abhängigkeiten) zu entwerfen. All diese Möglichkeiten der Abhängigkeitsumkehr nennt man Dependency Inversion (P17-DepInv). Diesen Begriff möchte ich noch von zwei weiteren Begriffen abgrenzen, die jeweils spezifische Formen der Dependency Inversion darstellen:

- Bei Inversion-of-Control handelt es sich um eine spezielle Form der Dependency Inversion, bei der die Kontrolle über den Programmablauf an eine höher gelegene Instanz abgegeben wird. Diese Instanz wird üblicherweise Framework genannt.
- Bei Dependency Injection handelt es sich wiederum um eine spezielle Form der Inversion-of-Control, bei der die Erzeugung konkreter Instanzen an das höher gelegene Framework übergeben wird (siehe Bild 3.9).

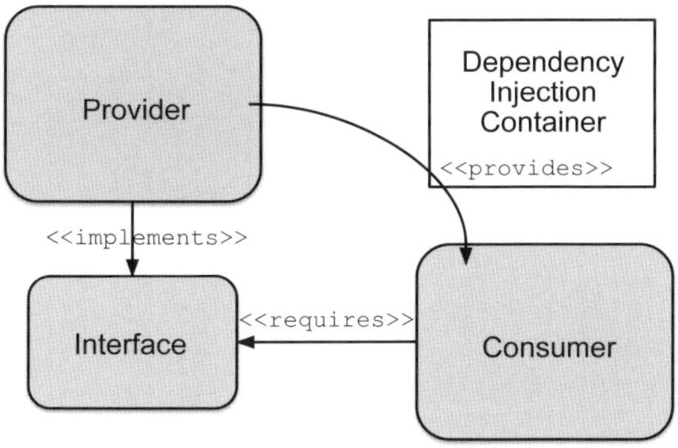

Bild 3.9 Wie Dependency Injection funktioniert

3.3.1.5 Tutorial #12: Observer-Pattern

```
training-design / design-dependency-inversion / lab01
```

Das Observer Pattern passt wunderbar an das Ende eines Abschnitts über Dependency Inversion und vor einen Abschnitt über das Open-Closed-Prinzip (P09-Open), da es beides umsetzt. Hier ein Tutorial dazu:

Das Beispiel

```
public class BankAccount {

   private long availableAmount;

   public void receiveMoney(long amount) {
      availableAmount += amount;
   }


   public void spendMoney(long amount) {
      availableAmount -= amount;
      if (availableAmount < 100) {
         BankAccountWarning.warn();
      }
   }
}
```

Die Herausforderung

Die Lösung ist nicht besonders flexibel. Wir wollen eigentlich dem Bankkunden ebenfalls die Möglichkeit geben, flexibel auf gewisse Kontostände zu reagieren. Wir möchten allerdings nicht alle Abhängigkeiten zu diversen Kunden-Libraries in unserem Code haben und potenziell von diesen destabilisiert werden.

Die Lösung

```
@FunctionalInterface
public interface BankAccountObserver {
   public void availableAmountUpdated (long newAvailableAmount);
}

public class BankAccount {

   private long availableAmount;
   private List<BankAccountObserver> observers = new ArrayList<BankAccountObserver>();

   public void registerObserver(BankAccountObserver newObserver) {
      observers.add(newObserver);
   }

   public void removeObserver(BankAccountObserver observer2Remove) {
      observers.remove(observer2Remove);
   }

   private void notifyObservers() {
      for (BankAccountObserver concreteObserver : observers) {
         concreteObserver.availableAmountUpdated(availableAmount);
      }
   }

   public void receiveMoney(long amount) {
      availableAmount += amount;
      notifyObservers();
   }
```

```
    public void spendMoney(long amount) {
        availableAmount -= amount;
        notifyObservers();
    }
}
```

Die Aufgabe

Es gibt eine zyklische Abhängigkeit zwischen Universum und Raumstation. Lösen Sie diese auf möglichst sinnvolle und elegante Weise auf.

3.4 Open-Closed

Beim Open-Closed-Prinzip (P09-Open) geht es darum, dass Systeme offen sein sollen für Erweiterungen, dabei aber geschlossen für Änderungen. Damit ist gemeint, dass es möglichst einfach sein sollte, ein System um neue Funktionalität zu erweitern. Konkret sollte für die Implementierung der neuen Funktionalität der bestehende Code an möglichst wenigen Stellen geändert werden müssen. Meine Erfahrung ist, dass man Code nicht auf einfache Erweiterbarkeit jedes beliebigen Aspekts hin optimieren kann. Wenn dies besonders einfach sein soll, dann sind die folgenden beiden Regeln einzuhalten:

- Man erstellt für die gewünschte Erweiterbarkeit eine eigens definierte Schnittstelle.
- Die Identifikation der passenden Implementierung zu dieser Schnittstelle ist nicht auf das gesamte System verteilt, sondern passiert gezielt an maximal einer Stelle im Code.

Diese eine Stelle im Code ist es dann, welche geändert werden muss, um das bestehende System um die neu implementierte Funktionalität zu erweitern. Dargestellt ist dies in Bild 3.10.

In manchen Fällen macht es auch Sinn, dass für die neue Funktionalität der bestehende Code überhaupt nicht geändert werden muss. Dieser könnte dann z. B. als .jar-File ausgeliefert werden. In Java gibt es dafür die Klasse `java.util.ServiceLoader`, die automatisiert alle gewünschten Implementierungen zu einem Interface im Classpath auffinden kann. Dafür ist eine Datei mit dem voll durchqualifizierten Namen des jeweiligen Interfaces unter `META-INF/services` anzulegen. Darin werden alle Namen von Implementierungen zu diesem Interface angegeben, welche vom ServiceLoader gefunden werden sollen. Abschnitt 3.4.2 bietet ein Tutorial dazu.

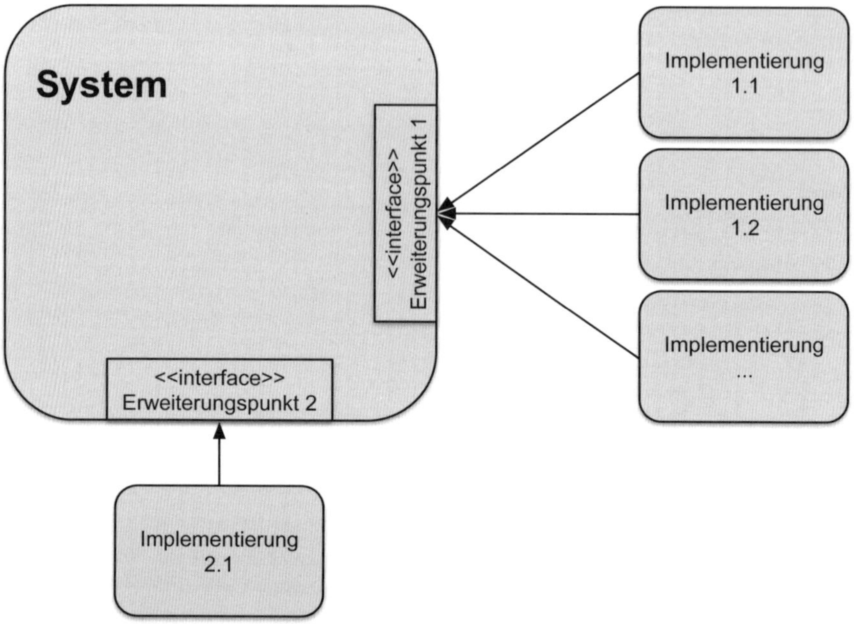

Bild 3.10 Das System ist so entworfen, dass es an zwei Stellen explizit einfach um neue Funktionalität zu erweitern ist.

3.4.1 Tutorial #13: Factory-Method Pattern

```
design / design-open-closed lab01 Factory-Method
```

Das Beispiel

```
public class MealFactory {

   @SuppressWarnings("unused")
   public Meal prepare() {
      FryingPan utensil = new FryingPan();
      Pepper spice = new Pepper();
      // now do whatever steps are needed to prepare the meal ...
      return new Meal();
   }
}
```

Die Herausforderung

Wir können nicht so ohne Weiteres dasselbe Rezept (the steps that are needed to prepare the meal) in einem anderen Stil anbieten, z. B. als asiatisches Menü aus dem Wok mit Curry statt mit Pfeffer gewürzt.

Die Lösung

```
public class MealFactory {

   protected Spice provideSpice() {
      return new Pepper();
   }

   protected Utensil provideUtensil() {
      return new FryingPan();
   }

   @SuppressWarnings("unused")
   public Meal prepare() {
      Utensil utensil = provideUtensil();
      Spice spice = provideSpice();
      // now do whatever steps are needed to prepare the meal ...
      return new Meal();
   }
}
```

Die Aufgabe

Seit Java 8 ist das Factory-Method-Pattern eigentlich obsolet. Überlegen Sie sich eine einfachere Lösung unter Verwendung von Lambdas, welche dieselbe Flexibilität für Erweiterungen bietet.

3.4.2 Tutorial #14: ServiceLoader

```
design / design-open-closed / lab02
```

Das Beispiel

```
public class Shapes {

   private PrintStream out;
   private Scanner in;

   public Shapes(PrintStream out, Scanner in) {
      super();
      this.out = out;
      this.in = in;
   }

   public void run() {

      String entry = null;

      while (!"0".equals(entry)) {
         out.println("Information about geometrical shapes");
         out.println("0 .. Quit");
         out.println("1 .. Circle");
         out.println("2 .. Square");
```

```
            entry = in.next();

            if ("1".equals(entry)) {
               circlePrintInfo();
               circleDraw();
            } else if ("2".equals(entry)) {
               squareInfo();
               squareDraw();
            }
         }
      }

      public void circlePrintInfo() {
         // ...
      }

      public void circleDraw() {
      }

      public void squareInfo() {
      }

      public void squareDraw() {
      }
   }
```

Die Aufgabe

Die Implementierung einer neuen Form wäre relativ mühsam, weil dafür Änderungen an der zentralen Shapes-Klasse nötig wären. Vielleicht finden Sie ja eine elegantere Lösung, welche einfacher zu erweitern wäre, indem Sie z. B. in Java den ServiceLoader verwenden. In C# wäre etwas Ähnliches nur durch Reflection möglich.

3.5 Enge Kopplung bei Code-Reuse

Bei Interaktion zweier Bausteine auf Code-Ebene kommt es praktisch immer zu einer Kopplung, was Technologie und Ausführungsort angeht. Eine Methode ruft üblicherweise eine andere innerhalb desselben Prozesses auf und übergibt einen Pointer auf ein Objekt im Speicherbereich dieses Prozesses. Dadurch müssen die interagierenden Komponenten zwangsläufig auf derselben (virtuellen) Maschine laufen. Auch was die jeweils ausgewählten Technologien angeht, ist man sehr stark aneinandergebunden. Diese Form der Kopplung fällt in Verteilten Systemen (siehe Kapitel 7) weg.

3.5.1 Organisatorische Abhängigkeit

Prinzipiell führen Abhängigkeiten im Code zu einer relativ engen Zusammenarbeit der Entwickler bzw. Teams, die an den einzelnen Bausteinen arbeiten, die miteinander integriert werden müssen. Normalerweise bringt es eine Integration auf Codeebene nämlich mit sich, dass ein Release der Bausteine nur gemeinsam erfolgen kann. Mit anderen Worten: Bei einer Inproduktionsnahme muss von jedem Baustein ein Stand vorhanden sein, welcher sich releasen lässt. Auch das Zusammenspiel der Bausteine muss dann passen.

Ist es demnach zwingend so, dass beim Bau eines Deployment-Monolithen die Entwickler und Teams ihre Arbeit synchronisieren müssen? Code im Source-Repository in Branches aufzusplitten, um die einzelnen Entwicklungsstränge zu entkoppeln, ist zwar möglich, verschiebt aber das Problem auf den Zeitpunkt des Merges der Branches am Ende hinaus. Es gibt eine Alternative, auf welche man ein Auge werfen sollte, nämlich den Einsatz von Feature-Toggles.

Man möchte also einerseits zwar Features laufend in Produktion bringen, aber natürlich erst, wenn diese ausreichend getestet sind. Gearbeitet wird aber an der gleichen gemeinsamen Codebasis. Da bietet es sich an, Änderungen im Code immer parallel zur alten Version zu entwickeln und nur abhängig von einem Schalter im Code die neue Version auszuführen, ansonsten eben noch die alte [Hod16]. Dabei ist der Schalter so konfiguriert, dass zunächst einmal nur in der Testumgebung die neue Version des Codes ausgeführt wird. Parallel werden Testfälle für die neue Version erstellt und erst, wenn diese erfolgreich sind, wird der Schalter auch für die Produktionsumgebung umgelegt (Listing 3.1). Später kann der alte Code entfernt werden. Auf diese Art und Weise kommen sich die Developer mit ihren unterschiedlichen Entwicklungszyklen nicht in die Quere.

Listing 3.1 Feature-Toggle-Pattern-Implementierung mithilfe der Library togglz (Quelle: http://togglz.org)

```
public enum MyFeatures implements Feature {

   @Label("First Feature")
   FEATURE_ONE,

   @Label("Second Feature")
   FEATURE_TWO;

   public boolean isActive() {
      return FeatureContext.getFeatureManager().isActive(this);
   }
}

public void someBusinessMethod() {
   if(MyFeatures.FEATURE_ONE.isActive()) {
      // do new stuff here
}
```

Aber Achtung! Setzen Sie die einzelnen Toggles zeitlich immer eher begrenzt ein und erlauben Sie niemals Abhängigkeiten zwischen den Toggles. Ansonsten könnte dadurch eine Komplexität entstehen, die nicht mehr beherrschbar ist.

3.5.2 Daten- und Formatabhängigkeit

Eine Form der Abhängigkeit, die in ihren Auswirkungen gerne übersehen oder zumindest unterschätzt wird, ist die über Daten- und Schnittstellenformate. Sobald Sie als Consumer die Schnittstelle eines Providers zu einem bestimmten Zweck benutzen, wird Ihnen nichts anderes übrigbleiben, als im Fall einer Änderung dieser Schnittstelle den Consumer ebenfalls anzupassen. Diese Kopplung ist besonders groß, wenn

- das Schnittstellenformat an vielen Stellen des Consumers selbst verwendet wird. All diese Stellen sind bei Änderung der Schnittstelle des Providers später im Consumer anzupassen;
- die Schnittstelle besonders groß ist. Wenn sie aus vielen Feldern besteht, ist auch die Wahrscheinlichkeit groß, dass sich eines davon ändert, was dann die entsprechenden Auswirkungen auf die Consumer hat.

Eine Möglichkeit, die negativen Auswirkungen eines Providers durch eine Schnittstelle auf seine Consumer zu begrenzen, ist die Anwendung des Adapter Pattern. Dadurch verschwinden die Abhängigkeiten zwar nicht, aber werden immerhin an einer Stelle konzentriert und können so nicht in den Consumer weiter streuen.

3.5.2.1 Tutorial #15: Adapter-Pattern

```
training-design / design-coupling / lab01
```

Das Beispiel

```
/**
 * TV with only 1 HDMI input connection
 */
public class TV {

   private HDMIConnection connectedDevice = null;
   private boolean power = false;

   public void power(boolean on) {
      this.power = on;
   }

   public void plugIn(HDMIConnection input) {
      this.connectedDevice = input;
   }

   // ...
}
```

Die Herausforderung

Der Fernseher bietet nur einen HDMI-Eingang. Wir möchten den PC anschließen, welcher aber wiederum nur über einen DVI-Ausgang verfügt.

Die Lösung

```
public class DVIProviderHDMIConsumerAdapter implements HDMIConnection {

   private DVIConnection delegate;

   public DVIProviderHDMIConsumerAdapter(DVIConnection delegate) {
```

```
        super();
        this.delegate = delegate;
    }

    @Override
    public VideoAndAudio transmitVideoAndAudio() {
        byte[] video = delegate.transmitVideo();
        VideoAndAudio result = new VideoAndAudio(video, VideoAndAudio.SILENCE);
        return result;
    }
}
```

Die Aufgabe

Ihr Chef hat ein System gekauft, welches das Backend des bestehenden Legacy-Systems ersetzen soll. Die Wartung des Legacy-Systems ist allerdings so fragil, dass wir dessen UI nicht einfach auf die neue API des gekauften Systems anpassen können. Das gekaufte System lässt sich auch nicht ohne Weiteres anpassen. Ich bin mir sicher, Sie finden eine Lösung für dieses Dilemma!

3.6 Werkzeuge

Nachdem wir bereits einige Prinzipien der Modularisierung kennengelernt haben, möchte ich nun einen Blick auf einige Möglichkeiten zur Umsetzung dieser im Code werfen. Es gibt einige Dinge, die die diversen Programmiersprachen und Plattformen von Haus aus beherrschen. Diese sollten Sie nutzen, auch wenn explizit Werkzeuge (Abschnitt 3.6.2) eingesetzt werden.

3.6.1 Programmiersprachen

3.6.1.1 JavaScript

Seit geraumer Zeit gibt es auch in JavaScript eine Möglichkeit zur Modularisierung, die sogenannten ES Modules oder ECMA Modules. Damit können Dinge wie functions aus einem Modul explizit exportiert werden oder sind, wenn nicht, vor der Außenwelt verborgen. Der Consumer eines solchen Moduls importiert gezielt die Dinge des Moduls, die er selbst benötigt. Die Syntax eines Moduls sehen Sie in Listing 3.2, die des Consumers in Listing 3.3.

Listing 3.2 Ein Modul in JavaScript

```
// countermodule.js
var countervalue = 0;
function increase() {
    countervalue++;
}
export { increase };
```

Listing 3.3 Der Consumer dieses Moduls

```
// main.js
import increase from "./countermodule.js"
increase();
```

3.6.1.2 Java

Pures Java bietet zwar etwas mehr Optionen als JavaScript für die Modularisierung des Codes, als völlig ausreichend empfinde ich die Möglichkeiten aber nach wie vor nicht. Über die folgenden Schlüsselwörter können Sie die Sichtbarkeit von Java-Code einschränken. Möglich ist das für die Variablen und Methoden innerhalb einer Klasse und für die Klassen innerhalb eines Packages:

- Mit **public** gekennzeichnete Methoden oder Klassen sind für jedermann sichtbar.
- Das Schlüsselwort **protected** schränkt die Sichtbarkeit auf dieselbe Klasse, sich im selben Package befindliche Klassen und von dieser Klasse erbende Klassen ein.
- Der Verzicht auf ein Schlüsselwort bedeutet, dass die jeweilige Funktionalität nur in der Klasse selbst und in Klassen desselben Packages sichtbar sein soll (**package protected**).
- Wenn Sie eine Methode oder Membervariable als **private** markieren, dann ist sie ausnahmslos nur in der Klasse selbst sichtbar

Es ist unter Java-Entwicklern durchaus üblich, Methoden einer Klasse möglichst vor der Außenwelt zu verbergen und diese als private zu markieren. Es ist aber nach wie vor Unsitte, prinzipiell alle erstellten Klassen public zu machen, wodurch diese für alle anderen Klassen auch außerhalb desselben Packages sichtbar werden. Obwohl einem ein Java-Package also bereits eine einfache Möglichkeit zur Modularisierung des Codes bietet, findet diese überraschenderweise meist gar keine Anwendung. Packages werden eher dazu verwendet, eine gewisse kategorische Einteilung der Klassen vorzunehmen, die keinerlei Moduldefinition entsprechen. Um aus einem Package ein Modul zu machen, ist nichts weiter zu tun, als manche Klassen, welche von der Außenwelt verborgen werden sollen, als package protected zu definieren (Default, ohne Schlüsselwort). Dies reicht aber wieder nur so lange aus, bis es nötig wird, ein solches Modul in mehrere Packages aufzuteilen. Und das bringt uns zum JPMS.

Das Java Platform Module System (JPMS)

Ab Version 9 bringt Java ein eigenes einfaches Modulkonzept mit, das Java Platform Module System oder kurz JPMS. .jar-Dateien waren ja von jeher nur als Mittel zur Auslieferung von Java-Klassen gedacht und bringen kein eigenes Modulkonzept mit sich. Es gibt keine dezidierte Schnittstelle eines .jar-Files bzw. alles, was im .jar-File enthalten ist, ist dessen Schnittstelle. Dies war bestimmt mit eine der Ursachen für die jetzt weit verbreitete JAR-Hölle, wo man oft nicht mehr weiß, wer (und warum) eigentlich welches der vielen .jar-Files benötigt oder ob eines davon evtl. bereits überflüssig sein könnte. Durch JPMS ist es nun möglich, ein Java-Modul aus mehreren Packages zu bilden, wobei jedes davon

- die Packages definiert, welche es exportiert (alle anderen sind defaultmäßig verborgen).
- die Module definiert, welche es selber wiederum benötigt. Dort hat es dann natürlich nur Zugriff auf die davon wiederum exportierten Packages.

Festgelegt wird dies mit einer selbsterklärenden Syntax in einer module-info.java-Datei, wie in Listing 3.4 beispielhaft gezeigt.

Listing 3.4 Eine einfache Moduldefinition mit JPMS

```
module com.foo.bar {
   requires com.foo.baz;
   exports com.foo.bar.api;
}
```

3.6.1.3 C#

C# ist, was die Möglichkeiten, Dinge zu verbergen, angeht, nicht ganz so mächtig wie Java. Die Keywords private und protected ermöglichen es, Member einer Klasse vor der Außenwelt zu verbergen. Mit dem Keyword internal lassen sich außerdem auch ganze Klassen innerhalb eines Assemblies verstecken.

3.6.2 Werkzeuge

Die Möglichkeiten der Programmiersprachen stellen eines nicht sicher: Dass sich die Ideen der Modularisierung auch im Code so widerspiegeln. Sie schützen nicht vor einer Erosion einer einmal gewählten Struktur. Um diese Dinge zu gewährleisten, bietet sich der Einsatz eines Tools an.

Die Festlegung einer Architektur mit einem Werkzeug zur statischen Code-Analyse hat gegenüber dem reinen Entwurf mit einem UML-Werkzeug (oder Ähnlichem) einige Vorteile. Einerseits kann überwacht werden, ob der Entwurf sich auch tatsächlich so im Code wiederfindet. Andererseits besteht aber auch die Garantie, dass der Entwurf nicht veraltet, weil er dann regelmäßig aktualisiert werden muss. Dabei handelt es sich um eine ähnliche Art von aktiver Dokumentation wie beim Einsatz von Behaviour Driven Development (BDD), wobei damit dokumentierte Features vom Code ebenfalls nicht mehr abweichen können, da sie als Testfälle implementiert sind.

3.6.2.1 ArchUnit

In ArchUnit werden Architekturregeln als Unit-Tests abgebildet [Gaf17]. Bei Verletzung einer solchen Regel wird der Build schiefgehen, genauso wie dies passiert, wenn irgendein anderer der funktionalen Unit-Tests fehlschlagen würde. Als Beispiel nehmen wir eine Architektur mit drei Schichten an (.bottom, .middle, und .top), wo wir definieren, dass Zugriffe nur von oben (.top) nach unten (über .middle zu .bottom) erlaubt sind. Dies wurde in Listing 3.5 mit ArchUnit implementiert. Einerseits elegant, wenn dadurch Architekturregel und Code miteinander untrennbar vereint werden. Man kann sich aber an diesem einfachen Beispiel auch bereits vorstellen, dass es bei komplexen Fällen ausgesprochen mühsam werden kann, die Regeln mit dieser Fluent-API zu definieren. Bei einer schrittweisen Verbesserung von Legacy-Code wird so etwas auch nicht sinnvoll zur Anwendung kommen können, wodurch es dann nötig wird, zu einem der kommerziellen Tools zu greifen, wie eben Sonargraph.

Listing 3.5 Prüfung der Struktur mit ArchUnit

```
public class AppTest {

   private final ClassFileImporter importer = new ClassFileImporter();
   private JavaClasses classes;

   @Before
   public void importClasses() {
      classes = importer.importClasspath();
   }

   @org.junit.Test
   public void testApp() {

      com.tngtech.archunit.lang.syntax.ArchRuleDefinition.noClasses().that()
      .resideInAPackage("info.moderneit.bottom").should()
      .accessClassesThat().resideInAPackage("info.moderneit.middle")
      .andShould().accessClassesThat()
      .resideInAPackage("info.moderneit.top").check(classes);

      com.tngtech.archunit.lang.syntax.ArchRuleDefinition.noClasses().that()
      .resideInAPackage("info.moderneit.middle").should()
      .accessClassesThat().resideInAPackage("info.moderneit.top").check(classes);
   }
}
```

3.6.2.2 Sonargraph

Das kommerzielle Sonargraph von hello2morrow ist ein allumfassendes Werkzeug zur Definition und Überprüfung von Softwarearchitekturen. Sein Funktionsumfang geht über die reine Festlegung gewünschter Strukturen hinaus. Unterstützt werden die Programmiersprachen C, C++, C# und Java. Mit diesem Tool ist man u. a. zu Folgendem in der Lage:

- Ist-Architekturen durch statische Code-Analyse visualisieren (Bild 3.11).
- Durchführung virtueller Refactorings mit Einblick in das damit erreichbare Ergebnis.
- Berechnung diverser Kennzahlen, wie ein Großteil derer, welche in Kapitel 5 noch vorgestellt werden, inklusive Festlegung von Grenzwerten.
- Erzeugen von eigenen Scripts zur Überprüfung eigens definierter Regeln im Code. Viele solcher Scripts werden dabei bereits mitgeliefert.
- Erkennung und Visualisierung von Strukturzyklen inkl. Unterstützung bei Auflösung derselben.
- Integration in die meisten IDEs (wie IntelliJ und Eclipse) und Build-Standards (wie Maven oder Gradle). Integration in SonarQube als eigenes Dashboard.

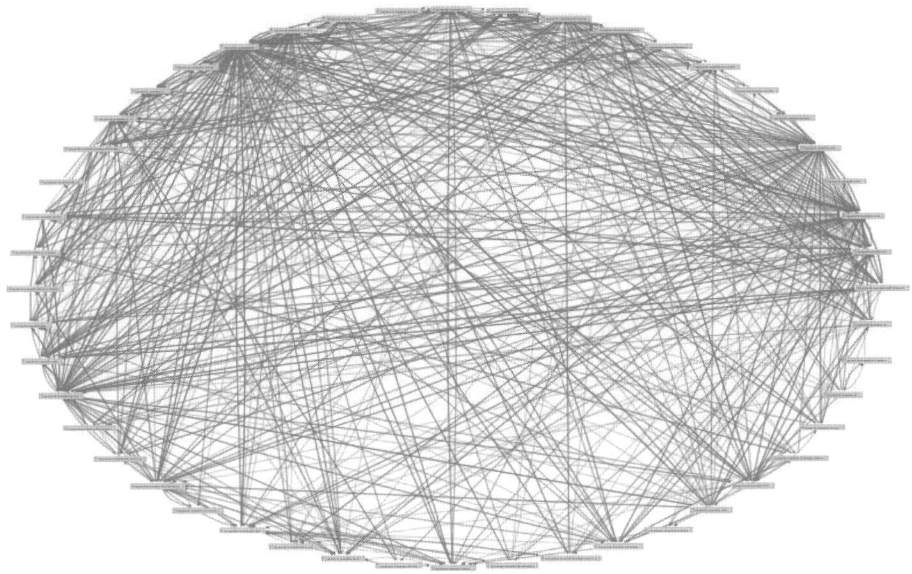

Bild 3.11 Manche Open-Source-Projekte, wie hier Apache Cassandra, sind leider nichts anderes als Musterbeispiele für einen Big Ball of Mud.

Sonargraph bietet die Möglichkeit, mit einer eigenen DSL die Strukturregeln des Codes festzulegen. Ich möchte dafür ein fiktives Beispiel verwenden, welches in Bild 3.12 dargestellt ist. Dabei enthält das System „Demo" die Module „Facade" und „Service". Die Fassade ist auf zwei Subbausteine aufgeteilt und greift auf das Modul Service ausschließlich über dessen dezidierte API zu. Denselben Sachverhalt habe ich außerdem noch in Listing 3.6 mit der Sonargraph DSL abgebildet. Dies sollte dann gemeinsam mit der Abbildung selbsterklärend sein.

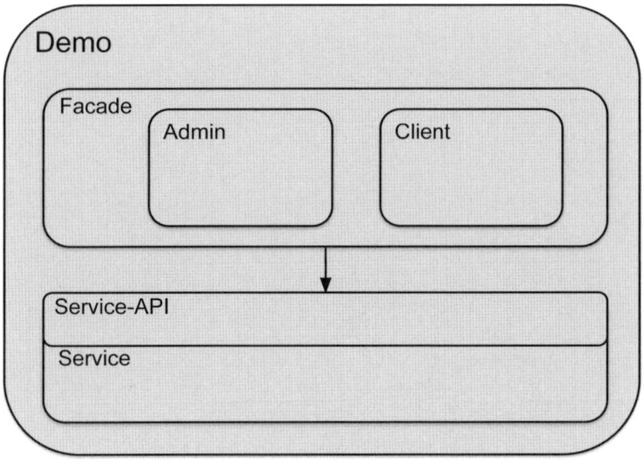

Bild 3.12 Die in diesem Beispiel verwendete Struktur

Listing 3.6 Beispiel für eine Architekturdefinition mit der Sonargraph DSL

```
artifact Demo
{
   include "demo/com/company/demo/**"

   artifact Facade
   {
      include "*/*/*/*/facade/**"

      artifact Admin
      {
         include "*/*/*/*/facade/admin/**"
      }

      artifact Clients
      {
         include "*/*/*/*/facade/clients/**"
      }

      connect to Service.Api
   }

   artifact Service
   {
      include "*/*/*/*/service/**"

      interface Api
      {
         // Only classes in the "api" package can be used from outside
         include „*/*/*/*/*/api/*"
      }
   }
}
```

4 5C Design

So grease up your baby for the ball on the hill, polish them rockets now and swallow those pills.
Monster Magnet

Bevor wir zu den Details des 5C-Design-Modells kommen, das ich im Februar 2019 als Architektur-Spicker (*https://www.architektur-spicker.de*) erstmals veröffentlicht habe, möchte ich noch ein paar Worte zu meiner diesbezüglichen Motivation verlieren. Einerseits hatte ich in Abschnitt 2.5 erklärt, warum ich die SOLID-Designprinzipien als nicht mehr zeitgemäß betrachte. Im Vorwort habe ich meine Verwunderung über den Microservice-Hype bereits angedeutet. Daraus entstand mein Wunsch nach einer Prinzipiensammlung, die einen modernen Ersatz für SOLID darstellt. Dabei hatte ich mir das Ziel gesetzt, dass man daraus alles ableiten kann, was heutzutage als zeitgemäße Architektur angesehen wird. Hierzu zählt natürlich auch der Microservice-Architekturstil. Allerdings sollte es nicht mehr nötig sein, konkret einem Hype zu folgen. Mein Wunsch war, dass man mit 5C relativ einfach in der Lage sein würde, die passenden Muster der Zerlegung für eine Softwarearchitektur zu finden. Sie können 5C als eine Sammlung von Prinzipien sehen oder auch als eine Art Vorgehensmodell, bei dem Sie eben die Zerlegung in diesen fünf Schritten festlegen.

Das Ziel ist, Entwicklern von Software dauerhaft die Kontrolle über ihr Produkt zu gewährleisten. Ein effizientes Design nach 5C ist nichts, was ein Compiler oder ein Interpreter brauchen würde. Diesen wäre es nämlich vollkommen egal, wie gut strukturiert eine Software ist. 5C ist vielmehr ein Modell, um komplexe Software effizient in ihre einzelnen Teilbereiche zu zerlegen, sodass diese vom menschlichen Verstand noch gut erfasst und weiterentwickelt werden können. Dass dies ein großes Thema ist, beweisen die vielen Legacy-Systeme, welche man rund um den Globus in vielen großen Unternehmen heutzutage findet. Ein Legacy-System zeichnet sich dadurch aus, dass in gewisser Weise ein Kontrollverlust durch die Wartungsmannschaft droht. Dieser kündigt sich meist frühzeitig an durch Fehleranfälligkeit in der Wartungstätigkeit oder auch sinkende Produktivität.

Über Flexibilität

Einmal hatte mir ein Architekt erklärt, er erreicht bei Green-Field-Projekten immer dadurch eine maximale Flexibilität, indem er der Entwicklungsmannschaft keinerlei Einschränkungen bei deren Arbeit auferlegt. Würde er deren Arbeit einschränken, würden dem Team schließlich weniger Handlungsoptionen zur Verfügung stehen und somit wären sie – per definitionem – weniger flexibel. Diese Aussage stand sofort in einer gewissen Diskrepanz zu meinem Bauchgefühl. Überraschend war für mich, dass es gar nicht so einfach war, dies argumentativ zu widerlegen. Tatsächlich scheint es so, dass ein nachhaltiger Architekturentwurf zuerst immer einschränkend wirken muss. Ich werde als erfahrener Architekt am Anfang dem Team immer Handlungsoptionen nehmen, indem ich gewisse Vorgaben mache. Das Ziel sollte dabei aber natürlich sein, dem Team die Kontrolle über die Software dauerhaft zu gewährleisten. Durch diese spätere Kontrolle wiederum ergeben sich Handlungsoptionen, und diese Flexibilität ist es, welche wir durch 5C auf Dauer haben möchten. Tatsache ist aber, dass wir dafür zunächst investieren müssen. Anfangs werden wir uns beschränken, wenn wir etwas wie 5C befolgen. Betrachten wir 5C also als eine Investition in die Zukunft, die allerdings tatsächlich nicht immer angebracht ist. In seltenen Fällen mag es Systeme geben, für die spätere Wartbarkeit gar nicht erst nötig ist, weil beispielsweise nur eine kurze Einsatzzeit geplant ist. In den allermeisten Fällen ist es aber nicht wünschenswert, einen späteren Kontrollverlust von Anfang an einzuplanen.

No Silver Bullet

1986 veröffentlichte ein gewisser Fred Brooks, seines Zeichens Gewinner des Turing Awards, einen vielbeachteten Artikel namens „No Silver Bullet – Essence and Accident in Software Engineering“ [Bro86]. Darin argumentiert er, dass es immer so etwas wie essenzielle Komplexität gibt, welche dem Problem, das es zu lösen gilt, innewohnt. Egal wie gut Ihr Entwurf für eine Software wird, die ein bestimmtes Problem löst, sie wird niemals einfacher sein können als diese Komplexität, die der Herausforderung selbst bereits innewohnt. Oft kommt es aber zu Komplexität, die im Zuge der Lösung erst entsteht. Diese nennt er „accidental“, also versehentlich. 5C ist ein Modell, das helfen soll, diese unbeabsichtigte Komplexität so gut es geht im Zaum zu halten.

Bevor wir ins Detail gehen, vorab noch ein Überblick über das 5C-Modell:

1. **CUT – Richtig schneiden:** Je unabhängiger ein Baustein ist, desto einfacher wird er zu handhaben sein. Schneide Bausteine so, dass sie sich möglichst gut voneinander abgrenzen.
2. **CONCEAL – Verbergen:** Verbirg so viel der internen Struktur eines Bausteins und der Art der Umsetzung vor der Außenwelt wie möglich.
3. **CONTRACT – Schnittstelle festlegen:** Entwerfe Schnittstellen so, dass eine möglichst reibungslose Interaktion zwischen dem Baustein und seinen Consumern möglich ist.
4. **CONNECT – Verbinden:** Durch Verwendung einer Schnittstelle eines anderen Bausteins kommt es immer zu Abhängigkeiten. Plane explizit, zwischen welchen Bausteinen es welche Art von Abhängigkeit geben soll.
5. **CONSTRUCT – Aufbauen:** Eine Bausteinstruktur kann auf einer Ebene selbst wieder unübersichtlich werden. Baue Systeme höherer Komplexität durch Zusammenfassen von Bausteinen einer Ebene zu einem neuen Baustein einer nächsthöheren Ebene. Dabei sind weiterhin dieselben Handlungsmaximen anzuwenden.

4.1 CUT – Richtig schneiden

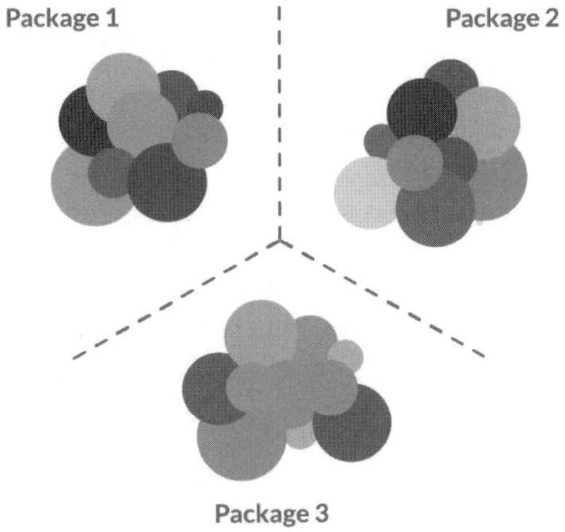

- **Definition:** Je unabhängiger ein Baustein ist, desto einfacher wird er zu handhaben sein. Schneide Bausteine so, dass sie sich möglichst gut voneinander abgrenzen.
- **Siehe auch:** P02-SoC, P03-Cohesion, P04-SLA, P06-IOSP, A02-GodObj
- **Messung durch:** Zyklomatische Komplexität nach McCabe (Abschnitt 5.1.2), Relational-Cohesion (Abschnitt 5.1.4.1), LCOM (Abschnitt 5.1.4.2), ACD (Abschnitt 5.1.6.3)
- **Später:** P05-DumbPipe, Domain-Driven-Design (Kapitel 6), Conway's Law (Abschnitt 8.1)

Zunächst geht es einmal darum, Grenzen zwischen den einzelnen Bausteinen an den richtigen Stellen zu ziehen. Je unabhängiger die einzelnen Bausteine voneinander sind, desto einfacher wird später das gesamte System zu handhaben sein. Die Kunst ist, die Stellen zu identifizieren, wo sich Bausteine idealerweise voneinander abgrenzen und entkoppeln lassen. Einige Indizien dafür haben wir in den ersten Kapiteln dieses Buchs bereits kennengelernt. Diese lassen sich teilweise als Ziele sehen, aber andererseits auch als Richtlinien, welche man von Beginn an dabei beachten sollte. Und zwar:

- Der so abgetrennte Baustein macht nur eine Sache. Es braucht nur wenige Worte, um die Aufgabe des Bausteins zu beschreiben.
- Der Baustein ist nicht zu groß, sodass er noch am Stück verstanden werden kann, oder er zerlegt sich selbst wiederum in weitere Bausteine, die das ermöglichen.
- Der so gebildete Baustein kann seine Aufgabe möglichst autonom erledigen.
- Die Aufgabe des Bausteins lässt sich anhand seiner ein- und ausgehenden Schnittstellen gut beschreiben und klar definieren.
- Der Baustein ist gut testbar an seinen ein- und ausgehenden Schnittstellen. Der Aufwand, andere Bausteine für einen isolierten Test zu mocken, hält sich in Grenzen.
- Der Baustein ist kohäsiv, d.h., er hat einen größeren Zusammenhalt nach innen als nach außen.
- Der Grad an Kopplung mit anderen Bausteinen auf derselben Abstraktionsebene ist angemessen gering.
- Innerhalb des abgetrennten Bausteins gibt es keine Teilbereiche, die nichts miteinander zu tun haben, denn sonst würde sich eine weitere Abtrennung anbieten.
- Mögliche einzelne Änderungswünsche sind an vergleichsweise wenigen, im Idealfall nur einem der Bausteine durchführbar.
- Die Gefahr, dass andere Bausteine durch Änderungen an diesem Baustein destabilisiert werden könnten, ist möglichst gering.

4.1.1 Vertikale vs. Horizontale Abtrennung

Weit verbreitet sind zwei grundsätzliche Ansätze, um Bausteine abzutrennen. Der eine trennt nach Fachlichkeit und bildet sogenannte Vertikale Strukturen, der andere nach Technik, was üblicherweise als Horizontale Struktur oder Layer (bzw. Schichten) dargestellt wird. Die Ansätze besitzen verschiedene Vor- und Nachteile, wobei man sagen muss, dass üblicherweise die Eigenständigkeit der dadurch abgetrennten Bausteine höher ist, wenn nach Fachlichkeit vertikal abgetrennt wird. Betrachten wir dazu zunächst die horizontale Schichtenstruktur in Bild 4.1. Wenn Sie hier einem Feature ein neues Feld hinzufügen möchten, so wird das üblicherweise eine Kaskade von Änderungen in den anderen Schichten nach sich ziehen. Zuerst wird das Feld in der DB addiert, danach in der Persistenzschicht, dann in der Serviceschicht und zuletzt im Userinterface. Daran sieht man, wie wenig eigenständig die einzelnen Strukturen sind.

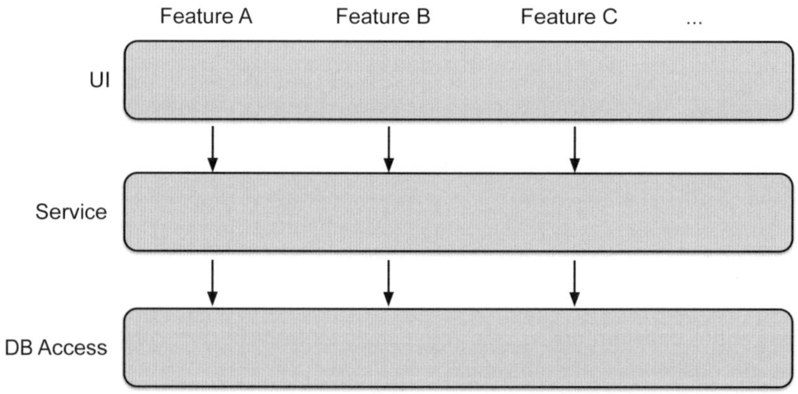

Bild 4.1 Typisches Beispiel für eine horizontale Schichtenarchitektur

Dabei darf man allerdings nicht die Vorteile übersehen, die so eine Architektur zweifelsohne hat. Querschnittliche Themen werden dadurch einfacher zu handhaben sein. Wenn Sie eine gewisse Konsistenz bei der Umsetzung von Mustern im UI oder in der Persistenz haben wollen, ist dies mit so einer Form der Struktur bestimmt einfacher zu erreichen. Auch bedeuten Layer nicht, dass es keinerlei fachliche Strukturen gibt, da diese ja als Substrukturen innerhalb der einzelnen Schichten sehr wohl noch gebildet werden können. Trotzdem sollte man zumindest darüber nachdenken, vertikale (und somit primär fachliche) Strukturen zu bilden, wie sie in Bild 4.2 dargestellt sind. Die Vor- und Nachteile hier sind das genaue Gegenteil zur Schichtenarchitektur aus Bild 4.1.

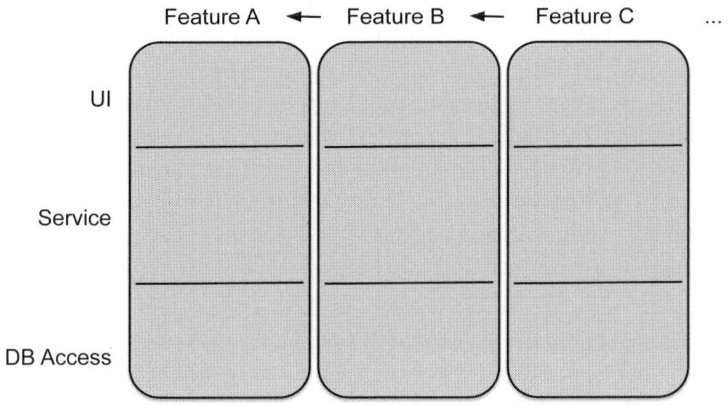

Bild 4.2 Die Alternative zur Schichtenarchitektur ist jede Form der vertikalen fachlichen Strukturierung.

Dass es viele Anwendungsfälle für vertikale bzw. horizontale Architekturen gibt, sollte nicht davon ablenken, dass prinzipiell natürlich jede Form von Modularisierung gewählt werden kann. Also auch solche, die nicht in dieses streng zweidimensionale Muster aus Fachlichkeit und Technik übertragen werden können.

4.2 CONCEAL – Verbergen

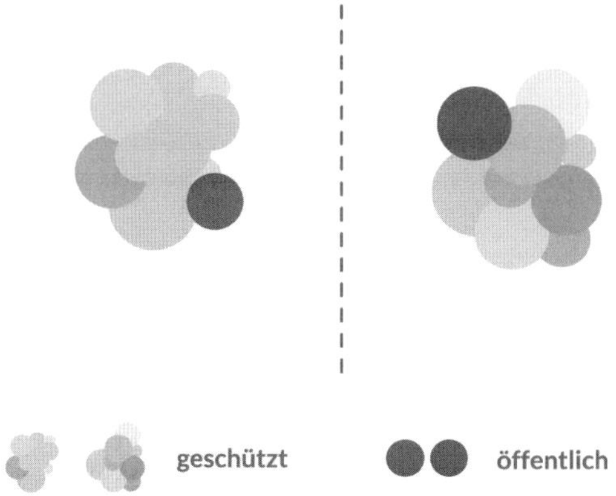

- **Definition:** Verbirg so viel der internen Struktur eines Bausteins und der Art der Umsetzung vor der Außenwelt wie möglich.
- **Siehe auch:** P07-Hide, P08-Demeter
- **Messung durch:** Visibility-Metriken (5.1.3), Attribute- bzw. Method-Hiding-Factor (Abschnitt 5.1.8.1)
- **Später:** A07-MaxReuse

Naiverweise könnte man meinen, jede Logik, welche man z. B. in Form einer Methode kapselt, sollte der Außenwelt zur Verfügung gestellt werden. Schließlich kann man doch nicht wissen, ob diese Logik später nicht noch jemand anders brauchen wird, oder? Wenn dieser jemand sie dann später sucht, steht sie ihm schon zur Verfügung und er kann sie wiederverwenden. Dies ist allerdings keine gute Idee. In so einem Fall sollte immer hinterfragt werden, warum ein anderer Baustein diese Logik benötigt, weil dies nicht selten ein Indiz für einen schlecht erfolgten CUT ist. Im Zweifelsfall ist es immer besser, Substrukturen vor der Außenwelt zu verbergen. Wenn sie verborgen sind, kann es nämlich zu gar keinen Abhängigkeiten anderer Bausteine kommen. Damit bleibt dieser Aspekt dauerhaft flexibel und man kann ihn jederzeit ändern oder löschen, ohne dass die Welt außerhalb davon betroffen wäre. Das Ziel von CONCEAL ist also die Verhinderung von Abhängigkeiten, die vermutlich gar nicht gewünscht sind. Falls man später bemerkt, dass ein Aspekt doch auch außerhalb benötigt wird, so kann er immer noch sichtbar gemacht und zur Verfügung gestellt werden.

In Kapitel 7 werden wir die sogenannten Distributed-Systems oder Verteilten Systeme kennenlernen. Ein solcher Entwurf besitzt viele Vor- bzw. Nachteile gegenüber jeder Form von Deployment-Monolithen, auf die wir dort dann noch näher eingehen werden. Gerne wird argumentiert, dass man dies alleine schon wegen des Information-Hiding-Aspekts tun sollte. Wenn ein Implementierungsdetail hinter dem Netzwerk in einer anderen Deployment-Unit vor dem Consumer verborgen ist, so ist dies zweifelsohne eine Form von Information Hiding, allerdings ist es als Mittel dafür keineswegs alternativlos, auch wenn Anhänger des Microservice-Hypes dies gerne so sehen möchten. Tatsächlich bilden die Bordmittel der Programmiersprachen, wie private Definitionen in Klassen oder auch package-protection und JPMS-Module in Java in Kombination mit Toolunterstützung und Metriken, hervorragende Alternativen (siehe Abschnitt 3.6).

4.3 CONTRACT – Schnittstelle festlegen

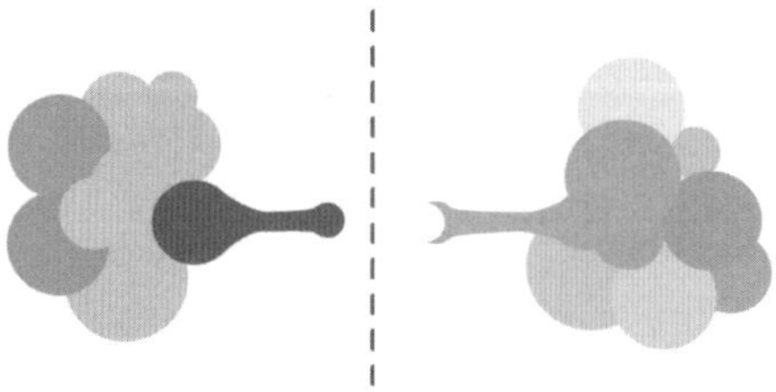

- **Definition:** Entwerfe Schnittstellen so, dass eine möglichst reibungslose Interaktion zwischen dem Baustein und seinen Consumern möglich ist.
- **Siehe auch:** P09-Open, P10-DbC, P11-Liskov, P12-InSeg, P13-AoI, A01-MisInh
- **Messung durch:** Weighted Interface Complexity (siehe Abschnitt 5.1.10)
- **Später:** P14-Tolerant, P15-Robust, A05-Cannonical

Um Funktionalität anderen Bausteinen zur Verfügung zu stellen, sollte ein Baustein immer eine dedizierte Schnittstelle anbieten. Der erste Adressat einer Schnittstelle ist dabei immer der Entwickler des Bausteins, der später der Consumer der Schnittstelle sein wird. Beim Entwurf sollte man daher berücksichtigen, dass eine Schnittstelle in erster Linie für Menschen entworfen wird und erst in zweiter Linie für die Technik. Schnittstellen sind außerdem neuralgische Punkte in einer Architektur, wo es nicht selten zu Fehlersituationen kommt. Eine Schnittstelle, die von Entwicklern einfach gut verstanden werden kann, führt üblicherweise auch seltener zu solchen Fehlersituationen. Im Idealfall erfüllt sie folgende Kriterien:

- Sie ist **ausreichend definiert**. Bei numerischen Werten ist z. B. klar, was der Inhalt bedeutet. Bei Datums- oder Zeitfeldern ist das Format klar definiert.
- Sie ist selbsterklärend oder **ausreichend dokumentiert**. Die diversen Bezeichnungen werden passend gewählt. Man wird (z. B. durch Hypermedia) von einem Punkt zum anderen geführt. Oder es gibt eine ausreichende Dokumentation.
- **Konventionen werden eingehalten**. Solche kann es einerseits auf fachlicher, andererseits auf technischer Ebene geben. Sie können weltweit gelten, für die jeweilige Domäne, nur im Unternehmen oder innerhalb dieser Schnittstelle. Das Risiko für Überraschungen wird möglichst minimiert [Lau19].
- Durch ihre Verwendung kann der **Baustein nicht destabilisiert** werden. Durch Missbrauch, wie z. B. Abfragen von zu vielen Daten, wird der Betrieb des Bausteins nicht gefährdet.
- Sie sollte **angemessen schmal** (P07-Hide) bzw. entsprechend der unterschiedlichen Verantwortlichkeiten aufgeteilt sein (P12-InSeg).

Hyrum's Gesetz

Egal, wie gut Sie alle Aspekte einer Schnittstelle dokumentieren, es wird auch immer informelle Aspekte einer Schnittstelle geben. Es werden außerdem früher oder später Consumer Abhängigkeiten zu diesen Aspekten entwickeln [Lau19]. Das folgende Beispiel soll dies illustrieren: Angenommen, eine Schnittstelle liefert alle Adressen einer Person, wobei diese verschiedene Bedeutungen haben, wie den Hauptwohnsitz, Nebenwohnsitze oder die Büroadresse. Der Baustein verhält sich so, dass er anfangs immer den Hauptwohnsitz an erster Stelle in der Liste liefert. Wenn nun ein Consumer den Hauptwohnsitz ermittelt, indem er das erste Element aus der Liste entnimmt, wird dies so lange gut gehen, bis der Provider sein Verhalten diesbezüglich ändert. Die formelle Schnittstellendefinition wird dies vermutlich zulassen. Ein gewisser Hyrum Wright hat dies einmal ganz gut auf den Punkt gebracht, als er sein Gesetz (L01-Hyrum) formulierte:

> *With a sufficient number of users of an API, it does not matter what you promise in the contract: all observable behaviors of your system will be depended on by somebody.*

4.3.1 Antipattern

4.3.1.1 Kanonisches Schnittstellenmodell

Bereits oft gescheitert und trotzdem immer wieder probiert, ist der Versuch, die Formate, mit denen Module Daten austauschen, über die gesamte Systemlandschaft hinweg zu vereinheitlichen. Ein Unterfangen, welches in seiner Komplexität dabei unterschätzt wird, weil es durch die Annahme dieser global definierten Datenformate Kopplung zwischen allen Modulen und Bausteinen einer Systemlandschaft herstellt. Damit wäre dann das Prinzip der losen Kopplung auf drastische Art und Weise verletzt. Oder um Eric Evans, seines Zeichens Erfinder des Domain Driven Design, zu zitieren [Eva03]:

> *Total unification of the domain model for a large system will not be feasible or cost-effective.*

Auch wenn man den initialen Wurf eines solchen Modells hinbekommen sollte, bedeutet es auch in weiterer Folge bei jeder Änderung an einem der dabei angebundenen Module enorme Aufwände zur Abstimmung. Nach unzähligen Diskussionen, welche ich in meiner Karriere schon zu dem Thema geführt habe, scheint es mir hauptsächlich zwei Gründe zu geben, warum dies manchmal nach wie vor irrtümlicherweise für sinnvoll erachtet wird:

- Es wird als notwendiges Mittel zum Zweck gesehen, welches es den Services ermöglichen soll, miteinander zu kommunizieren.
- Durch eine prinzipielle Adapterschicht zu einem kanonischen Modell werden die einzelnen konkreten Service-Implementierungen angeblich komplett austauschbar.

Zunächst möchte ich auf das erste Argument eingehen. Diesem liegt die irrtümliche Annahme zugrunde, dass einzelne Business-Themen auf mehrere Services verteilt zu implementieren seien. Stattdessen sollte man aber versuchen, jedes der fachlichen Themen (also Subdomänen im Sinne des DDD – siehe Kapitel 6) in möglichst einem Service zu kapseln. Wenn Sie das hinbekommen, so modelliert jedes Modul (oder Service) den jeweiligen Teil der Problemdomäne, für den es zuständig ist. Es bleiben allerdings immer manche Aspekte, die von mehr als einem Modul bearbeitet werden. Hier ist es trotzdem oft besser, wenn jedes Modul diese für sich selbst modelliert, und zwar aus zwei Gründen: einerseits, weil die einzelnen Subdomänen oft unterschiedliche Sichtweisen auf diese geteilten Aspekte haben, und andererseits, um Abstimmungsaufwände zwischen den einzelnen Teams, die die Module entwickeln, zu vermeiden.

Argument Nr. 2 für kanonische Modelle setzt ein Szenario voraus, wie es in Bild 4.3 dargestellt ist. Die Idee ist, dass die einzelnen Consumer auf den konkreten Provider immer über die globale Adapterschicht zugreifen, welche das konkrete Schnittstellenmodell A des Providers immer auf das kanonische Modell X konvertiert. Wenn man nun den Provider durch einen anderen austauschen möchte, der dann stattdessen ein anderes Schnittstellenmodell B liefern würde, so ist nichts weiter zu tun, als den Adapter für diesen Provider in der globalen Schicht auszuwechseln, welcher dann ein Mapping von B auf X macht, anstatt wie zuvor von A auf X. Die einzelnen Consumer wären davon demnach nicht betroffen. Soweit die Theorie. Valide ist dieses Argument allerdings keineswegs. Einerseits ist nicht gesagt, dass der neue Provider, was die Schnittstelle (wie Modell und Abläufe) angeht, überhaupt prinzipiell kompatibel ist. Und auch wenn dem so ist, macht es keinen Sinn, den Adapter vorwegzunehmen. Wenn es wirklich zu einem solchen gefürchteten Austausch des Providers kommt, so kann man später immer noch einen Adapter bauen, welcher das Mapping von B zu A übernimmt. Und diese Modelle müssen im gegebenen Fall zueinander konvertibel sein, denn wenn der Umweg B->X->A möglich ist, so ist natürlich im Endeffekt die Übersetzung von B zu A ebenfalls möglich (und sei es mittels eines Umwegs über X). Es handelt sich hierbei übrigens um einen Irrtum der Kategorie A03-MagicAbstract.

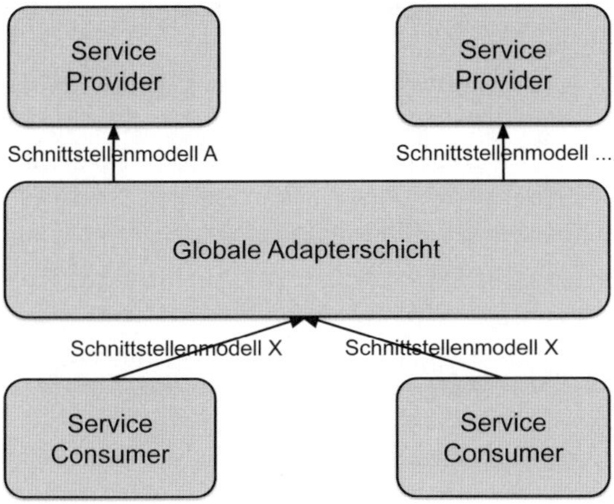

Bild 4.3 Das theoretische Einsatzszenario für ein kanonisches Modell

4.3.1.2 Versionierung

Verteilte Systeme bringen früher oder später immer die folgende Herausforderung mit sich: Schnittstellen müssen geändert werden, weil der Service, der diese anbietet, weiterentwickelt wird. Dabei stellt sich die Frage, ob und wie man auf die jeweiligen Consumer der eigenen API Rücksicht nimmt. Schließlich wurden die Consumer mit der alten Version des zu ändernden Providers getestet. Früher war es daher üblich, die Änderungen am Provider eine Zeitlang parallel zur alten Version anzubieten, bis alle Consumer von der alten auf die neue Version umgestellt (und getestet) wurden. Meist lief es aber so ab, wie in dem folgenden Beispiel:

- Modul A, aktuell in Version 1.1.0 deployed, stellt Erweiterungen online. Eine „Impact Analysis" ergibt, dass davon potenziell die beiden Consumer B und C betroffen wären. Daher wird die Änderung als Version 1.2.0 parallel zur alten Version deployed. Die Teams von B und C unterliegen der Unternehmensrichtlinie, nach der sie innerhalb eines Quartals die Umstellung auf die neue Version machen müssen.
- Während Modul C bald auf die neue Version 1.2.0 von Modul A umstellt, sind die Benutzer von Modul B mit dessen Stabilität unzufrieden und somit wird hier alles darangesetzt, diese Probleme in den Griff zu bekommen. Irgendwelche Richtlinien der IT-Abteilung sind dem Kunden egal und daher ist das Team B die nächsten Monate mit dem Refactoring beschäftigt.
- Inzwischen müssen aber neue Features von Modul A raus und somit erstellt man eine weitere Version 1.3.0.
- Team B bemerkt inzwischen, dass ihre Probleme teilweise von einem Bug in Version 1.1.0 des Moduls A verursacht werden, und um den Betrieb nicht zu gefährden, wird kurzerhand eine neue Version von Modul A deployed, nämlich 1.1.1.

Nun laufen inzwischen drei Varianten von Modul A, nämlich 1.1.1, 1.2.0 und 1.3.0. Stellen Sie sich das Spiel mit einer Systemlandschaft aus 100 Modulen (bzw. Services) oder mehr über einen Zeitraum von mehreren Jahren vor. Sie sehen also, dass es keine gute Idee ist, Modulschnittstellen gezielt in verschiedenen Versionen anzubieten. Viel besser ist es stattdessen, eine neue Version einer Schnittstelle als rückwärtskompatiblen Evolutionsschritt zu deployen. Um das ohne schlaflose Nächte hinzubekommen, bieten sich die Pattern an, welche ich Ihnen später noch vorstellen werde, beispielsweise das Consumer Driven Contract Testing (Abschnitt 4.3.2.1) oder auch der Robustheitsgrundsatz (Abschnitt 4.3.2.2). Eine weitere Alternative ist es, jedesmal aufwendige System-Integrationstests durchzuführen. Auf das parallele Anbieten unterschiedlicher Versionen einer Schnittstelle sollte man nur zurückgreifen, wenn es keine andere Möglichkeit gibt. Und wenn man es tut, sollte man es zeitlich so gut es eben geht begrenzen.

Das beste Mittel, um der Problematik der sich ändernden externen Schnittstellen zu begegnen, ist nach wie vor das gute alte Information-Hiding (P07-Hide). Dinge, die gar nicht nach außen hin wirksam werden, können geändert werden, ohne dass es eine Auswirkung auf eine der externen Schnittstellen hat. ■

4.3.2 Pattern

4.3.2.1 Consumer Driven Contract Testing

Kommen wir nochmal auf das Dilemma aus Abschnitt 4.3.1.2 zu sprechen. Ein Modul oder Service möchte seine Schnittstelle ändern und wir möchten mit möglichst viel Selbstvertrauen und ohne den Betrieb zu gefährden die neue Version releasen. Das möglichst auch noch ohne große Aufwände zur Abstimmung dieser Änderung. Eine Möglichkeit ist natürlich, auf System-Integrationstests zu setzen, die aber teuer, aufwendig und teilweise schwierig durchzuführen sind. Eine einfachere Alternative dafür stellen die sogenannten Consumer Driven Contract Tests dar [Nyg07] (Bild 4.4). Die Idee ist, dass jeder Consumer dem Modul, welches er benutzt, auch einen Testfall zur Verfügung stellt. Dieser Testfall deckt die Erwartungen des Consumers an diesen Provider ab. Man dreht damit quasi die Richtung der Verantwortung um und überlässt den Consumern die Beweisführung, dass eine neue Version des Providers problemlos in Produktion gehen darf. Mit so einem Testfall

- sagt der Consumer: Wenn dieser Testfall durchläuft, so sind alle Erwartungen, welche ich an dich habe, erfüllt. Du kannst dann beruhigt jederzeit eine neue Release rausbringen;
- sagt der Provider: Wenn du als Consumer meine Schnittstelle verwenden möchtest, so darfst du das gerne tun. Ich verlange dafür allerdings von dir einen solchen Consumer Driven Contract Test, sodass meine Weiterentwicklung davon nicht gebremst wird.

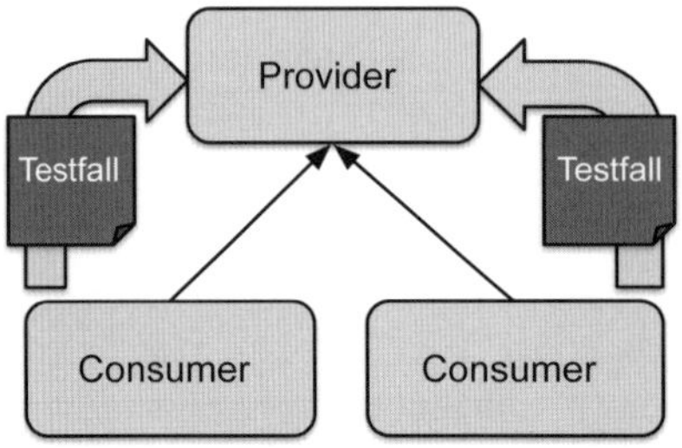

Bild 4.4
Consumer Driven Contract Testing zur organisatorischen Entkopplung der Entwicklung einzelner Services

4.3.2.2 Postel's Law/Robustheitsgrundsatz (Tolerant Reader)

Betrachten wir nochmal dieselbe klassische Herausforderung von Änderungen an Schnittstellen aus dem vorigen Abschnitt über Consumer Driven Contract Testing. Ein Provider möchte mit einer Änderung seiner Schnittstelle produktiv gehen. Wenn die betroffenen Consumer dabei in der Interpretation der Antwort des Providers nicht so streng sind, wird Ihnen die Weiterentwicklung des Providers ungleich leichter fallen. Dieser Grundsatz ist auch bekannt als das Tolerant Reader Pattern (P14-Tolerant). Ein Beispiel wäre eine Schnittstelle, die eine gewünschte Anzahl an Treffern als Input liefert. Die maximale Anzahl beträgt 50. Wenn ein Consumer nun gerne 100 Einträge haben möchte, kann man sich darauf beschränken, ein Warning mitzugeben anstatt eines Errors und die maximale Anzahl an 50 Treffern zu liefern.

Wenn dazu noch der Absender einer Nachricht sehr genau darauf achtet, was er absendet, um den von ihm garantierten Schnittstellen-Vertrag auch immer exakt einzuhalten, dann ergibt das in Summe das sogenannte Robustness Principle (P15-Robust) [Pos89]. Um bei unserem Beispiel zu bleiben, würde sich jeder Consumer bemühen, bei numerischen Werten sich immer innerhalb der definierten Grenzwerte zu bewegen, wenn er die Schnittstelle eines Providers benutzt (siehe Bild 4.5).

Ich denke allerdings, dass man dieses Prinzip nur abhängig von den definierten Qualitätszielen eines Produkts wählen sollte. Diese hatten wir in Abschnitt 1.2 kennengelernt. Wenn hohe funktionale Korrektheit höher bewertet ist als Verfügbarkeit und Wartbarkeit es sind, dann ist es vielleicht sogar ratsamer, als Provider einer Schnittstelle im Zweifelsfall eher mit einem Fehler zu reagieren. Nach dem Motto: besser abbrechen als etwas u. U. Fehlerhaftes zu tun.

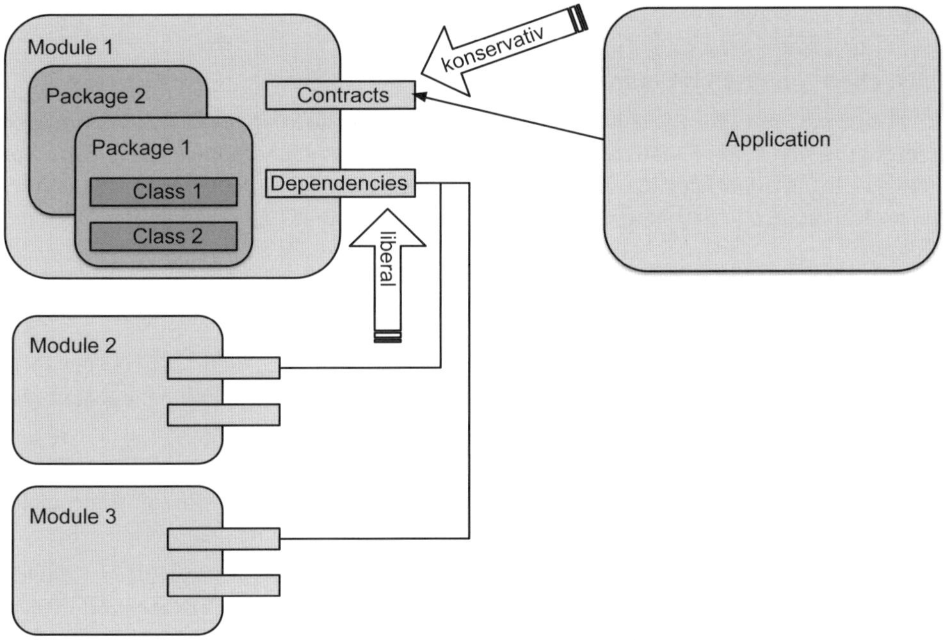

Bild 4.5 Postel's Law illustriert

4.4 CONNECT – Verbinden

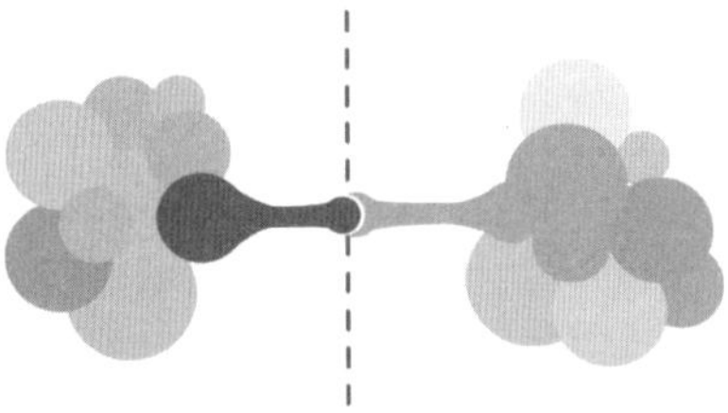

- **Definition:** Durch Verwendung einer Schnittstelle eines anderen Bausteins kommt es immer zu Abhängigkeiten. Plane explizit, zwischen welchen Bausteinen es welche Art von Abhängigkeit geben soll.
- **Siehe auch**: P17-DepInv, P18-Loose, A04-Cyclic
- **Messung durch:**
  Relative Cyclicity (Abschnitt 5.1.7),
  John-Lakos Metriken (Abschnitt 5.1.6),
  NCCD (Abschnitt 5.1.6.5)
- **Später:** Don't repeat yourself (P16-DRY)

Sobald wir Schnittstellen definiert haben, können wir die im ersten Schritt abgetrennten Bausteine wieder miteinander verbinden. Der Grund dafür ist irgendeine Form der Interaktion, die nötig ist. So möchte der Consumer einer Schnittstelle beispielsweise eine Verarbeitung beim Provider anstoßen. Oft ist der Hintergrund einer solchen Verbindung aber einfach der Wunsch, gewisse Logik des Providers im Consumer wiederzuverwenden, weil man Codeduplikation (P16-DRY) vermeiden möchte.

Aber: Durch eine solche Verbindung kommt es immer zu Abhängigkeiten zwischen den beiden verbundenen Bausteinen. Manchmal kann es daher sein, dass die Redundanz billiger bzw. mit weniger Nachteilen verbunden ist als die Kopplung durch die Verbindung der Bausteine (T04-DRYvsIndependence). In solchen Fällen kann eine Redundanz die bessere Alternative darstellen.

In welchem Ausmaß ist man abhängig?

Bei Abhängigkeiten gibt es gewaltige Unterschiede. Manche wiegen schwer, andere sind wiederum weniger problematisch. Achten Sie beim Entwurf einer Softwarearchitektur vor allem auf die schwerwiegenden Abhängigkeiten und versuchen Sie, diese zu minimieren! Wie problematisch eine Abhängigkeit ist, ergibt sich aus einer Kombination der folgenden Faktoren:

- Ist die Abhängigkeit in irgendeiner Form einschränkend? Gibt es Dinge, die dadurch verunmöglicht werden?
- Wie viel Aufwand würde es bedeuten, etwas von dem man abhängig ist (wie eine Technologie oder ein Baustein als Provider einer Schnittstelle) durch etwas anderes auszutauschen?
- Wie viel Risiko bedeutet es, die Abhängigkeit wieder loszuwerden? Lassen sich die Tests, die im Zuge einer Ablöse nötig wären überhaupt gut durchführen? Wenn nicht, wäre es ein Indiz für ein hohes Risiko einer potenziell einmal nötigen Ablöse.
- Wie wahrscheinlich ist es, dass eine solche Änderung notwendig sein wird im Rahmen einer realistischen Lebensspanne des Systems? Dass man einen Technologiestandard, für den es verschiedene Implementierungen gibt, wird ersetzen müssen, ist z. B. weni-

ger wahrscheinlich, als eine proprietäre Technologie, die wenig verbreitet ist. Bausteine, die man nicht selber entwickelt und damit nicht unter Kontrolle hat, sollten ebenfalls kritischer betrachtet werden.

Bei den im folgenden Abschnitt 4.4.1 vorgestellten Punkten handelt es sich um die möglichen Abhängigkeiten, die durch eine Interaktion zwischen zwei Bausteinen entstehen können.

4.4.1 Formen der Kopplung

Laufzeitumgebung, Ausführungsort

Die andere Komponente muss auf derselben Maschine laufen, damit die Integration möglich ist. In so einem Fall wäre es schwierig, Fehler, welche sich auf den stabilen Betrieb der Laufzeitumgebung auswirken (Verbrauch von zu viel Speicher oder CPU), von den anderen Komponenten zu isolieren. Es bestünde dann die Gefahr, dass das gesamte System in Mitleidenschaft gezogen wird. Im nicht so extremen Fall gibt es gewisse andere Formen der Einschränkung des operativen Systems, die im Fall einer Wiederverwendung für die andere Komponente gelten würden. So kann es sein, dass die andere Komponente einfach nur im selben Rechenzentrum betrieben werden muss, was weniger einschränkend wäre.

Technologie

Einschränkungen bei der Technologiewahl der angebundenen Komponente. Dabei kann es sich um Einschränkungen handeln, die noch einen gewissen Spielraum zulassen (wie alle Systeme, welche eine REST API konsumieren können). Im Extremfall würde die andere Komponente genau dieselbe Technologie verwenden müssen.

Zeit

Die andere Komponente kann beispielsweise zu gewissen Zeitpunkten nicht angesprochen werden, bietet aber keine asynchrone Variante ihrer Schnittstelle an. Wenn die aufrufende Komponente die fremde Schnittstelle benötigt, um mit einer Verarbeitung fortfahren zu können, wäre sie somit für diese Zeit blockiert.

Daten und Formate

Dabei kann es bei der Kommunikation gewisse allgemeine Einschränkungen geben in Bezug auf die möglichen Datenformate, die geparst und verstanden werden, beispielsweise Datumsformate oder Header, die gesetzt werden müssen. Hauptsächlich bestehen diese Kopplungen aber einfach aufgrund des konkreten Datenformats der Schnittstelle, die verwendet wird. Wenn das fremde Schnittstellenformat außerdem noch überall in der eigenen Komponente zur Anwendung kommt, wird so eine Kopplung sogar noch stärker. Schließlich würde dann auch der Aufwand, die konkrete Schnittstelle durch eine andere zu ersetzen, entsprechend ansteigen. Durch Integration mit dem Composite-UI-Pattern (Abschnitt 4.4.1.1) oder Verwendung des Tolerant-Reader-Musters (Abschnitt 4.3.2.2) kann man diese Form der Kopplung teilweise abschwächen.

Wenn Sie zwei Komponenten integrieren, so tun Sie das immer auf die Art und Weise, welche die geringstmögliche Kopplung bedeutet (P18-Loose). Bei hohem Abstraktionsgrad wie der Makro-Architektur ist dies besonders wichtig! In der Mikro-Architektur oder Designebene kann dagegen auch ein hoher Grad an Kopplung (wie durch Code Reuse) noch akzeptabel sein. ■

Werfen wir einen Blick auf unterschiedliche Möglichkeiten zur Kopplung zweier Bausteine, die diese vier Formen der Kopplung beispielhaft näher erläutern.

4.4.1.1 Integrationsformen

Code Reuse

Grad der Kopplung: sehr groß (Laufzeitumgebung, Technologie, Zeit, Datenformate)

Davon sprechen wir, wenn z. B. in Java direkt eine Methode einer anderen Klasse aufgerufen und die andere Komponente als .jar-File wiederverwendet wird. Das ist die stärkste Form der Kopplung und sollte nur in der Mikro-Architekturebene Anwendung finden bzw. beim Bau von Deployment-Monolithen.

Datenbankintegration – gemeinsames Datenmodell

Grad der Kopplung: groß (Technologie, Datenformate)

Dabei greifen verschiedene Systeme direkt auf dieselben Tabellen einer Datenbank zu (Bild 4.6). Wir sind dabei zwar zeitlich voneinander entkoppelt, treffen aber sonst alle möglichen Annahmen. So müssen alle beteiligten Systeme mit dieser Datenbanktechnologie kommunizieren können und haben auch Abhängigkeiten zum konkreten Datenmodell.

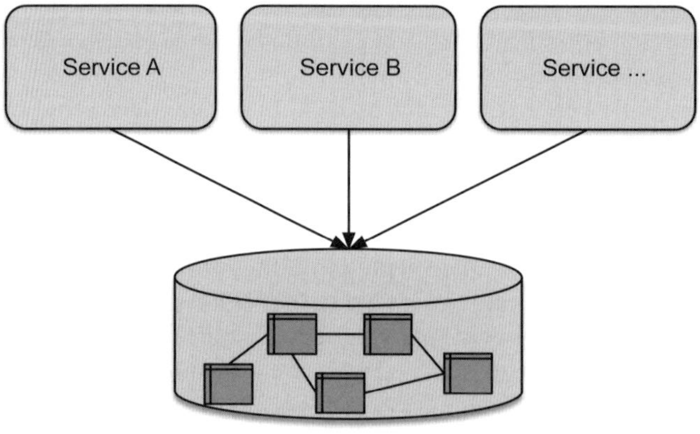

Bild 4.6 Unterschiedliche Services teilen sich dasselbe Datenmodell in derselben Datenbank.

Datenbankintegration – selbe Datenbank, unterschiedliche Datenmodelle

Grad der Kopplung: mittel (Technologie)

Eine alternative Form der Datenbankintegration, bei der sich die einzelnen Services nicht mehr dasselbe Datenmodell teilen, liegt darin, wenn zwar noch dieselbe Datenbank genützt wird, aber jeder dort sein eigenes Datenmodell besitzt (Bild 4.7). Dadurch ist es einfach, Konsistenz zwischen den Services durch atomare Transaktionen zu gewährleisten. Allerdings wird man mit dieser Form der Integration kaum auskommen, weil auf diese Art und Weise alleine ein Service keine Aktionen in einem anderen Service auslösen kann, wodurch es bei der Datenbankintegration meist noch zu anderen Formen der Interaktion kommt (wie Code-Reuse oder RPC).

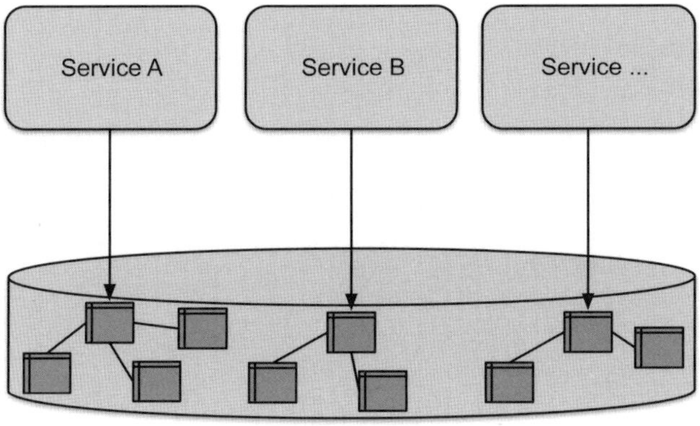

Bild 4.7
Unterschiedliche Services benutzen verschiedene Datenmodelle in derselben Datenbank.

Synchroner Remote Procedure Call

Grad der Kopplung: mittel (Zeit, Datenformate)

Bei Remote Procedure Calls (RPC) kommuniziert eine Komponente mit einer anderen durch eine mehr (SOAP) oder weniger (REST) standardisierte Schnittstelle über das Netzwerk. Hier muss die andere Komponente nach wie vor zur selben Zeit verfügbar sein (Annahme: Zeit), dafür ist es uns egal, mit welcher Technologie die Gegenstelle gebaut wurde. Völlig los werden Sie übrigens die technologische Kopplung mit einem synchronen RPC ebenfalls nicht. So gibt es in Java die sogenannte Remote Method Invocation, kurz RMI, die zwar einen synchronen Call über das Netzwerk ermöglicht, aber immer noch sehr einschränkend auf die Gegenstelle wirkt. Sie können sich dabei weitestgehend die Hardwareplattform des Services aussuchen, sind aber eingeschränkt auf die Java-Technologie, die darauf lauffähig sein muss. Bei anderen Formen des synchronen RPC ist diese Einschränkung in irgendeiner Form eigentlich fast immer ebenfalls vorhanden, aber nicht gleich so offensichtlich. Wenn Sie eine SOAP oder REST API zur Verfügung stellen, unterliegen die potenziellen Consumer nach wie vor der technologischen Einschränkung, dass sie diese Art von Kommunikation beherrschen müssen. Bei einem Cobol-Entwickler, welcher Code für einen Mainframe schreibt, wird man mit einer WSDL wenig Euphorie auslösen. Üblicherweise behilft man sich dann mit einem Message-Bus, welcher auch die zeitliche Kopplung entfernen kann.

Datenreplikation

Grad der Kopplung: gering bis mittel (Datenformate)

Daten werden nicht wie beim RPC per Remote-Schnittstelle geholt, sondern asynchron repliziert. Damit wäre die zeitliche Kopplung entfernt. Der Aufwand lohnt sich aber meiner

Meinung nach nur, wenn es einen triftigen Grund für die Aufgabe der zeitlichen Kopplung gibt. So kann z. B. der Anspruch an ein System, was die Verfügbarkeit angeht, so hoch sein, dass man sich entschließt, die Daten redundant zu halten. Außerdem kann man damit nur Daten einer anderen Komponente wiederverwenden, aber keinerlei Logik, wie eine Berechnung von was auch immer. Zur Umsetzung gibt es verschiedene Möglichkeiten, wie ETL (Extract, Transform, Load) oder Transaction-Log Tailing bzw. CDC (Change-Data-Capture).

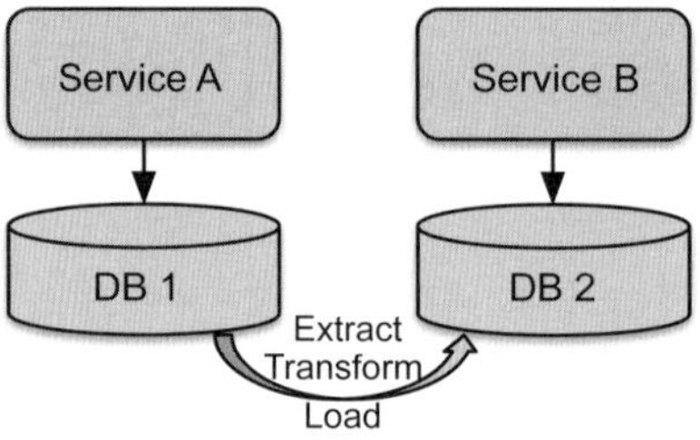

Bild 4.8 Datenreplikation

Messaging

Grad der Kopplung: gering (Datenformate)

Während Remote Procedure Calls darüber definiert sind, dass sie synchron erfolgen, geht es beim Messaging um asynchrone Kommunikation. Man reduziert die Abhängigkeit zwischen Sender und Empfänger um die zeitliche Komponente. Das bedeutet, dass Sender und Empfänger nicht gleichzeitig online sein müssen, es wird also keine zeitliche Annahme getroffen. Prinzipiell unterscheidet man dabei zwischen Message-Bus und Message-Broker. Während ein Bus agnostisch darüber ist, wer Nachrichten publiziert und wer welche konsumiert, ist ein Broker darüber hinaus für das Routing der Nachrichten zu den konkreten Empfängern zuständig [Bro19]. Ein Broker implementiert dabei wenigstens die folgenden beiden Routing-Muster:

Command

Hinter Commands steht der Wunsch des Absenders, eine bestimmte Aktion auszuführen. Ein Message-Broker ist dabei als dezidierte Indirektion dafür zuständig, einen solchen Command an den dafür zuständigen Empfänger weiterzuleiten. Dabei gibt es üblicherweise genau einen Empfänger der Nachricht, aber durchaus verschiedene Endpoints, die einen solchen Command erstellen dürfen. In manchen Fällen kann der konkrete Empfänger auch mittels eines gewissen Regelwerks von der Infrastruktur ermittelt werden. So gibt es in RabbitMQ die Möglichkeit, den Empfänger abhängig von einem sogenannten Topic der Nachricht auszuwählen (Topic Based Routing).

Event

Bei Events informiert ein Absender darüber, dass ein bestimmtes Ereignis stattgefunden hat. Interessierte Empfänger können solche Nachrichten abonnieren und werden dann bei Auftreten eines der abonnierten Ereignisse informiert. Der Absender ist dabei agnostisch darüber, wer und wie viele Empfänger seine Nachrichten abonniert haben. Es gibt dabei üblicherweise immer genau einen Absender einer solchen Nachricht, während sie von mehreren Endpoints empfangen werden kann.

Composite-UI

Grad der Kopplung: Sehr gering (Zeit)

Eine sehr elegante Art und Weise, um Systeme zu integrieren, bietet das User-Interface selbst. Wenn es für den jeweiligen Anwendungsfall sinnvoll ist, sollten Sie immer bestrebt sein, die Kopplung in der UI-Ebene herzustellen. Wobei das prinzipiell auf dem Server oder am Client und somit meist im Browser erfolgen kann. Natürlich kann man es aber mit dieser Form der Optimierung auch übertreiben. Es kann sein, dass eine UI-Integration komplizierter ist als ein synchroner RPC, einfach weil beispielsweise die Aufwände zur Angleichung der User-Interfaces (wie der DOM-Struktur und der CSS-Klassen bei einer Webapplikation) größer sind, als sie es für einen synchronen RPC wären. Wie so vieles, ist also auch das nur eine Abwägung des Pros gegen das Contra.

Microfrontends

Aktuell gibt es als Pendant zu den Microservices den Microfrontend-Hype. Dabei werden verschiedene Möglichkeiten diskutiert, wie man ein größeres Webportal aus mehreren kleineren Einheiten zusammenbauen kann, die selber wiederum mit unterschiedlichen Technologien gebaut werden können. Dafür gibt es unterschiedliche Möglichkeit der technologieneutralen Integration:

- Web-Technologien: Die einzelnen Seiten werden über Links verknüpft oder eine Seite holt sich einen Teil des DOM von einem Service per GET-Request und bettet es in die eigene Seite ein. Siehe dazu auch *https://roca-style.org.*
- Serverseitige Integration: Die Einzelteile werden vom Server zu einer Page zusammengebaut. Dafür gibt es Webstandards wie Edge-Side-Includes (ESI, siehe: *https://www.w3.org/TR/esi-lang*) bzw. Server-Side Includes (SSI, siehe: *https://www.w3.org/Jigsaw/Doc/User/SSI.html*).
- Die Komposition erfolgt im Browser auf der jeweiligen Page. Durch die Möglichkeit der Trennung verschiedener JavaScript-Teile durch die ES-Module (Abschnitt 3.6.1.1) können diese einzelnen Module auf unterschiedliche UI Frameworks und Libraries aufbauen.

4.4.2 Antipattern

4.4.2.1 Kaskadierende Abhängigkeiten

Besonders teuflisch sind sogenannte kaskadierende Abhängigkeiten (A06-Cascades). Dabei handelt es sich um dieselbe Art von Abhängigkeit entlang einer Kette von transitiven Abhängigkeiten. Wenn Ihr Entwurf so etwas aufweist, so wird der Aspekt, der kaskadierend transitiv von Baustein zu Baustein weitergegeben wird, später extrem schwierig zu ändern sein. Dabei kann es sich um jeden der Aspekte aus Abschnitt 4.4.1 handeln. In einem Deployment-Monolithen, wo jede Modulkopplung mit Mitteln der Technologie erfolgt und es somit bei jeder Modulverbindung zur selben technologischen Abhängigkeit kommt, werden Sie irgendwann Probleme haben, die jeweilige Technologie später einmal loszuwerden. Dasselbe Problem können Sie allerdings auch mit Daten- und Schnittstellenformaten bekommen, so wie in Bild 4.9 dargestellt.

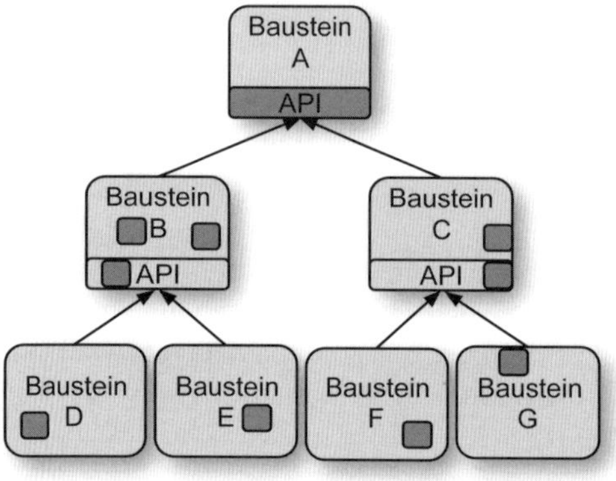

Bild 4.9 Das Schnittstellenmodell pflanzt sich fort.

In diesem Beispiel verwenden die Bausteine B und C das Schnittstellenmodell von Baustein A, welches sie wiederverwenden, selber weiter. Teile davon kommen auch in deren Schnittstellen wiederum vor, welche sie anderen Bausteinen anbieten. Damit ist das Schnittstellenmodell von Baustein A in den Bausteinen zu finden, welche wiederum Consumer der Consumer von Baustein A sind, und hat sich kaskadierend über transitive Abhängigkeiten fortgepflanzt. Eine später einmal notwendige Änderung am Schnittstellenmodell von Baustein A wird entsprechend aufwendig werden, da sie Auswirkungen auf so ziemlich das gesamte System haben wird!

4.4.2.2 Maximierung des Reuse

Zugegeben, es klingt verlockend, möglichst viele Dinge wiederzuverwenden. Schließlich bedeutet das in der Theorie, dass man sich viel redundante Entwicklung erspart [Mur10]. Wie kann es also sein, dass ich mir erlaube, dies hier als Antipattern anzuführen (A07-MaxReuse)? Vielleicht ist dies auch etwas übertrieben. Hauptsächlich möchte ich aufzeigen, dass Reuse nicht das ultimative Ziel einer Architektur sein kann, auch wenn diese Denkweise doch recht verbreitet ist. Der Wunsch nach möglichst viel Wiederverwendung gleicht nämlich dem Versuch, möglichst viele externe Abhängigkeiten zu haben. Und externe Abhängigkeiten sind doch wieder eher die Herausforderung der Softwarearchitektur und auf keinen Fall ihr ultimatives Ziel, da man dadurch das Prinzip der möglichst losen Kopplung (P18-Loose) verletzen würde.

4.4.3 Pattern

4.4.3.1 „Umgekehrte" Architekturen

In letzter Zeit sind einige Architekturstile populär geworden, die alle gemeinsam haben, dass die Businesslogik sich dabei in der Kette der Abhängigkeiten ganz unten befindet. Dort wird also nicht, wie früher üblich, die Businesslogik über technischen Schichten wie dem Persistenzlayer abgebildet. Beispiele für solch moderne Architekturstile wären Robert Martin's Clean Architecture [Mar17], Boundary-Control-Entity oder Hexagonale Architektur. Das Ziel ist, die Businesslogik frei von Abhängigkeiten (durch ausgehende Connections) zu technologischen Aspekten (wie Datenbanken oder Messaging-Systemen) zu haben (siehe Bild 4.10). Dadurch können technische Aspekte getauscht, erweitert oder verändert werden, ohne dass im Idealfall die Businesslogik von solchen Änderungen betroffen wäre.

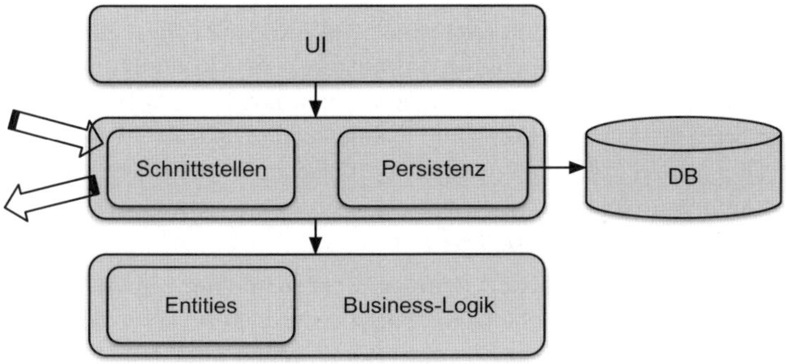

Bild 4.10 Die Business-Logik hat hier keine Abhängigkeiten zu irgendwelchen Technologien.

> Das, was „umgekehrte" Architekturen mit der Business-Logik machen, können Sie sich jederzeit beim Entwurf einer Architektur zunutze machen. Teile, die möglichst wenig von anderen Komponenten beeinflusst werden sollen, weil sie beispielsweise besonders wichtig für den Unternehmenserfolg sind, können mit möglichst wenig ausgehenden Abhängigkeiten entworfen werden. Dadurch werden sie in der Wartung stabil. Zur Not helfen Ihnen die Techniken zur Umkehr von Abhängigkeiten aus Abschnitt 3.3.1 (P17-DepInv).

4.4.3.2 Entwurf für Ersetzbarkeit

Überlegen Sie sich bei jedem Baustein, den Sie erzeugen, und bei jeder Technologie, die sie entwickeln, wie Sie diese gegebenenfalls wieder loswerden können. Dazu ist das genaue Gegenteil eines hohen Grads an Wiederverwendung hilfreich, nämlich eine möglichst geringe Anzahl eingehender Abhängigkeiten, oder mit anderen Worten eben eine lose Kopplung. Wie wichtig das ist, darf man nicht unterschätzen. Ich habe jedenfalls noch nie ein Unternehmen erlebt, das in Schwierigkeiten kam, weil manche Funktionalitäten redundant entwickelt wurden. Meistens kommen gewachsene IT-Landschaften in Probleme, wenn Komponenten oder Systeme, welche Schwierigkeiten welcher Art auch immer machen oder deren Betrieb einfach nur teuer wird, nicht mehr einfach ausgetauscht werden können.

4.4.3.3 Circuit Breaker

Vielleicht kennen Sie ja die folgende Situation aus der eigenen leidvollen Erfahrung: Ein Modul in einem verteilten System (genannt Service) bekommt im Betrieb Probleme, die Antwortzeiten steigen immer weiter, bis er schließlich überhaupt nicht mehr antworten kann. Es kommt zu Time-Outs, die aber leider die jeweiligen Consumer dieses Services nicht davon abhalten, weiterhin Anfragen zu schicken. Diese weiteren Anfragen zwingen dann das System endgültig in die Knie und manchmal auch die Service Consumer mit dazu. Dabei wäre das ganz einfach zu verhindern gewesen, und zwar durch das sogenannte Circuit Breaker Pattern [Nyg07]. Der Consumer ruft den Provider dann nicht mehr direkt auf, sondern jeweils im Umweg über eine „Sicherung“ (englisch: Circuit Breaker). Bemerkt diese Sicherung Probleme im Antwortverhalten des Providers, sendet sie eine Weile keine weiteren Anfragen des Consumers ab und erst nach einer Weile versucht sie es dann wieder. Wenn der Provider wieder antwortet, gehen die Anfragen wieder wie gewohnt dorthin (Bild 4.11). Dadurch erreichen wir Folgendes: Von der jeweiligen Kopplung zwischen zwei interagierenden Services wird die zeitliche Komponente entschieden abgeschwächt. Somit ist der Consumer weiterhin zumindest eingeschränkt lauffähig, auch wenn der Provider ausfallen sollte. Dadurch können sich Probleme auch nicht so einfach weiter ausbreiten und der Provider bekommt die Möglichkeit, sich wieder zu erholen.

Als Fallback-Strategie kann eine Default-Antwort definiert werden, die der Circuit Breaker liefert, falls der Provider offline ist, oder er schaltet auf einen anderen Service Provider oder einen internen Cache um, falls es eine solche alternative Quelle geben sollte.

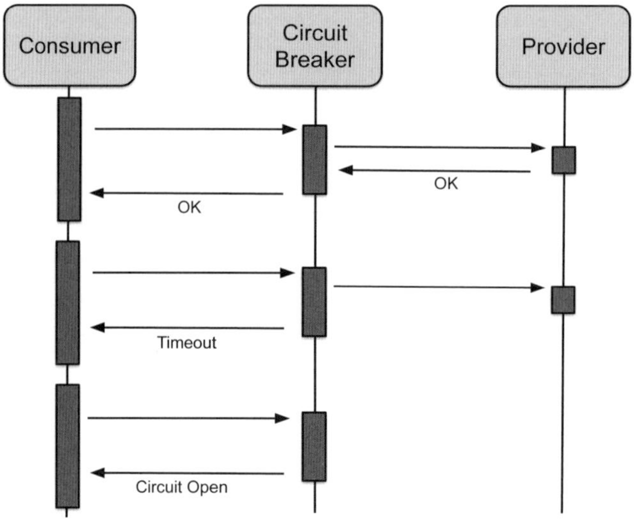

Bild 4.11 Circuit Breaker, in Anlehnung an die UML

4.4.3.4 Bulkhead

Das Bulkhead Pattern [Nyg07] soll, genauso wie ein Circuit Breaker, die Stabilität des Gesamtsystems verbessern. Die Idee ist die gleiche, wie bei Schotten eines Schiffs. Läuft ein Schiff an einer Stelle leck, so werden andere Bereiche abgeschottet, sodass diese nicht auch mit Wasser volllaufen können. In der IT können solche Schotten auf unterschiedliche Art und Weise umgesetzt werden. Es könnten beispielsweise Teile der Systemlandschaft auf jeweils eigenen Server- und Netzwerkteilbereichen im Rechenzentrum betrieben werden (Bild 4.12). Fällt ein Teilnetzwerk aus, so kann der Rest des Systems durch die gegebene Isolation unter Umständen noch weiterverwendet werden.

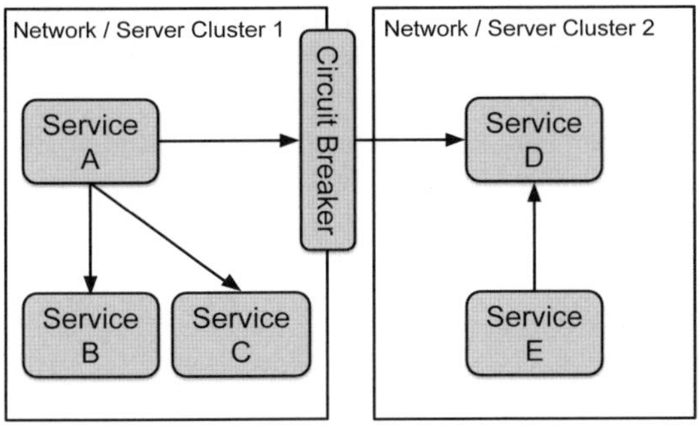

Bild 4.12 Die Systemlandschaft läuft in zwei voneinander abgegrenzten Teilbereichen. Fällt eine aus, so kann mit der anderen immer noch gearbeitet werden.

4.5 CONSTRUCT - Aufbauen

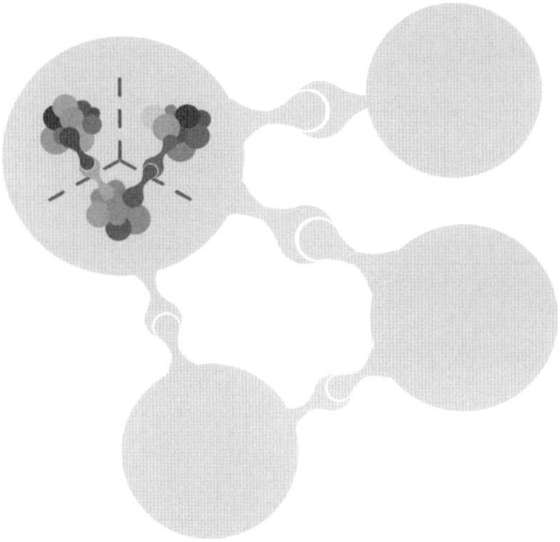

- **Definition:** Eine Bausteinstruktur kann auf einer Ebene selbst wieder unübersichtlich werden. Baue Systeme höherer Komplexität durch Zusammenfassen von Bausteinen einer Ebene zu einem neuen Baustein einer nächsthöheren Ebene. Dabei sind weiterhin dieselben Handlungsmaximen anzuwenden.
- **Messung durch:** Höchster oder durchschnittlicher ACD (Abschnitt 5.1.6.3)

Praktisch jede komplexe Software bietet irgendeine Form von hierarchischer Struktur. Meist bieten die technischen Plattformen bereits bestimmte Möglichkeiten, Code hierarchisch zu strukturieren. In Bild 4.13 sehen Sie die Möglichkeiten, die die Java-Plattform von Haus aus mitbringt. Methoden werden gemeinsam in Klassen gekapselt. Diese wiederum in Packages. Packages können dann noch zu JPMS-Modulen zusammengefasst werden.

Bei entsprechend großem Umfang der Lösung kann dabei nach wie vor Folgendes passieren: Die schiere Anzahl der Module wächst Ihnen über den Kopf und das gesamte System ist im Endeffekt zunächst wieder unübersichtlich. Was kann man in so einem Fall tun? Eine schlechte Idee wäre, mehr Logik in die einzelnen Module zu geben, sodass die Gesamtzahl an Modulen wieder überschaubar wird. Dadurch würde nur Komplexität in die Module hineinverlagert. Die Alternative ist, Strukturen auf der nächsthöheren Abstraktionsebene zu bilden. Wir zoomen aus unserer Architektur heraus und bauen dann modulare Strukturen nach denselben Regeln, nach denen wir schon die Module auf der unteren Abstraktionsebene entworfen hatten. Während dies den Vorgang eher bottom-up beschreibt, so ist dasselbe Ergebnis natürlich auch top-down zu erreichen. Dabei handelt es sich um den sogenannten hierarchischen Ansatz zum Aufbau einer Architektur.

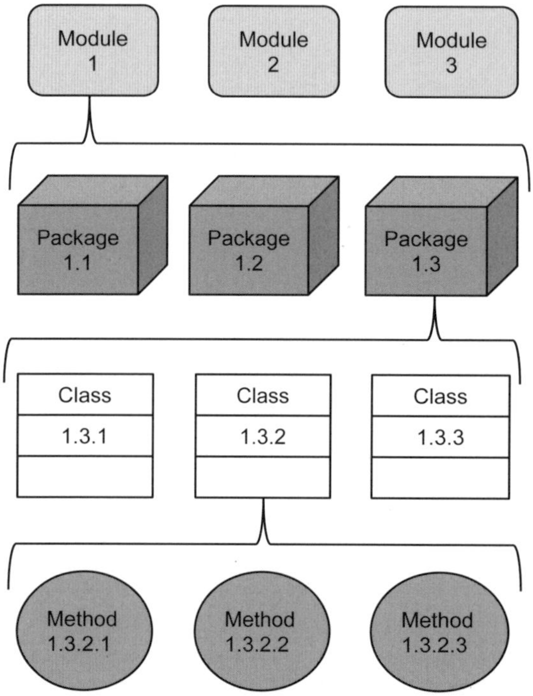

Bild 4.13 Hierarchische Zerlegung von Java-Code

4.5.1 Anitpattern

4.5.1.1 Paradigmenwechsel

Anhänger klassischer Enterprise-Architektur vertreten teilweise die Meinung, dass ab einem gewissen Komplexitätsgrad andere Regeln der Softwarearchitektur gelten würden. Angeblich steht dann nicht mehr ein möglichst hoher Grad an Kapselung im Vordergrund, sondern eine Maximierung der Wiederverwendbarkeit (A07-MaxReuse oder siehe Abschnitt 4.4.2.2). Diesen Paradigmenwechsel gibt es allerdings nicht. In sehr komplexen Architekturen, wie typischen Unternehmensarchitekturen, verändert sich der Zugang zur Architekturarbeit, worauf wir in Kapitel 8 noch eingehen werden. Es handelt sich aber im Wesentlichen immer noch um dieselbe Aufgabe, die dann zu skalieren ist.

4.5.2 Pattern

4.5.2.1 Whole-Part

Ein fast schon in Vergessenheit geratenes Muster, das dabei hilfreich sein kann, ist das Whole-Part-Pattern. Vorgestellt wurde es in einem zeitlosen Klassiker der Softwarearchitektur namens „Pattern-Oriented Software Architecture" [Bus96] aus dem Jahr 1996. Als Beispiel dient uns der Motor eines Autos. Er besteht aus vielen Einzelteilen, wie dem Kolben, der Kurbelwelle und den Zündkerzen. Der Motor selbst ist aber wiederum nur ein Teil des Autos, das außerdem noch aus Dingen wie dem Lenkrad, der Karosserie, den Rädern und dem Auspuff besteht (Bild 4.14). Vor dem Fahrer bleibt diese Komplexität weitestgehend verborgen. Er dreht den Schlüssel um, beschleunigt mit dem Gaspedal und beeinflusst mit dem Lenkrad die Fahrtrichtung. Einmal im Jahr kommt das Auto in die Werkstätte zur Wartung. Dass dort der Filter der Klimaanlage genauso gewechselt wird wie das Motoröl, kann dem Fahrer egal sein. Die Abstraktion „Auto" verbirgt all diese Komplexität vor seinem Nutzer so gut es geht.

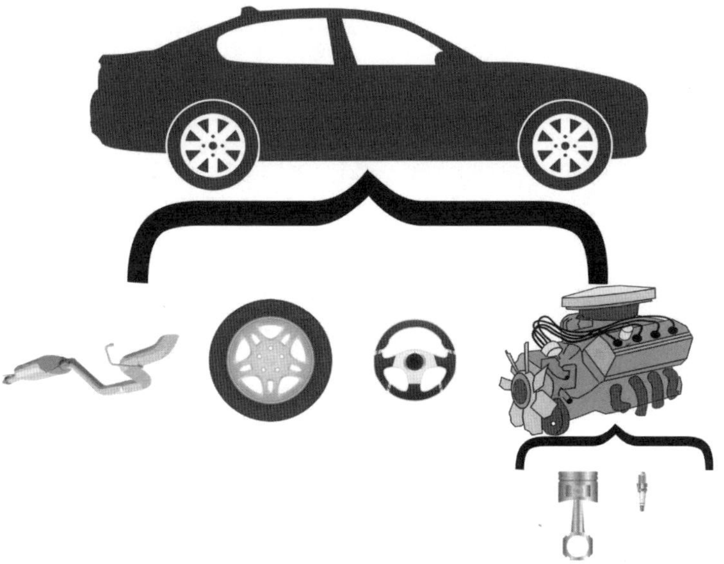

Bild 4.14 Das Auto besteht aus Einzelteilen, die wiederum aus Einzelteilen bestehen.

Das Beispiel mit dem Auto könnte man sogar noch weiterdenken. Ein Robotertaxi-Service könnte eine weitere Abstraktionsebene darüber darstellen. Eine Serversoftware weiß, wo sich die einzelnen selbstfahrenden Taxis gerade befinden. Wenn ein Kunde per App eines der Taxis anfordert, wird die Software des nächstbesten Robotertaxis dieses zum Kunden bewegen und ihn in weiterer Folge an sein gewünschtes Ziel bringen. Das Auto, die Software darin, die Software am Server und die App am Handy des Kunden bilden dann in Summe eine weitere Abstraktionsebene, die die Mobilität für den Kunden noch weiter vereinfacht.

4.5.2.2 Simon Brown's C4-Modell

Beim C4-Modell von Simon Brown (siehe: *https://c4model.com*) handelt es sich primär um einen Standard-Blueprint für hierarchische Softwarearchitekturen. Es gibt vier Ebenen, auf denen eine Zerlegung betrachtet werden kann. Doch damit nicht genug. Simon hat außerdem eine ausgesprochen einfach zu verstehende Alternative zur UML geschaffen und mit structurizr (*https://structurizr.com*) ein Tool, das Architekturen nach dem C4-Modell mit dieser Alternative dokumentieren kann. Um dieses Modell näher zu erläutern, hier ein Beispiel für diese vier Ebenen von top zu bottom, dokumentiert mit der spezifischen Notation:

Context

In der Context-Sicht betrachten wir die gesamte Systemlandschaft, oder das konkrete System mit den Akteuren, die es umgeben. Bei diesen handelt es sich um Personen (also Nutzer des Systems) und Fremdsysteme, die damit interagieren. Unser Beispiel handelt von einem Internet-Banking-System (siehe Bild 4.15). Die Bedeutung eines Pfeils in einem solchen Diagramm ist dabei nicht von der Notation her vorgegeben, sondern wird jeweils durch eine Beschreibung näher erläutert.

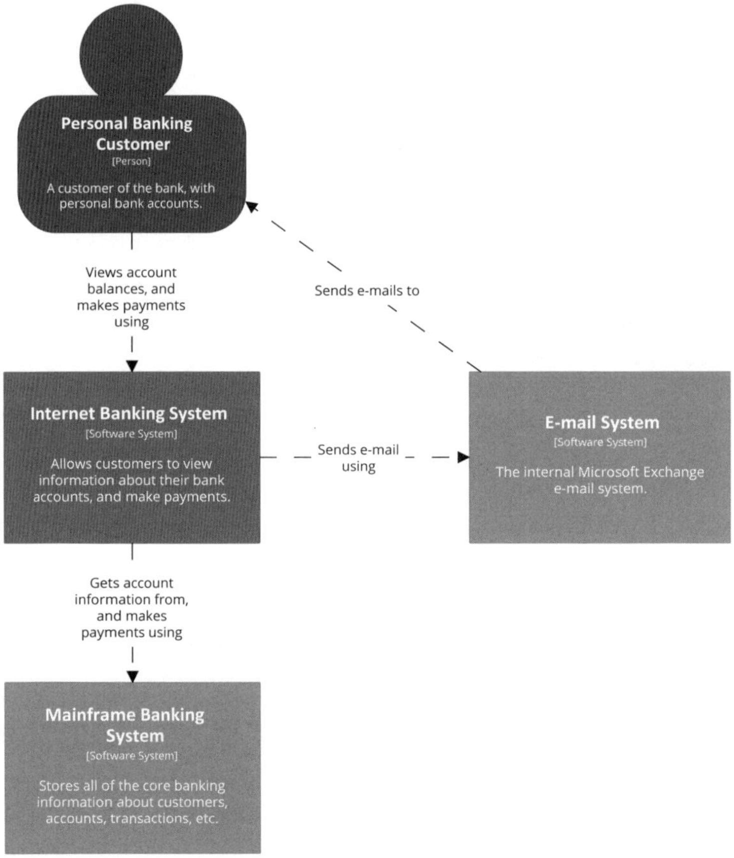

Bild 4.15 System-Context-Diagramm für das Internet-Banking-System

Container

Eine Ebene tiefer blicken wir auf einzelne Applikationen oder Subsysteme (Bild 4.16). Wir sehen, wie sich das Internet-Banking-System weiter in seine Einzelteile zerlegt.

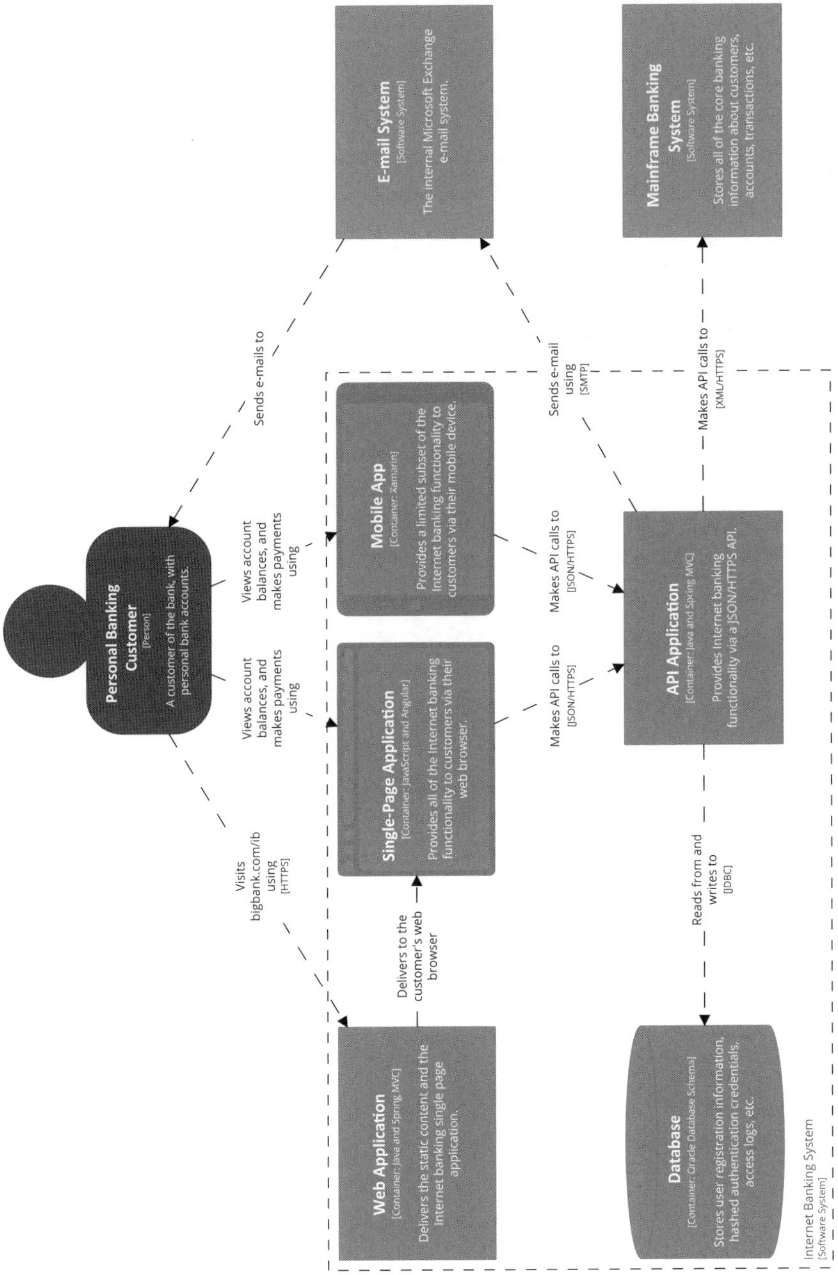

Bild 4.16 Ein Blick in das Internet-Banking-System offenbart die einzelnen Module, aus denen es besteht.

Components

Ein näherer Blick auf das Subsystem API-Application (Bild 4.17) offenbart die einzelnen Module, aus denen diese besteht.

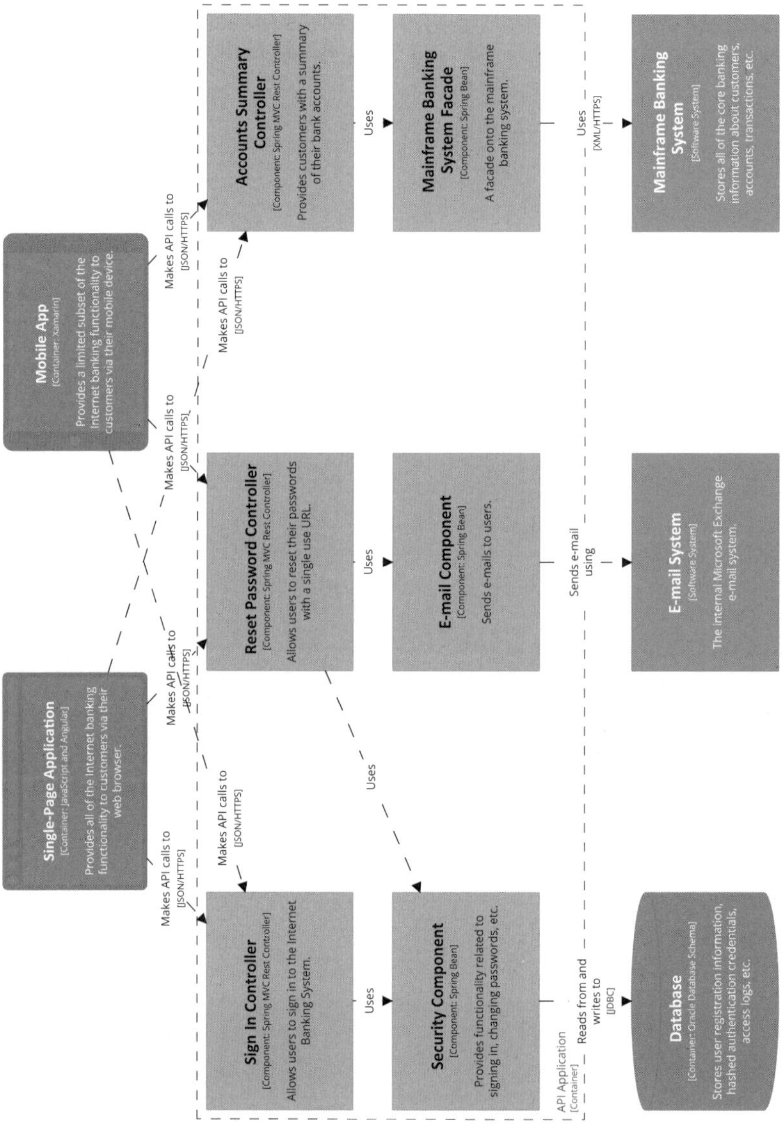

Bild 4.17 Die Module, aus denen die API-Application besteht

Code/Klassen

Üblicherweise bilden Klassen schließlich die Strukturen auf der untersten Ebene einer Architektur. Hier wird empfohlen, diese nicht mit einem Tool oder in einer eigens erstellten Grafik abzubilden, da dies zu detailliert wäre und sich Konzepte auf dieser Ebene zu schnell ändern. Besser lassen sich Abbilder dieser Strukturen bei Bedarf mit der IDE erzeugen.

5 Metriken

What do you mean, „I don't support your system"? I go to court when I have to.
Megadeth

Metriken, also Kennzahlen, gibt es im Softwareengineering für diverse Kategorien. Man kann damit Dinge wie die Wartungsproduktivität oder auch die Testeffizienz messen [Sne10]. In diesem Buch beschränke ich mich im folgenden Abschnitt 5.1 auf Metriken, die sich dazu eignen, die strukturelle Qualität von Code in Zahlen auszudrücken. Das macht sie zu indirekten Indikatoren für die Wartbarkeit eines Systems. In Abschnitt 5.1.4 werde ich auf typische Probleme im Umgang mit Metriken eingehen und auch mögliche Lösungsansätze aufzeigen.

5.1 Strukturelle Codemetriken

5.1.1 Unit-Test-Abdeckung und das Legacy-Code-Dilemma

Anwendung der Kennzahl: *Niedrige Abdeckung durch automatisierte Unit-Tests kann (!) ein Indiz für schlecht strukturierten Code sein.*

Bereits mehrmals wurde ich um Unterstützung gebeten, weil Teams mit Qualitätsproblemen zu kämpfen hatten, wo man der Meinung war, dass dies an der geringen Absicherung durch automatisierte Unit-Tests läge. Aus irgendwelchen Gründen tat sich das Team allerdings schwer, solche Testfälle zu implementieren. Dabei lag die eigentliche Ursache meist darin, dass der Code so schlecht strukturiert war, dass es diese Units, also Komponenten, gar nicht erst gab. In Kapitel 1 wurde bereits definiert, dass einer der Gründe für eine Modularisierung des Codes die hierdurch gewährleistete gute Testbarkeit der einzelnen Komponenten ist. Wenn man diese nicht hat, so ist dies besonders problematisch, weil man einerseits für ein Refactoring die Absicherung durch automatisierte Tests benötigt, aber andererseits nicht dazu in der Lage ist, weil es an diesen Unit-Tests fehlt. Eine solche Situation ist ein Beispiel für ein sogenanntes Legacy-Code-Dilemma [Fea10].

Meist gibt es einen einfachen Ausweg aus diesem Dilemma. Unit-Testing ist schließlich nicht die einzige Art und Weise, um Software-Tests zu automatisieren. Genauso gut ist es möglich, das gesamte System an seinen Schnittstellen bzw. dem User-Interface zu testen. Wenn man also zuerst automatisierte Systemtests erstellt, ist man in weiterer Folge dazu in der Lage, Schritt für Schritt eine Modularisierung des Systems herbeizuführen. Unit-Tests können Sie dann nach erfolgter Strukturierung bei Bedarf immer noch erstellen.

5.1.1.1 Alternative Testpyramide

Apropos Bedarf an Unit-Tests und dass es Alternativen zur Testautomatisierung gibt. Unit-Tests sind nichts anderes als das automatisierte Testen der kleinsten Einheiten des Codes, üblicherweise der einzelnen Methoden oder Klassen. In der klassischen Testpyramide (Bild 5.1) bilden Unit-Tests auch die Basis der automatisierten Tests. Die Ebenen darüber sind ebenfalls nötig, da sonst nicht klar ist, ob die einzelnen Einheiten sich im Zusammenspiel immer noch im Sinne des Erfinders verhalten. Üblicherweise wird das wie folgt argumentiert [Fea10]:

- Unit-Tests sind einfach und schnell ausführbar.
- Fehlschlagende Unit-Tests ermöglichen es, das konkrete Problem schnell zu lokalisieren.
- Unit-Tests sind auch eine Form der Dokumentation, welche Informationen über die Anwendung des getesteten Codes liefert.

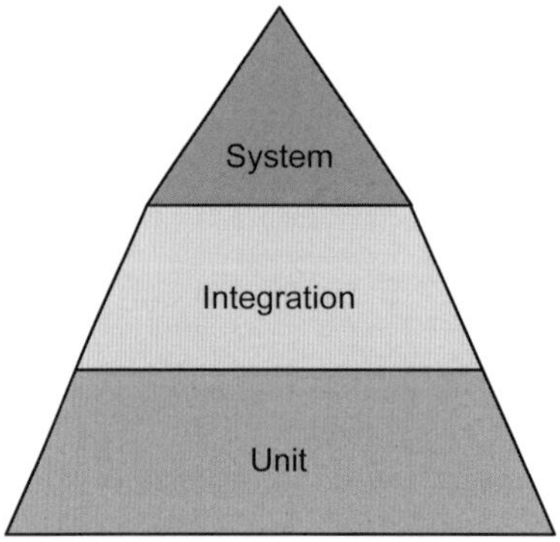

Bild 5.1
Die klassische Testpyramide, in der Unit-Tests die Basis darstellen

Andererseits könnte man aber argumentieren, dass Unit-Tests die Erstellung von automatisierten Integrations- und Systemtests nicht ersparen. Außerdem ist das Argument von den angeblich schwierig auszuführenden Systemtests in Zeiten von Docker nicht mehr so schwerwiegend. Es ist also durchaus legitim, darüber nachzudenken, ob man die klassische Testpyramide noch als Dogmatismus betrachten muss. Die Alternative ist eine Pyramide wie in Bild 5.2 dargestellt, die sich aber ebenfalls nicht als Dogmatismus eignet. Wägen Sie die Vor- und Nachteile feingranularer Testautomatisierung gegeneinander ab.

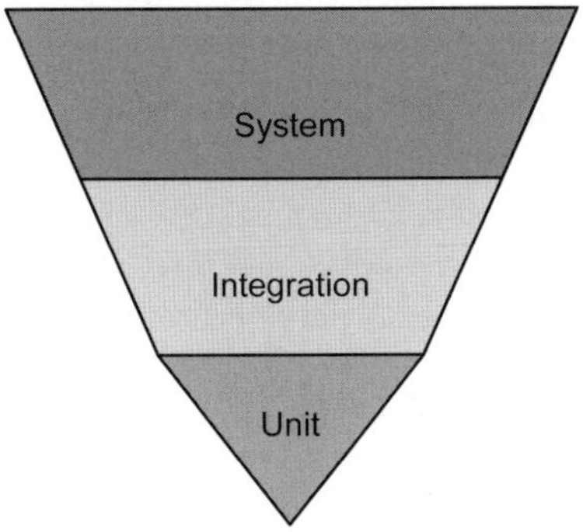

Bild 5.2 Die alternative Testpyramide setzt nur bei besonders kritischen Units auf automatisiertes Testen und verlässt sich sonst auf die Integrations- und Systemtests.

Test Driven Development (TDD)

Um das Legacy-Code-Dilemma präventiv zu verhindern, setzen einige Unternehmen inzwischen auf Test Driven Development. Ich muss gestehen, dass ich kein allzu großer Fan davon bin. Für mich rückt es nämlich ein einziges der Ziele der Architekturarbeit zu sehr in den Vordergrund und bringt die Gefahr mit sich, dass es alle anderen ersetzt. Im Endeffekt ist es selbstverständlich wichtig, eine Abdeckung durch automatisierte Testfälle zu haben, um eine reibungslose Wartungstätigkeit zu gewährleisten. Welcher Weg dorthin genommen wurde, ist aber nicht so wichtig und Architekturarbeit sollte man auch unabhängig von der Erstellung der Tests machen. Außerdem kann man heute fast genauso gut das gesamte System bzw. den Service am Stück testen und muss dann nicht unbedingt jede einzelne Komponente auch noch explizit testen. Konkrete Designfehler, welche im Zuge des TDD manchmal begangen werden, sind:

- Unnötige Abstraktionen (wie zusätzliche Interfaces), die nur dazu dienen, die Implementierung für die Durchführung eines Unit-Tests durch einen Stub austauschen zu können.
- Schnittstellen, welche eigentlich verborgen werden können, werden öffentlich gemacht, um sie im Testfall auch ansprechen zu können. Beispiel für eine solche Verletzung des Information Hiding wäre es, wenn in Java eine Methode public anstatt private definiert wird, um einzeln testbar zu sein.

5.1.2 Komplexität und Modulgröße

Anwendung der Kennzahlen: *Steuerung der Obergrenzen, ab denen eine weitere Strukturierung jeweils sinnvoll wird.*

Komplexität in Strukturen aufzuteilen, macht natürlich erst ab einem gewissen Komplexitätsausmaß Sinn. Code von 1000 Lines-of-Code (LOC) Größe braucht meist keine besondere Modularisierung, sondern kann gut noch in einige wenige Klassen aufgeteilt werden. Ab etwa 5000 - 10 000 LOC würde ich empfehlen, Klassen zu einzelnen Modulen zusammenzufassen und erste Strukturen auf der nächsthöheren Abstraktionsebene zu bilden. Allerdings taugt LOC nur bedingt als vernünftige Kennzahl, um solche Obergrenzen festzulegen. Bestimmt kennen Sie Entwickler, die teilweise enorm viel Komplexität in eine einzelne Zeile Code packen, ohne sich allzu viel um deren Lesbarkeit zu kümmern. Da es bei Code-Strukturen fast ausschließlich um die Wartbarkeit des Codes durch menschliche Wesen geht (dem Compiler sind die Strukturen ja egal) sollte man für solche Obergrenzen auch das Maß an Komplexität messen, das im Code abgebildet ist. Dazu gibt es mehrere Möglichkeiten. Diese werde ich anhand des Java-Code-Snippets in Listing 5.1 näher erläutern.

Listing 5.1 Beispielcode, anhand dessen die verschiedenen Möglichkeiten zur Berechnung der Komplexität dargestellt werden

```
if (toggle == true) {
    if (input < 10 || input > 99) {
        log("1 or more than 2 digits");
    } else {
        log("2 digits");
    }
} else {
    log("Lorem ipsum dolor sit amet");
}
log("Fertig");
```

5.1.2.1 Semantische Komplexität

Beispiel zur Berechnung: *Halstead-Metrik [Hal77]*

Die Berechnung der semantischen Komplexität geht davon aus, dass es umso schwieriger ist, ein Stück Code zu verstehen, je mehr verschiedene Schlüsselwörter und Anweisungen verwendet werden. Meist geht es dabei um die Relation von unterschiedlichen Schlüsselwörtern zur Gesamtanzahl der Schlüsselwörter. In unserem Beispiel (Listing 5.1) gibt es neun verschiedene Schlüsselwörter, nämlich „if“, „toggle“, „==“, „input“, „<“, „||“, „>“, „log“ und „else“. Diese kommen in Summe 14-mal zur Anwendung. Eine semantische Komplexität könnte dann wie folgt berechnet werden:

Semantische_Komplexität	= Anzahl_verschiedener_Schlüsselwörter / Summe_Schlüsselwörter
	= 9 / 14 = 0,64

Etwas Kurioses dazu noch am Rande, was gleichzeitig als Warnung davor dienen soll, diese Metriken allzu ernst zu nehmen (siehe auch Abschnitt 5.2). Nachdem etwas angestaubte Sprachen wie COBOL aus wesentlich weniger möglichen Schlüsselwörtern bestehen als modernere Pendants, könnte man naiverweise dazu tendieren, wieder vermehrt auf diese zu setzen, um die Komplexität zu verringern. Nun, es ist sicherlich ein Körnchen Wahrheit darin zu finden und COBOL-Code vermutlich leichter zu lesen als Java-Code. Eine solche Strategie wäre aber selbstverständlich trotzdem Unsinn. Die Produktivität eines Teams lässt sich definitiv nicht durch einen Umstieg von Java auf Cobol erhöhen.

5.1.2.2 Strukturelle Komplexität

Beispiel zur Berechnung: *Zyklomatische Komplexität nach McCabe [McC76]*

Mögliche Abläufe im Code kann man auch als einen gerichteten Graphen betrachten. An diversen Weichen wie if- oder switch-Anweisungen tun sich dabei neue Zweige auf. Die

Struktur aus Listing 5.1 ist grafisch in Bild 5.3 dargestellt. Das Beispiel besteht demnach aus sechs Knoten und sieben Pfeilen. Je mehr Pfeile im Verhältnis zu den Knoten eine Struktur hat, desto komplexer ist sie.

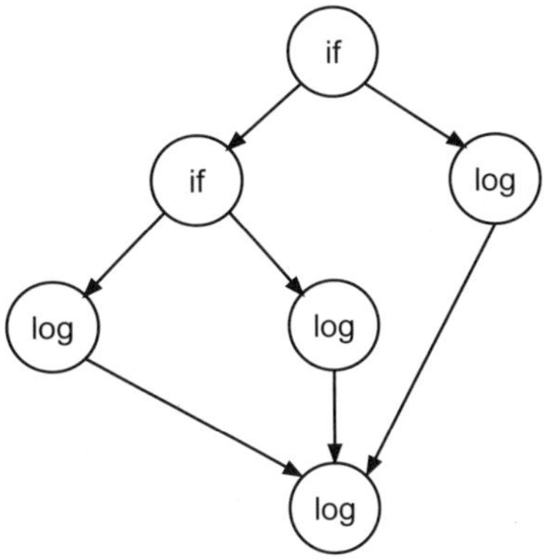

Bild 5.3
Das Code-Snippet als gerichteter Graph

Die Zyklomatische Komplexität nach McCabe [McC76] ist bestimmt die empfehlenswerteste und die am weitesten verbreitete Möglichkeit zur Messung von Komplexität. Berechnet wird sie wie folgt:

McCabe	= Anzahl_Pfeile – Anzahl_Knoten + 2
	= 7 – 6 + 2 = 3

5.1.2.3 Verschachtelungskomplexität bzw. Verschachtelungstiefe oder Nesting-Depth

Beispiel zur Berechnung: *Prather-Metrik [Sne10]*

Eine andere Möglichkeit, die Komplexität von Code zu messen, ist auf Basis der Tiefe der Verschachtelung der Anweisungen. In unserem Beispiel (Listing 5.1) wird durch jedes if eine jeweils weitere Verschachtelungstiefe eröffnet, durch das erste if in Zeile 1 also eine zweite Ebene und durch das if in Zeile 2 gleich im Anschluss eine dritte. Wenn man es in Relation setzen möchte, kann man dies dann noch durch die Anzahl der Anweisungen dividieren, so wie das von R. Prather vorgeschlagen wurde.

5.1.3 Sichtbarkeit

Im Zuge der Entwicklung des 5C-Modells (Kapitel 4) musste ich zu meiner eigenen Überraschung feststellen, dass es keine Metrik gab, welche den Grad der Umsetzung des Information-Hiding-Prinzips (P07-Hide) in einem Softwaresystem gut wiedergab. Aus diesem Grund habe ich damals drei neue Metriken entwickelt [Dow18], die ich hier kurz anhand eines Beispiels erläutern möchte. Bitte werfen Sie dafür einen Blick auf Bild 5.4. Bei den äußeren Bausteinen könnte es sich hier um Packages handeln und bei den inneren Bausteinen um Klassen. Die erste neue Metrik, genannt Relative Visibility (RV), gibt den Prozentsatz der inneren Bausteine an, welche außerhalb der äußeren Bausteine noch sichtbar sind. Für Baustein 1 ergibt das einen Wert von 33,33 % und für Baustein 2 66,66 %. Die Average Relative Visibility (ARV) berechnet aus den einzelnen RV-Werten den Durchschnitt, was im konkreten Fall exakt 50 % ergibt. Die Global Relative Visibility (GRV) berechnet die Relation an sichtbaren Bausteinen für die gesamte Ebene. Im konkreten Fall sind 5 von 9 der inneren Bausteine jeweils außerhalb sichtbar, was einen Wert von 55,55 % ergibt.

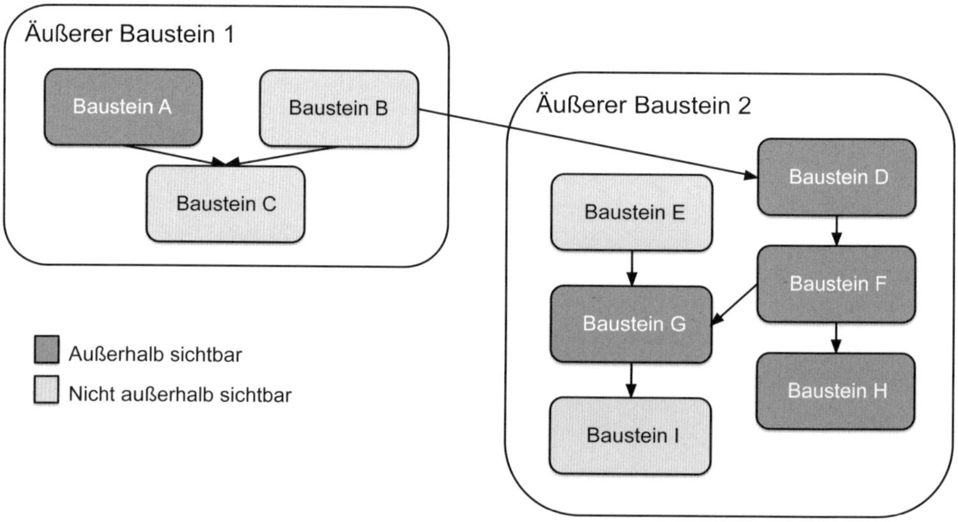

Bild 5.4 Beispiel für Sichtbarkeit, inkl. Verletzung des P07-Hide bei Baustein A, F, G und H

5.1.4 Kohäsion

5.1.4.1 Relational Cohesion

Anwendung der Kennzahl: *Identifikation von Komponenten, deren Subbausteine von mangelhafter Zusammengehörigkeit sind.*

Ein Anzeichen für gute Kohäsion ist ein durchaus hohes Niveau an Abhängigkeiten zwischen den Subbausteinen einer Komponente. Daher gibt die Kennzahl Relational Cohesion das Verhältnis dieser Subbausteine zu den Verbindungen zwischen diesen wieder [JAr17]. Laut der Dokumentation von JArchitect sollten gesunde Werte >= 1,5 liegen. Das würde bedeuten, dass die Anzahl der internen Verbindungen bzw. Abhängigkeiten immer etwas höher sein sollte als die Anzahl der internen Bausteine selbst. Allerdings sollte sie auch eher nicht über 4 liegen, da dies wiederum auf relativ schlechte interne Strukturen hindeuten würde wegen vergleichsweise vielen internen Abhängigkeiten.

Relational Cohesion	= (Anzahl Verbindungen + 1) / Anzahl Subbausteine
	= (6 + 1) / 6 = 1,16

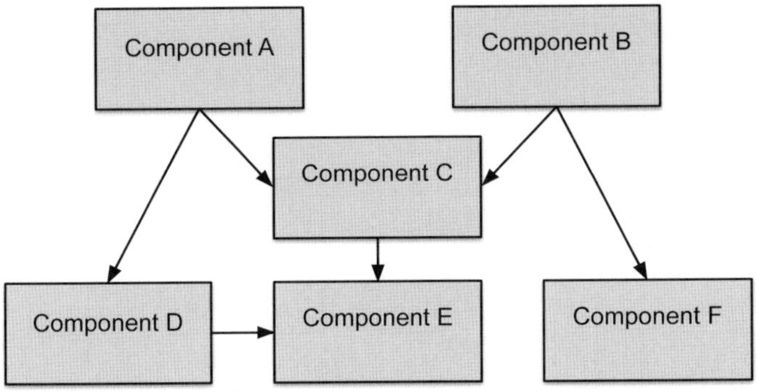

Bild 5.5 Dieses Beispiel wird uns weiter durch dieses Kapitel begleiten.

5.1.4.2 Lack of Cohesion in Methods IV (LCOM4)

Anwendung der Kennzahl: *Identifikation von Klassen, in denen es mehr als eine Submenge von Variablen und Methoden gibt, welche nichts miteinander zu tun haben.*

Einige Anläufe waren nötig, um eine Kennzahl zu definieren, welche die mangelhafte Zusammengehörigkeit von Membern einer Klasse aufzeigen kann. Auch wenn inzwischen bereits ein LCOM5 definiert wurde, so empfehle ich nach wie vor die Berechnung des LCOM4. Es geht darum, Situationen aufzuzeigen, wie sie in Listing 5.2 dargestellt werden. Der dafür berechnete LCOM4-Wert wäre 2, weil es hier keine Verbindung zwischen den beiden komplett voneinander getrennten Teilmengen 1 (var1, setVar1, methodA und methodB) und 2 (var2, setVar2, methodC) gibt. Man sollte möglichst einen LCOM4 von 1 anstreben, was allerdings nicht immer praktikabel ist. In den folgenden Fällen ist die Berechnung des LCOM4 wenig sinnvoll, wobei dies wiederum von den einzelnen Tools berücksichtigt wird, wenn auch natürlich nicht auf einheitliche Weise:

- Getter und Setter auf unterschiedliche Properties in Java stehen meist in keiner Beziehung zueinander. Die häufig ohnehin sinnvolle Erstellung von hashcode- und equals-Methoden erweist sich als eine einfache Möglichkeit, hier wieder für Kohäsion zu sorgen.
- In manchen Klassen besteht die einzige Gemeinsamkeit der Methoden darin, dass sie sich einfache Dinge, wie eine Instanz einer Klasse zum Schreiben von Logstatements, teilen. Dies mag dann für eine statische Codeanalyse nach Kohäsion aussehen, hat aber genau genommen nichts damit zu tun.
- Es gibt immer wieder Klassen, welche von einer Parent-Klasse einwandfreier Kohäsion erben, die dann einzelne Methoden dieser überschreiben, die in der erbenden Klasse wiederum nichts miteinander zu tun haben. Für diese wird dann ein hoher LCOM4-Wert errechnet, auch wenn dies so nicht ganz gerechtfertigt ist.
- Typische Utility-Klassen bestehen oft aus vielen Support-Methoden. Hier ist es ganz normal, wenn es zu einem hohen Wert des LCOM4 kommt.

Listing 5.2 Beispiel für eine Java-Klasse schlechter Kohäsion, weil sie aus zwei disjunkten Teilmengen besteht. Teilmenge 1: var1, setVar1, methodA, methodB und Teilmenge 2: var2, setVar, methodC

```
public class Demo {

   private int var1;
   private int var2;
   public void setVar1(int var1) {
      this.var1 = var1;
   }
   public void setVar2(int var2) {
      this.var2 = var2;
   }
   public int methodA() {
      return var1*2;
   }
   public int methodB() {
      return methodA()*3;
   }
   public int methodC() {
       return var2*4;
   }
}
```

5.1.5 Software-Package-Metriken nach Robert C. Martin

Die sogenannten Software-Package-Metriken wurden von Robert C. Martin im Jahr 2002 definiert [Mar02]. Zur näheren Erläuterung möchte ich dasselbe Beispiel verwenden, welches auch schon in Abschnitt 5.1.4.1 zur Anwendung kam (siehe Bild 5.6).

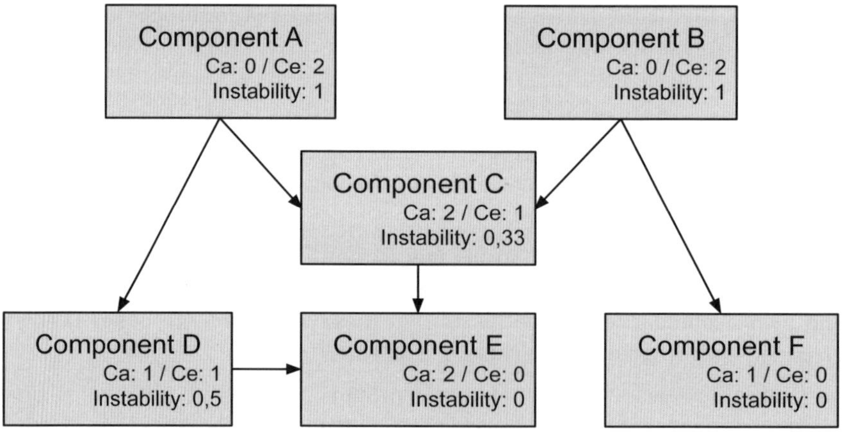

Bild 5.6 Die Software-Package-Metriken nach Robert C. Martin

5.1.5.1 Afferent Coupling (Ca)

Auch bekannt als: *Number of Incoming Dependencies, Fan-in*

Anwendung: *Identifikation von Komponenten, für die automatisierte Komponententests besonders wichtig sind (hoher Ca-Wert). Identifikation von Komponenten, bei denen man idealerweise mit einem Refactoring beginnen würde (niedriger Ca-Wert).*

Diese Kennzahl gibt an, wie vielen anderen Komponenten diese Komponente bekannt ist. Es geht dabei also darum, auf wie viele andere Komponenten es potenziell Auswirkungen gibt, wenn diese Komponente geändert wird.

5.1.5.2 Efferent Coupling (Ce)

Auch bekannt als: *Number of Outgoing Dependencies, Fan-out*

Diese Kennzahl gibt die Anzahl der Komponenten an, die dieser Komponente bekannt sind bzw. von der diese abhängig ist. Es beantwortet also die Frage: „In wie vielen anderen Komponenten oder Bausteinen können Änderungen potenziell Auswirkungen auf diese Komponente haben?"

5.1.5.3 Instability

Anwendung: *Identifikation potenzieller Schwachstellen im System (Instability nahe bei 1). Gezielter Entwurf von Komponenten, welche einfach zu ändern sind (Instability nahe bei 0).*

Die Instability gibt das Verhältnis der ausgehenden Abhängigkeiten (Ce) zu allen Abhängigkeiten (also ein- und ausgehend Ce + Ca) an. Sie wird wie folgt berechnet:

```
Instability = Ce / (Ce + Ca)
```

Ein Wert nahe 1 bedeutet demnach, dass eine Komponente besonders anfällig für Änderungen anderer Komponenten ist, während sie selbst aber wiederum relativ einfach geändert werden kann, ohne dass man sich um potenziell negative Auswirkungen auf andere Komponenten sorgen muss. Gegenteiliges gilt jeweils für einen Wert nahe bei 0. Beim Entwurf einer Systemstruktur kann man dies gezielt berücksichtigen und Komponenten entsprechend flexibel oder bewusst stabil gestalten.

Besonders nachvollziehbar finde ich die Instability allerdings nicht. Durch weitere eingehende Abhängigkeiten würde eine Komponente „stabiler" werden (die Instability würde sinken), so wie die Berechnung dieser Kennzahl definiert ist. Ich denke aber nicht, dass dem so ist. Andere Kennzahlen aus der Familie der Software-Package-Metriken finde ich persönlich sogar noch weniger aussagekräftig.

5.1.6 Metriken nach John Lakos

Um die strukturelle Qualität und somit die Güte der Architektur eines gesamten Systems zu messen, bieten sich die Kennzahlen von John Lakos [Lak96] an. Diese bauen teilweise aufeinander auf, weshalb sie hier der Reihe nach vorgestellt werden.

5.1.6.1 Depends Upon und Used From

In Bild 5.7 sehen Sie noch einmal dasselbe Beispiel. Für jede der sechs Komponenten wurden beispielhaft die Kennzahlen Depends Upon und Used From berechnet. Bei Depends Upon handelt es sich um alle Komponenten, von denen diese Komponente abhängig ist, inklusive sich selbst. Used From wiederum ermittelt die Anzahl der Komponenten, welche von dieser abhängig sind, wieder inklusive der Komponente selbst. Dabei werden Abhängigkeiten kumuliert, was bedeutet, dass auch indirekte (bzw. transitive) Abhängigkeiten dazugezählt werden. Depends Upon betrifft also alle Komponenten, die von einer Komponente benutzt werden, sowie alle Komponenten, welche diese wiederum benutzen, und so weiter. Diese Kumulierung ist auch der große Unterschied zu Ca und Ce der Software-Package-Metriken (Abschnitt 5.1.5).

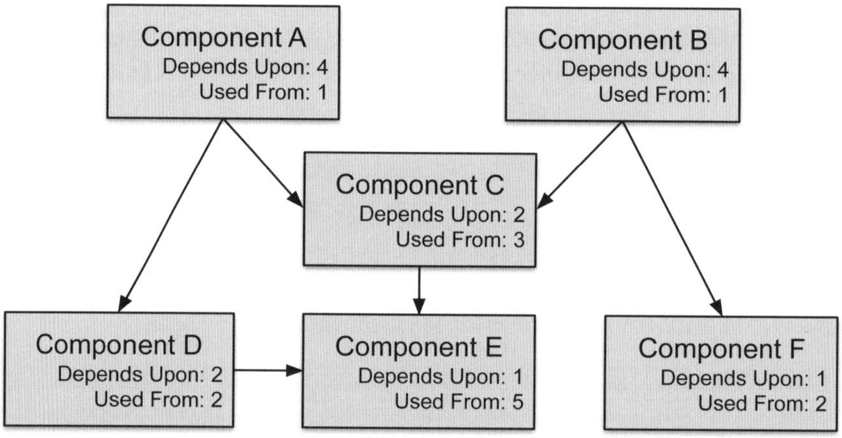

Bild 5.7 Sechs Komponenten, für die jeweils Depends Upon und Used From berechnet wurde

5.1.6.2 Cumulative Component Dependency (CCD)

Bei der CCD handelt es sich um die Anzahl der kumulierten Abhängigkeiten der Bausteine eines Systems. Sie wird berechnet, indem man einfach sämtliche Depends-Upon-Werte summiert. Dasselbe Ergebnis erhält man übrigens immer, wenn man die Used-From-Werte zusammenzählt. In unserem Beispiel (Bild 5.7) würde das, basierend auf den Depends-Upon-Werten, wie folgt aussehen:

CCD	= ∑ Depends_Upon_Werte
	= 4 (A) + 4 (B) + 2 (C) + 2 (D) + 1 (E) + 1 (F) = 14

Das bedeutet, dass es in Summe 14 direkte und indirekte Abhängigkeiten in diesem Beispiel gibt, egal in welche Richtung (ein- oder ausgehend). Dabei gilt natürlich: je geringer, desto besser, weil einfacher und mit geringerer Gefahr von Seiteneffekten zu ändern.

5.1.6.3 Average Component Dependency (ACD)

Um eine Zahl wie die CCD in Relation zu setzen, berechnen wir als Nächstes die Average Component Dependency oder ACD. Dafür dividieren wir die CCD durch die Anzahl der Komponenten:

ACD	= CCD / Anzahl_Komponenten
	= 14 / 6 = 2,33

Die ACD gibt an, von wie vielen anderen Komponenten eine Komponente im Durchschnitt abhängig ist. Im konkreten Fall bedeutet eine ACD von 2,33, dass eine Komponente im Schnitt von 2,33 Komponenten abhängig ist, inklusive sich selbst.

Höchster ACD

Der höchste ACD ist von allen ACD-Werten einer Abstraktionsebene eben der höchste. Er kann gut als Indiz für die gesamte strukturelle Qualität eines Systems verwendet werden. Ist der höchste ACD immer noch innerhalb eines vernünftigen Schwellwerts kann man davon ausgehen, dass das System relativ ausgewogen strukturiert ist.

5.1.6.4 Relative Average Component Dependency (RACD)

Anwendung: *Abbildung des Grads der allgemeinen Kopplungen der Bausteine eines Systems.*

Die ACD lässt sich noch nicht dazu benutzen, verschiedene Architekturen miteinander zu vergleichen. Die ACD wird bei einem System, welches aus vielen Komponenten besteht, größer sein als bei kleineren Systemen. Daher setzen wir diese Zahl noch in Relation zur Gesamtzahl der Komponenten und berechnen somit die Relative ACD:

RACD	= (ACD / Anzahl_Komponenten) * 100
	= (2,33 / 6) * 100 = 39%

Das bedeutet nun, dass eine Komponente dieser Architektur im Schnitt zu 39% aller Komponenten kumulierte Abhängigkeiten hat. Auf eine Komponente können sich also Änderungen an durchschnittlich 39% der anderen Komponenten direkt oder indirekt als Seiteneffekt negativ auswirken. Und: Änderungen an einer Komponente wirken sich im Schnitt auf 39% aller anderen Komponenten potenziell aus. Je geringer dieser Wert, desto geringer der Grad der Kopplung zwischen den Komponenten des Systems. Für Systeme mit größerer Komponentenanzahl ergeben sich dabei aber üblicherweise etwas kleinere Werte. Empfehlenswert ist es, eine RACD kleiner 25% anzustreben.

5.1.6.5 Normalized Cumulative Component Dependency (NCCD)

Anwendung: *Wie RACD, allerdings ist die NCCD etwas unabhängiger von der konkreten Anzahl der Komponenten, was diesen Wert vergleichbarer macht.*

Als Alternative zur RACD sei noch die NCCD erwähnt, welche die Relation der CCD einer Architektur zur CCD eines ausbalancierten Binärbaums mit derselben Anzahl an Komponenten angibt. Da wir in unserem Beispiel in Summe sechs Komponenten haben, sähe ein solcher als Pendant dazu aus wie in Bild 5.8. Die CCD dieser Struktur berechnet sich wie folgt:

CCD = 6 + 3 + 2 + 1 + 1 + 1 = 14

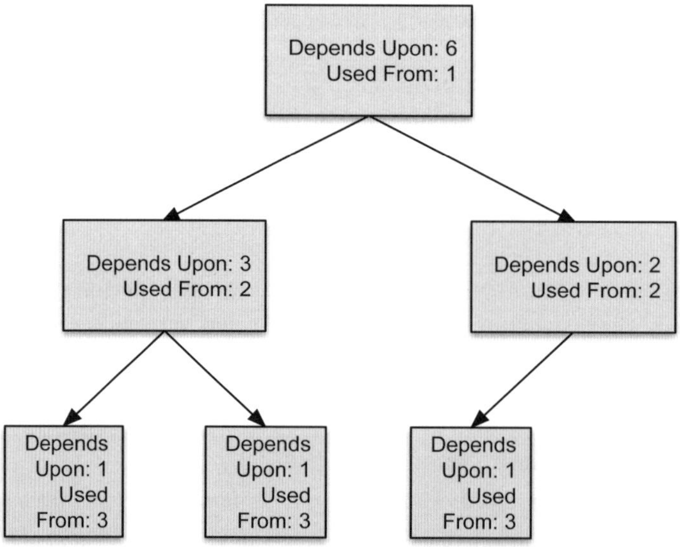

Bild 5.8 Dieselbe Anzahl an Komponenten in einem Binärbaum

Da wir vorher ebenfalls eine CCD von 14 hatten, ergibt sich für diesen Fall eine NCCD von exakt 1.0, was in der Praxis wohl selten vorkommen wird. Empfehlenswert ist eine Zielsetzung von einer NCCD kleiner als 6. Bei NCCD Werten < 1 würde ich ebenfalls einen näheren Blick auf die Architektur werfen wollen.

5.1.7 Relative Cyclicity

Anwendung: *Vermeidung von Strukturzyklen (A04-Cyclic), dadurch Eindämmung der allgemeinen Kopplung.*

Die Kennzahl Relative Cyclicity gibt an, wie groß der Prozentsatz an Komponenten ist, welche an einem Zyklus beteiligt sind. Wenn wir bei unserem Beispiel bleiben und nur eine zyklische Abhängigkeit von Komponente E zu B hinzufügen (Bild 5.9), so sind im Endeffekt über die Abhängigkeit von B zu C, die ja selbst wiederum von E abhängt, drei der sechs Komponenten an einem Zyklus beteiligt. Die Relative Cyclicity berechnet sich dann wenig überraschend wie folgt:

Relative_Cyclicity	= (Anzahl_zyklischer_Komponenten / Anzahl_Komponenten) * 1
	= 3 / 6 * 100 = 50%

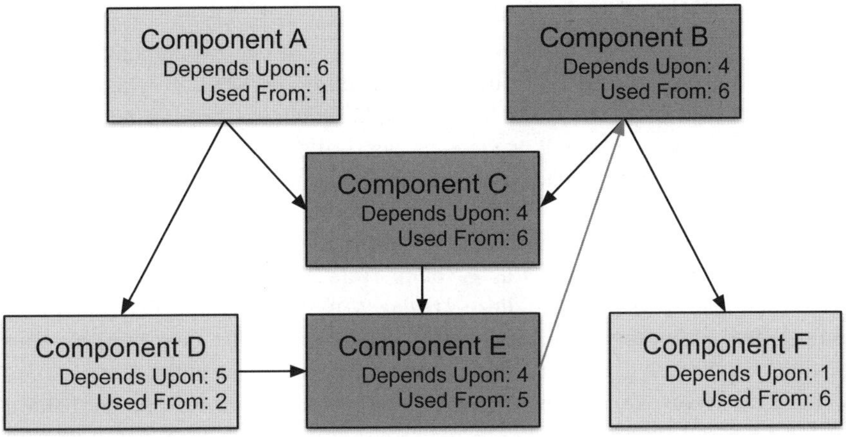

Bild 5.9 Dieselbe Struktur, allerdings mit einem Strukturzyklus

In unserem Fall ergibt sich demnach eine Relative Cyclicity von 50 %. Genau die Hälfte aller Komponenten ist hier an einem Zyklus beteiligt. Um zu zeigen, warum man dies so gut es geht vermeiden sollte, möchte ich für unser Beispiel mit der zyklischen Abhängigkeit noch einmal die Kennzahlen nach John Lakos berechnen:

CCD	= 6 + 4 + 4 + 5 + 4 + 1 = 26
ACD	= 24 / 6 = 4
Relative ACD	= 4 / 6 * 100 = 67 %
NCCD	= 26 / 14 = 1,86

Sie sehen, dass es durch das Hinzufügen nur einer einzigen zyklischen Abhängigkeit fast zu einer Verdopplung der allgemeinen Kopplung des Systems gekommen ist. Versuchen Sie daher immer so gut es geht, Strukturzyklen zu vermeiden. Meiner Erfahrung nach ist es übrigens so, dass eine sinnvolle Architekturdefinition oft sowieso frei von Strukturzyklen ist. So kann eine Versicherungspolice ohne einen Schadenfall existieren und braucht bestimmt keinerlei Abhängigkeiten zu diesem. Police und Schadenfall ist es wiederum egal, welcher Makler die Provision für die Betreuung des Kunden bekommt. Das Inkasso wird es wiederum nicht kümmern, wer Ein- und Auszahlungen vornimmt, während es selber aber eingehende Abhängigkeiten von Police, Schaden und Provision haben wird.

Ein angenehmer Nebeneffekt einer solchen Vermeidung zyklischer Abhängigkeiten ist außerdem, dass ein Team sich sehr konkrete Gedanken wird machen müssen, um ein solches Ziel zu erreichen. Und zwar darüber, welche Strukturen es baut, wo genau es die Bausteingrenzen zieht und welche Abhängigkeiten dazwischen dann erlaubt sein werden. Eine Architektur, welche zufällig nebenbei entsteht (eine „Accidental Architecture"), wird es mit einem solchen Ziel also nicht geben können.

5.1.7.1 Azyklischer Monolith

Ein Architekturstil, dem man vergleichsweise oft begegnet, ist der zweidimensionale Deployment-Monolith, bei dem zwar penibel auf die Vermeidung von Strukturzyklen geachtet wird, aber keinerlei explizite Module gebildet werden. Beispielhaft ist das in Bild 5.10 dargestellt. Wenn man so möchte, handelt es sich bei dieser alleinigen Fokussierung auf das Prinzip der Azyklizität um den kleinen Bruder der modularen Architektur. Die Abhängigkeiten werden dabei dadurch im Zaum gehalten, dass sie sich in jeder Dimension nur in eine der beiden Richtungen ausdehnen dürfen. Also entweder nach links oder nach rechts. Entweder nach oben oder nach unten. Das ist dann zwar schon mal besser als gar kein Architekturkonzept, allerdings halte ich diese Art der Strukturierung nur bis zu einer gewissen Gesamtgröße für ausreichend. Der größte Nachteil gegenüber dem Verzicht einer gezielten Modularisierung ist dabei der, dass die einzelnen Strukturelemente gar nicht erst versuchen, ihre Interna vor den anderen zu verbergen, und dann keine expliziten Schnittstellen anbieten. Unerwünschte Seiteneffekte gibt es also nur entgegen der Richtungen der Pfeile (also in die Richtung der eingehenden Abhängigkeiten), allerdings gibt es immer noch zu viele dieser Pfeile, als vermutlich wirklich nötig wären. Bei solchen Seiteneffekten kann es sich dabei nicht nur um Bugs, sondern auch um Änderungen an den Kontrakten handeln, welche die einzelnen Komponenten der Pakete anbieten, die in einem nicht modularen System meist implizit und nicht explizit existieren. Abgesehen davon kommt dieses Prinzip früher oder später meist ohnehin an seine Grenzen, wenn Funktionalität implementiert werden soll, welche sich nicht in dieses zweidimensionale Schema einfügt.

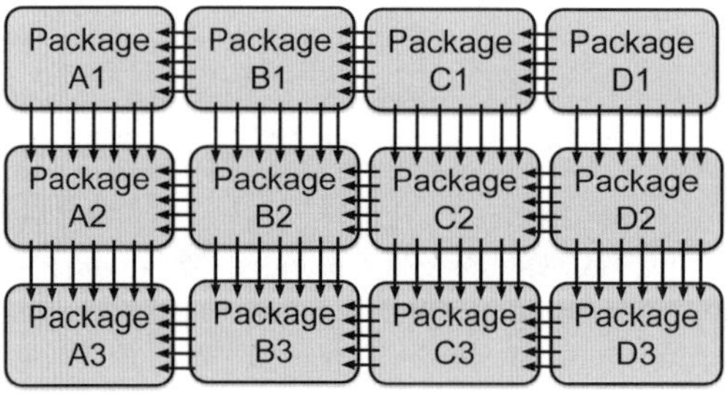

Bild 5.10 Ein zweidimensionaler azyklischer Monolith

> Der Verzicht auf Strukturzyklen kann Modularisierung nicht vollständig ersetzen, jedenfalls nicht ab einem gewissen Systemumfang. Azyklizität kann einen Modulentwurf aber gut ergänzen.

5.1.8 Metriken der Objektorientierten Programmierung (OOP)

Einst war die OOP ein Hype von ähnlicher Größenordnung wie die heutzutage omnipräsenten Microservices. Es war eigentlich kaum ein Problem in Sicht, welches nicht durch die

Annehmlichkeiten von Klassen und Vererbung hätte prima gelöst werden können. Ein schönes Beispiel dafür ist die ursprüngliche Definition des Open-Closed-Prinzips (P09-Open) von Bertrand Meyer [Mey94]. Er war damals der Meinung, dass man objektorientiertem Code immer einfach neue Features hinzufügen könne, ohne dass man den bestehenden Code dabei angreifen müsse, indem man die vorhandenen Klassen einfach per Vererbung erweitert. Heute würde man dies als klare Verletzung nachhaltiger Designprinzipien sehen (A01-MisInh). Aus dieser Zeit (den 90ern) stammen auch die folgenden Metriken [Rod01], welche sich aus genau diesem Grund darauf beschränken, Aspekte der OOP in Zahlen auszudrücken. Manche davon sind aber durchaus brauchbar und außerdem in vielen Tools auch umgesetzt, weshalb ich sie hier kurz vorstellen möchte.

5.1.8.1 Metriken nach Abreu und Melo

Die beiden interessanten Kennzahlen aus dieser Familie sind aus meiner Sicht Attribute-Hiding-Factor (AHF) bzw. Method-Hiding-Factor (MHF). Diese geben gemeinsam die Relation der Umsetzung von P07-Hide in einer Klasse an. Es waren diese Metriken welche mir nicht genügten, weshalb ich die Visibility-Metriken (Abschnitt 5.1.3) entwickelt habe. Da die von mir definierten Metriken erst in wenigen Tools implementiert wurden, haben sie vielleicht mit den Metriken nach Abreu und Melo mehr Glück.

5.1.8.2 Metriken nach Chidamber und Kemerer

Coupling between Objects (CBO)

Anwendung: *Identifikation von Klassen, die einen hohen Grad an Kopplung im System aufweisen.*

Die Kennzahl Coupling between Objects gibt an, mit wie vielen anderen Klassen eine Klasse in Verbindung steht. Dabei ist es egal, ob die Abhängigkeiten eingehend oder ausgehend sind. Beispielhaft wird dies in Bild 5.11 erklärt.

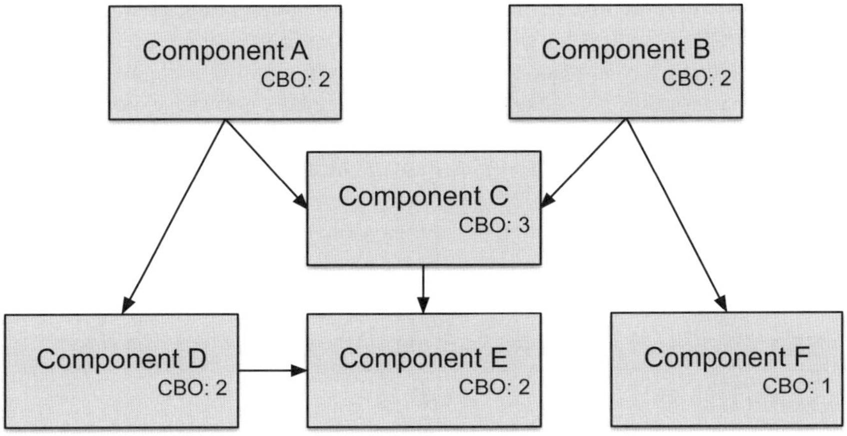

Bild 5.11 Dasselbe Beispiel, wobei diesmal die CBO-Metrik berechnet wurde

Depth of Inheritance (DIT)

Anwendung: *Identifikation von A01-MisInh.*

Die Depth of Inheritance misst den längsten Pfad in der Vererbungshierarchie über einer Childklasse bis zur Wurzelklasse des Vererbungsbaums. Eine DIT für eine Klasse gibt demnach an, dass die Superklasse der Klasse von einer anderen Superklasse erbt, die selbst aber wiederum von keiner anderen Klasse erbt. Hohe Werte können ähnlich wie die folgende Kennzahl NOC auf eine übertriebene Verwendung von Vererbung hindeuten.

Number of Children (NOC)

Anwendung: *Identifikation von A01-MisInh.*

Number of Children (NOC) gibt die Anzahl an Klassen an, die von einer Klasse direkt erben. Kindeskinder (Enkel, Urenkel usw.) werden nicht gezählt.

Response for Class (RFC)

Anwendung: *Identifikation von Klassen, die entweder zu komplex sind oder zu viele ausgehende Abhängigkeiten haben.*

Die Response for Class (kurz: RFC) berechnet sich aus allen Methoden einer Klasse plus alle Methoden, die von dieser Klasse aufgerufen werden. Ein hoher Wert kann somit bedeuten, dass diese Klasse entweder selber aus sehr vielen Methoden besteht oder dass sehr viele unterschiedliche Methoden von ihr aufgerufen werden.

5.1.9 Component Rank

Anwendung: *Einzelne Komponenten mit sehr hohen Werten könnten Indikatoren für schlechte Modularität sein. Der Bedarf an Unit-Tests bei Komponenten mit hohem Wert ist besonders groß.*

Wenn Sie die Komponenten identifizieren möchten, die besonders häufig benutzt werden, so bietet sich dafür die Berechnung des Component Rank an. Angelehnt ist die Berechnung an den Page-Rank-Algorithmus von Google, welcher Webseiten, auf die andere Webseiten besonders häufig verweisen, in der Anzeige der Suchergebnisse bevorzugt. In Tabelle 5.1 sehen Sie, für welche Klassen des JRE hier besonders hohe Werte errechnet werden [Ino17]. Es dürfte für recht wenig Verwunderung sorgen, dass die Klasse `java.lang.Object` hier an der Spitze steht. Der Wert von 0,16126 bedeutet, dass diese Klasse etwas über 16 % aller eingehenden Abhängigkeiten des gesamten JRE auf sich vereint.

Tabelle 5.1 Component Rank in der JRE

Klasse	Component Rank
`java.lang.Object`	0,16126
`java.lang.Class`	0,08712
`java.lang.Throwable`	0,05510
`java.lang.Exception`	0,03103

Klasse	Component Rank
`java.io.IOException`	0,01343
`java.lang.StringBuffer`	0,01214
`java.lang.SecurityManager`	0,01169
`java.io.InputStream`	0,01027
`java.lang.reflect.Field`	0,00948
`java.lang.reflect.Constructor`	0,00936

Falls Sie sich an dieser Stelle um das vergleichsweise hohe Maß an Zentralismus in den Kassen der JRE Sorgen machen, dann genügt bestimmt ein Blick in die Source von `java.lang.Object`, um Sie wieder zu beruhigen. Da dort relativ wenig an Logik enthalten ist, ist auch die Gefahr von unerwünschten Seiteneffekten bei Änderungen relativ gering. Würden sich dort aber Dinge signifikant ändern, bin ich mir sicher, dass es weltweit alle möglichen Probleme gäbe.

5.1.10 Weitere Metriken

Zurzeit suche ich nach Ideen für Metriken, die die Qualität bzw. Komplexität einer Schnittstelle wiedergeben (CONTRACT) bzw. messen, wie ausgewogen eine Architektur in Summe gelungen ist (CONSTRUCT). Momentan sind die Gedanken dazu noch nicht ganz ausgereift, um sie zu veröffentlichen. Sobald es so weit ist, werde ich sie auf *https://5c-design.info/metrics.html* präsentieren.

5.2 Über den sinnvollen Einsatz von Metriken

5.2.1 Mögliche Probleme beim Einsatz von Software-Metriken

Leider gibt es jede Menge Fallstricke, die es auf dem Weg zum erfolgreichen Einsatz von Metriken im Unternehmen zu vermeiden gilt. Die am häufigsten anzutreffenden sind:

5.2.1.1 Einschränkende Sicht auf die Gesamtproblematik

Eine Kennzahl ist eine numerische Abstraktion eines Aspekts einer Software. Die Gefahr im Zuge einer Messung ist, dass daraufhin dieser Aspekt maximiert wird und andere dabei nicht erfasste Aspekte vernachlässigt werden. Ein Beispiel dafür: Ein Unternehmen war ausgesprochen unglücklich über die hohen Kosten, welche vom Rechenzentrum für CPU-Zeiten, welche am Großrechner anfielen, berechnet wurden. Ergo gab man das Ziel aus, die CPU-Nutzung am Großrechner messbar zu reduzieren. Als möglicher Verursacher wurde die Kompilierung von Cobol-Sourcen ausgemacht. Auf die Aufforderung, die Sourcen in Zukunft auf alternativer Hardware zu übersetzen und erst danach auf den Großrechner zu übertragen, konnte das Development-Team aufzeigen, dass die Kosten für die Mehraufwände die möglichen Ersparnisse durch die Reduktion der CPU-Zeiten überstiegen hätten.

5.2.1.2 Cobra-Effekt

Viele Wege führen nach Rom. Ähnliches gilt für die Erfüllung von Grenzwerten für Kennzahlen. Meist möchte man, dass mit der gewünschten Veränderung einer Kennzahl auch eine gewünschte Veränderung im Unternehmen stattfindet. Allerdings wird dieses eigentliche Ziel dabei oft nicht erreicht, weil übersehen wird, dass ein für die Mitarbeiter angenehmerer Weg ebenfalls zum gewünschten Ziel führt. Im schlimmsten Fall kann genau das sogar zu einer Verschlechterung der Situation führen. Das klassische Beispiel, um dies darzustellen, ist die folgende Geschichte, die sich so angeblich in Indien zugetragen hat, als es noch von den Briten besetzt war: Ein Gouverneur wollte die Anzahl der Kobras in seinem Herrschaftsgebiet reduzieren, indem er ein Kopfgeld für jede tote Kobra ausbezahlte. Das Ergebnis war aber, dass sich die bestehende Kobra-Plage in der Gegend sogar noch verschlimmerte. Durch das Kopfgeld erhielten tote Kobras plötzlich einen Wert. Das führte dazu, dass die Einwohner begannen, Kobras zu züchten und später zu töten, um diese Prämie zu kassieren. Manche dieser Tiere entkamen und verschlimmerten dadurch sogar die Problematik.

Ein Beispiel aus der IT-Praxis ist die folgende Anekdote: Ein Konzern wollte von einem der großen Consultingunternehmen ob der Produktivität seiner Programmierer Bescheid wissen. Das Unternehmen untersuchte die beiden Teams, von denen eines für die Erstellung und Wartung von Cobol-Sourcen verantwortlich war und das andere entsprechend für den Java-Code. Das Ergebnis dieser Untersuchung war: Man sollte auf Cobol-Entwicklung umsteigen, weil dieses Team angeblich wesentlich produktiver wäre. Was war hier geschehen? Gemessen wurde die Anzahl an Codezeilen in Relation zu den Stunden, welche die Mitarbeiter zur Programmierung dessen brauchten. Da derselbe Sachverhalt in Java allerdings in wesentlich weniger Codezeilen ausgedrückt werden kann, war man danach irrtümlich der Meinung, dass Cobol-Entwicklung produktiver wäre.

5.2.1.3 Goodharts Gesetz

Das Gesetz von Charles A. Goodhart [Goo75] besagt, dass ein Maß, sobald es zum Ziel wird, meist nicht mehr als Maß taugt. Das Problem trifft man typischerweise in einer der folgenden beiden Situationen in der IT an:

- An einer Kennzahl wird der Erfolg eines Produkts oder Projekts gemessen. Man ist nur dann zufrieden mit dem Team, wenn die Metrik erfüllt ist. Unter Umständen hängt auch eine Auszahlung eines finanziellen Bonus daran.
- Deployed oder auf dem Buildserver kompiliert kann nur werden, solange die Kennzahl nicht verfehlt wurde. Dem Team werden also ggf. Knüppel vor die Füße geworfen, um die Einhaltung der Kennzahlgrenze zu erzwingen.

Sobald ein Maß ein Ziel ist, ist die Gefahr sehr groß, dass die Arbeit an der Erfüllung der Metrik ausgerichtet wird und nicht mehr an der Erfüllung des Ziels, für das die Metrik nur ein Indikator sein sollte.

5.2.2 Mögliche Lösungsansätze

Ich hoffe, ich konnte Sie überzeugen, dass beim Einsatz von Metriken zur Vermessung von Software auf jeden Fall Vorsicht geboten ist. Nachdem Sie nun aber genug über Probleme gelesen haben, möchte ich jetzt zu möglichen Lösungsstrategien zur Thematik kommen. Was empfiehlt sich, um mit Metriken auch tatsächlich erfolgreich zu sein?

5.2.2.1 Wenig reduzierend

Es können Metriken gewählt werden, die ein möglichst holistisches Bild der Situation wiedergeben. Es sollen Kennzahlen gewählt werden, die bei der Auswahl der Aspekte des Erfolgs möglichst wenig einschränkend sind. Diese sollten so breit wie möglich die Güte der Arbeit der Mitarbeiter wiedergeben. Dadurch wird vermieden, dass nur ein Aspekt besonders betont wird und somit falsche Prioritäten gesetzt werden. Dies hat wiederum den Nachteil, dass es u. U. schwierig wird, die Performance der einzelnen Teams miteinander zu vergleichen. Auch ist es so schwierig, das Problem gleich zu lokalisieren. Eine Möglichkeit wäre beispielsweise bei einer Gaming-Software die In-App-Verkäufe zu tracken und bei sinkenden Zahlen entgegenzusteuern.

5.2.2.2 Zusammenfassen und Abstrahieren

Eine Alternative ist auch, mehrere Kennzahlen zu kombinieren und nur den kombinierten Wert als Maßzahl zu verwenden. Dazu können Probleme (Code-Smells, Code-Duplikationen, Strukturzyklen etc.) in die Aufwände umgerechnet werden, die bei deren Behebung entstehen würden. Die Summierung dieser Aufwände könnte eine Kennzahl sein, wo die Gefahr gering ist, dass diese danach gezielt ausgetrickst wird. Allerdings ist auch hier die Wurzel eines möglichen Übels nicht besonders einfach zu identifizieren.

5.2.2.3 Lockerer Umgang mit dem Thema

Wenn das Maß zum Ziel gemacht wird, kann es zu einer Übermotivation bei der Erfüllung einer bestimmten Metrik kommen. Das Team vernachlässigt dann evtl. andere Aspekte des Erfolgs. Stattdessen können Sie auf die intrinsische Motivation Ihrer Mitarbeiter setzen. Kommunizieren Sie Ihrem Team bei jeder Gelegenheit, wie weit es bei der Erfüllung seiner Ziele bereits ist. Hängen Sie neben dem Kaffeeautomaten ein Flipchart auf, auf dem die Entwicklung der Kennzahl (y-Achse) über die Zeit (x-Achse) dargestellt wird. Wenn die Mitarbeiter bei der Auswahl der Kennzahlen ursprünglich teilhaben durften, wird die Motivation umso höher sein, den gemessenen Aspekt zu verbessern.

5.2.2.4 Das messen, was verbessert werden soll

Versuchen Sie, genau das zu messen, was auch verbessert werden soll und nicht nur ein Indiz dafür. Manager von IT-Unternehmen würden oft gerne die Produktivität ihrer Mitarbeiter messen, was aber leider kaum möglich ist. Entwicklung von Software ist immer ein sehr individuelles Unterfangen, ganz im Gegensatz zu einer Arbeit an einer Maschine oder am Fließband. Software, die geschrieben wird, gab es in den allermeisten Fällen so noch nie zuvor, weil man sonst einfach die bereits existierende Software verwenden könnte. Bei der Messung der Produktivität von Softwareentwicklern müsste man aber ein Maß für den geleisteten Output in Relation zu der aufgewendeten Zeit (oder den eingesetzten Kosten) setzen. Die in diesem Buch in Abschnitt 5.1 vorgestellten strukturellen Kennzahlen taugen ebenfalls nur als Indiz für die Wartbarkeit einer Software, können aber die Wartungsproduktivität niemals direkt wiedergeben.

Manche Ziele, zum Beispiel aus dem Bereich der Zuverlässigkeit und Stabilität, kann man allerdings sehr wohl so messen, dass sie auch genau das wiedergeben, was man auch verbessern möchte. Ein Fehler wäre es hier wiederum, die Anzahl der Ausfälle zu messen, da Ausfälle, die sofort wieder behoben werden können, ja kaum ein Problem darstellen. Als Alternative kann man die durchschnittliche Zeitspanne bis zu einem Ausfall messen (Mean Time To Failure) und ebenso die, die es im Schnitt bis zur Wiederherstellung braucht (Mean Time to Recover), und sie wie folgt in Relation setzen, um die Verfügbarkeit (Availability) eines Systems zu messen:

```
Availability = (MTTF + MTTR) / MTTF
```

Theoretisch wäre dann, wenn jeder Fehler sofort behoben werden könnte (MTTR = 0), die Availability ebenfalls bei perfekten 1,0. Bei so einer holistischen Messung obläge es dem Team zu entscheiden, ob es die Fehlerhäufigkeit oder die Behebbarkeit von Fehlern optimiert. Im Endeffekt hätte beides denselben positiven Effekt auf die Nutzer des Systems.

5.3 Strukturelle Metriken und Verteilte Systeme

In Kapitel 7 wird es um Verteilte Systeme gehen. Das Messen struktureller Code-Metriken für Systeme, die in hohem Maß auf Verteilung setzen, ist eher unüblich. Woran liegt das? Ich denke, dass folgende Punkte dafür ausschlaggebend sind:

- Die Berechnung ist ungleich schwieriger und dadurch ist die mögliche Toolunterstützung wesentlich geringer. Im Fall eines Verteilten Systems sind nämlich, im Gegensatz zu monolithischen Architekturen, die Abhängigkeiten eher dynamischer Natur und somit nicht durch statische Code-Analyse feststellbar.
- Es ist wesentlich schwieriger, auf dadurch identifizierte Probleme zu reagieren, und eine Messung der Abhängigkeiten daher weniger sinnvoll. Für ein Refactoring ist nicht selten ein ganzes Projekt nötig, wobei dies in einem Monolithen mit wenigen Mausklicks in der IDE erledigt wäre.
- Die Kennzahlen, bei denen meist die Abhängigkeiten zwischen Bausteinen bzw. Modulen gemessen werden, sind weniger aussagekräftig. Bei einem Verteilten System ist die Kopplung zwischen zwei Modulen (hier meist Services genannt) eher geringer. Technologisch und was den Ausführungsort angeht, sind die Services meist ohnehin entkoppelt. Remote-Schnittstellen sind schwieriger zu erstellen und meist besser dokumentiert als bei Code-Monolithen. Außerdem gibt es vergleichsweise oft asynchrone Entkopplung. Eine Dependency in einem Verteilten System wiegt also weniger schwer. Daher wird dem Thema bei Verteilten Systemen meist eine geringere Priorität gegeben als bei Deployment-Monolithen.

Diese Punkte kann man übrigens als einen Vor- oder auch einen Nachteil von Verteilten Systemen gegenüber Monolithen betrachten. Wir kommen dazu noch in Kapitel 7. Trotz alldem ist es alles andere als verkehrt, diese Kennzahlen auch für Verteilte Systeme zu berechnen und anzuwenden. Würde dies öfter geschehen, wäre unter Umständen etwas wie SOA 1.0 schon viel früher als Antipattern entlarvt worden und der Industrie wäre die Verschwendung vieler Milliarden erspart geblieben.

6 Domänengetriebener Entwurf – Domain Driven Design (DDD)

There's a monkey in the jungle, watching a vapor trail.
Caught up in the conflict between his brain and his tail.
Gorillaz

Bei Domain Driven Design (oder kurz: DDD) handelt es sich um ein Set von Mustern und Best Practices für die Erstellung von Architekturdefinitionen [Eva03]. Die Grundidee bei einem solchen domänengetriebenen Entwurf ist, die Problemdomäne immer weiter in ihre Teilbereiche, die sogenannten Subdomänen zu zerlegen. Dabei wird zwischen Strategic und Tactical Design unterschieden. Diese Konzepte entsprechen im weiteren Sinne dem hierarchischen Entwurf wie er in Abschnitt 4.5 beschrieben wurde. In diesem Kapitel werde ich ausschließlich auf die Möglichkeiten des Strategic Designs eingehen und beschreiben, wie es beim Bau modularer Strukturen in Software unterstützen kann. Tatsächlich wäre ein Buch über modulare Softwarearchitekturen nicht komplett, ohne auf das DDD einzugehen.

6.1 Ubiquitous Language

Zur besseren Zusammenarbeit zwischen Business und IT wird empfohlen, eine gemeinsame Sprache zu entwickeln, welche im DDD Ubiquitous Language genannt wird. Dabei gilt diese immer nur innerhalb der Grenzen eines Bounded Context, dazu gleich mehr (Abschnitt 6.3). DDD geht dabei ganz bewusst einen anderen Weg als die klassische Enterprise-Architektur (EA). Während EA davon ausgeht, dass es praktikabel sei, eine allgemeingültige Sprache zwischen IT und Fachbereich über die gesamte Problemdomäne hinweg zu definieren, so ist das DDD hier anderer Ansicht. Meiner Meinung nach übrigens völlig zu Recht, außerdem fördert eine solche Trennung eine gewisse Modularität in der Systemlandschaft. Falls Sie nach einer praktikablen Alternative zu EA-Frameworks wie TOGAF oder Zachman suchen, so bietet sich übrigens genau dieses Domain Driven Design stattdessen an. Fügen Sie dem DDD nur die Elemente klassischer EA hinzu, welche noch fehlen und auch tatsächlich einen Mehrwert für das Unternehmen generieren, beispielsweise EAM oder das Management der Technologievielfalt.

6.2 Aufteilung in Subdomänen

Schon die alten Römer, die ja ein sehr großes Vielvölkerreich zu regieren hatten, wussten, wie man ein solchermaßen komplexes Unterfangen am besten angeht: „Divide et impera", also „Teile und herrsche", lautete die Devise. Das wichtigste Werkzeug des DDD ist ein Pendant dazu, nämlich die Aufteilung der Problemdomäne in die einzelnen Subdomänen (oder englisch: Subdomains). Mit anderen Worten, das Problem wird in seine Teilbereiche zerlegt. Eine Subdomäne entspricht dabei übrigens weitestgehend dem Begriff der „Business Capability" aus der Welt der EA bzw. klassischer Service-Orientierter Architekturen (SOA). Die Gesamtkomplexität wird durch Aufteilung in kleinere, dadurch beherrschbare Bahnen gelenkt. Dabei unterscheidet man die folgenden Kategorien:

- **Core Domains:** Diese sind der eigentliche Kern des Systems, die den meisten Anwendernutzen generieren oder die höchsten Einnahmen bringen werden. Es darf davon mehr als nur eine geben, auch wenn es dazu in der Literatur teilweise andere Meinungen gibt [Ver17]. Keineswegs stehen die Core-Domains übrigens irgendwie strukturell „in der Mitte", sondern sie sind in erster Linie einfach „wichtiger" als der Rest.
- **Supporting Domains:** Supporting Domains unterstützen die Core Domain(s). Hier wird üblicherweise nicht so viel in Qualität investiert wie in den Core Domains. Normalerweise handelt es sich dabei aber immer noch um Eigenentwicklungen.
- **Generic Domains:** Sind allgemeine Dinge, die in den meisten Fällen durch vorhandene oder kommerzielle Lösungen abgedeckt werden können. Ein typisches Beispiel wäre Buchhaltung oder elektronische Kommunikation wie das Versenden von SMS oder E-Mails.

> Die Einteilung der Problemdomäne in ihre Teilbereiche ist, wenn sich diese auch entsprechend in der obersten Abstraktionsebene der Makro-Architektur wiederfindet, der Komplexitätskiller schlechthin.

6.3 Bounded Context

Wichtig ist auch, das Konzept des Bounded Context aus dem DDD zu verstehen. Ein solchermaßen abgegrenzter Kontext definiert die Grenze, bis zu der ein Modell (die Umsetzung) und auch die jeweilige Ubiquituous Language Gültigkeit besitzen. Dies ist vor allem aus den folgenden beiden Gründen wichtig:

- In Abschnitt 4.4.1 haben wir festgehalten, dass es über die Kenntnis fremder Modelle, wie beispielsweise über eine benutzte Schnittstelle, ebenfalls zu Kopplungen kommt, die nur allzu gerne übersehen werden.
- Unterschiedliche Subdomänen haben teils unterschiedliche Sichtweisen auf Begriffe der gesamten Problemdomäne. Es kann einen Mehrwert für das Unternehmen bedeu-

ten, diese unterschiedlichen Sichtweisen auch explizit in der Implementierung zu berücksichtigen und hervorzuheben. Außerdem minimiert man dadurch die Aufwände für Abstimmungen und das Risiko von Missverständnissen.

In der Community eifrig diskutiert wird die Frage, ob eine 1:1-Beziehung zwischen Bounded Context (1 Umsetzungsmodell, 1 gemeinsame Sprache) und Subdomäne anzustreben sei. Manche Autoren sind dieser Meinung [Ver17]. Ich persönlich denke, dass es oft darauf hinauslaufen wird und bestimmt keine schlechte Idee ist, das so umzusetzen, aber dass es keineswegs unbedingt so zu sein hat.

Ein oft diskutiertes Beispiel für einen Begriff, der innerhalb einer Problemdomäne unterschiedliche Bedeutungen haben kann, ist der Begriff „Flug" einer Airline. Es kann sich dabei um eine Buchung eines Kunden handeln (Kunde x fliegt am soundsovielten von X nach Y) oder um eine regelmäßige Verbindung im Flugplan (jeden Montag wird von X nach Y geflogen) oder um einen konkreten Flug, dem eine Flugroute zugewiesen wird (am Soundsovielten fliegt das Flugzeug ABC von X nach Y über die Route 123).

6.4 Integration

Egal wie gut Sie die Trennung der einzelnen Kontexte und Subdomänen hinbekommen, um eine Integration derselben werden Sie in den meisten Fällen nicht umhinkommen (siehe auch Abschnitt 4.4.1). DDD definiert auch Möglichkeiten um genau das zu tun. Hier eine Auflistung, absteigend sortiert nach den dafür nötigen Integrations- und Abstimmungsaufwänden.

6.4.1 Shared Kernel

Integrationsaufwand: *sehr groß*

Zwischen unterschiedlichen Kontexten wird jeweils ein Teil des Modells (also der konkreten Umsetzung) wiederverwendet. Dies kann implizit passieren oder explizit durch Code Reuse oder durch Zugriff auf dieselben Tabellen einer Datenbank.

6.4.2 Published Language

Integrationsaufwand: *groß*

Es werden, ganz ähnlich wie bei einem kanonischen Schnittstellenmodell (Abschnitt 4.3.1.1), Kontrakte global festgelegt und alle haben sich an diese Definition zu halten. Dies ist allerdings nur empfehlenswert, wenn alle Domänenexperten, die etwas zur Erläuterung dieser global definierten Begrifflichkeiten beizutragen haben, auch wirklich einfach einen Konsens herstellen können, was deren genaue Bedeutung angeht. Legen Sie Details von Domänenbegriffen nicht global fest, falls dies nicht so sein sollte!

6.4.3 Conformist

Integrationsaufwand: *mittel*

Der konsumierende Kontext akzeptiert die vorgegebene Schnittstelle und benutzt das Modell wie vom Provider vorgegeben.

6.4.4 Customer/Supplier

Integrationsaufwand: *mittel*

Der Anbieter einer Schnittstelle geht beim Design selbiger auf die Wünsche eines oder mehrerer Consumer ein. Zumindest wird diesen ein Vetorecht gewährt.

6.4.5 Partnership

Integrationsaufwand: *mittel*

Im Zuge der nötigen Integration arbeiten die Teams gemeinsam an demselben Ziel. Schnittstellen werden gleichberechtigt gemeinsam festgelegt.

6.4.6 Open/Host Service

Integrationsaufwand: *gering bis mittel*

Der Anbieter einer Schnittstelle bietet ein dezidiertes Modell für einen oder mehrere konsumierende Kontexte an.

6.4.7 Anticorruption Layer

Integrationsaufwand: *gering*

Das Modell des Providers, dessen Schnittstelle man konsumiert, wird gezielt konvertiert und in eine für den Consumer angenehme Form gebracht. Dies ist u. a. der gängige Weg für die Anbindung von in die Jahre gekommenen Legacy-Systemen.

6.4.8 Separate Ways

Integrationsaufwand: *sehr gering*

Hierbei gibt es einfach keinerlei Beziehung zwischen den Systemen und somit geht jeder ungestört seines eigenen Weges. Dies kann natürlich nur gewählt werden, wenn eine solche strikte Abgrenzung auch möglich ist. Erreicht werden kann dies beispielsweise durch Verwendung des Composite-UI-Patterns (Abschnitt 4.4.1.1).

6.5 Upstream/Downstream-Beziehungen

Interessant ist auch, dass DDD bei den Beziehungen zwischen Kontexten eine Richtung definiert, welche den Einfluss eines Kontexts auf einen anderen festlegt. Der, der bei einer ungleichen Partnerschaft in der Upstream-Position ist, hat dabei mehr Einfluss auf den anderen, welcher sich demnach Downstream befindet. So kann es sein, dass eines der Development-Teams politisch besser aufgestellt ist und aus diesem Grund generell einflussreicher. Oder es wurde ein Systembestandteil in seiner Entwicklung einem Outsourcing-Partner übergeben, welcher in der Zusammenarbeit eine Herausforderung darstellt, weshalb man beschließt, diesen nur mehr mit Samthandschuhen anzufassen. Dieser wäre dann ebenfalls Upstream. Daran erkennt man übrigens auch, wie sehr das DDD von einer 1:1-Zuordnung der Teams bzw. der Organisationseinheiten bei der Umsetzung in den einzelnen Komponenten ausgeht. Bei einer Aufteilung der Organisation in Analyse, Projektleitung und Development würde die Definition einer Upstream/Downstream-Beziehung zwischen den Kontexten und Subdomänen schlichtweg keinen Sinn ergeben. Tatsächlich ist man gut damit beraten, bei der Auswahl der konkreten Integrationsform zu berücksichtigen, ob es sich um gleichberechtigte Partner handelt oder ob sich einer dabei Downstream zum anderen wiederfindet. So könnte man als Consumer gezielt einen Anticorruption Layer als Integrationsform wählen, einfach weil man sich Downstream zum Provider befindet.

In der Literatur wird das Thema Up- bzw. Downstream aus dem DDD teilweise anders interpretiert. Es geht dann um die Flussrichtung der Daten in einem System. Dies ist inzwischen so verbreitet, dass man diese Sichtweise beinahe schon als die heutzutage übliche Definition betrachten kann. Von Eric Evans persönlich weiß ich aber, dass er ursprünglich diese Begriffe sehr wohl so meinte, wie ich sie Ihnen hier in diesem Abschnitt vorgestellt hatte.

6.6 Context Map

Um ein nach diesen Handlungsmaximen erstelltes Systemdesign darzustellen, bieten sich die sogenannten Context Maps an. Ein Blick auf das folgende völlig abstrakte Beispiel dafür bietet eine gute Zusammenfassung des Themas (Bild 6.1).

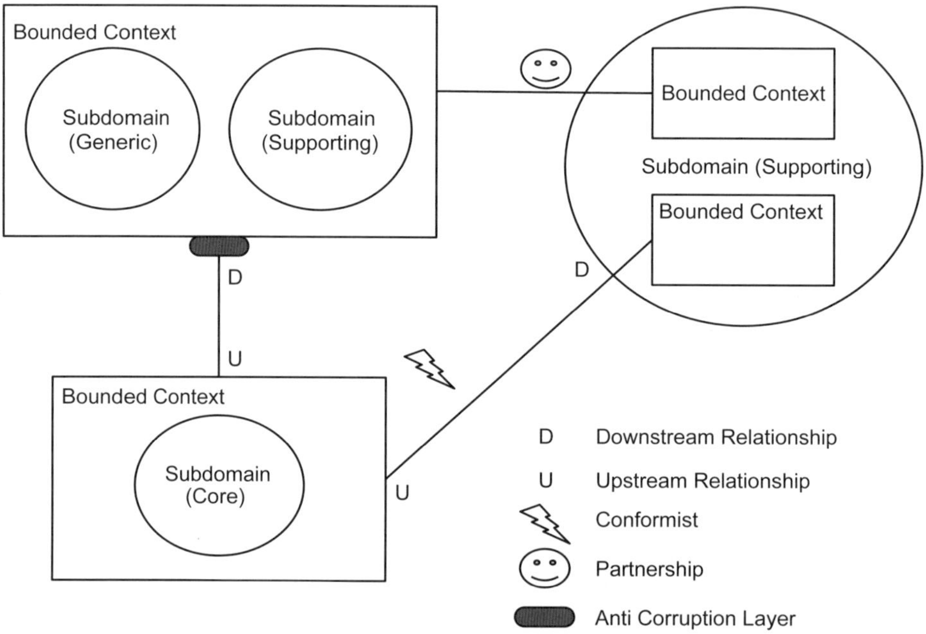

Bild 6.1 Beispiel für eine DDD Context Map

6.7 Beispiel

Schauen wir uns die Versicherungsdomäne an und zerlegen diese beispielhaft in ihre Teilbereiche. Anzeichen dafür, dass es sich jeweils um eine eigene Subdomäne handelt, kann es viele geben. So könnte man bemerken, dass die einzelnen Ereignisse, die im Rahmen dieser Anwendungsfälle auftreten, eine hohe Kohäsion aufweisen oder dass die jeweiligen Domänenexperten dieselben oder ähnliche Begriffe verwenden und sich seltener widersprechen als mit Domänenexperten anderer Bereiche:

- **Versicherungsprodukt (Core Domain):** Beim Versicherungsprodukt handelt es sich um das Risiko, das das Versicherungsunternehmen gegen eine Gebühr (die Prämie) vom Kunden übernimmt. Üblicherweise gibt es verschiedene Kategorien von Versicherungsprodukten, wie Sach-, Kranken- und Lebensversicherungen. Man sollte im konkreten Fall überlegen, diese Domäne weiter in diese drei Bereiche aufzuteilen, und prüfen, inwiefern sich die Begriffe ähneln oder voneinander unterscheiden.
- **Kundenbeziehung (Supporting Domain):** Dabei geht es um die Beziehung des Unternehmens zum Kunden. Umsetzungen (Modelle) dieser Subdomäne könnten vom Callcenter benutzt werden oder es handelt sich um die App oder das Kundenportal des Unternehmens. Es wäre auch hilfreich, wenn Kundendienst und Webportal dieselben Begriffe verwenden und dieselben inhaltlichen Auskünfte liefern.

- **Daten (Supporting Domain):** Es gibt einige Gründe, warum man an wenigen zentralen Stellen mehr oder weniger sämtliche Daten des Unternehmens halten möchte. Eine einfache Suche nach Schlüsselwörtern in allen Geschäftsfällen wäre ansonsten nur schwer zu implementieren. Ein Datawarehouse, aufbauend auf einer Big-Data-Technologie, wäre ein anderer Anwendungsfall. Die Herausforderungen bestehen dabei darin, diese Datenmengen aus den anderen Systemen laufend abzuziehen und eine gemeinsame konsolidierte Sicht auf alle Daten des Unternehmens zu gewinnen. Dafür muss man sich übrigens keineswegs auf eine Published Language (Abschnitt 6.4.2) als gemeinsamen Kontrakt einigen. Die Bedeutung der Begriffe kann immer noch spezifisch für diese Subdomäne sein und das Wissen, wie die Begriffe hier zu den Begriffen der anderen Subdomänen mappen, muss auch nur hier vorhanden sein.
- **Vergütung/Provision (Supporting Domain):** Von überraschend hoher Komplexität stellt sich in jeder Versicherung die Thematik der Berechnung der Vergütungen für Verkauf und Kundenbetreuung dar. Die Abbildung in einer eigenen Subdomäne ist daher mehr als gerechtfertigt.
- **In- und Exkasso (Generic Domain):** Bereitstellung von Schnittstellen zur Aus- und Einzahlung von Geldern. Hier geht es also um das Kassieren von Prämien, die Auszahlung von Provisionen und Schadensfällen. Beispielsweise wird die Schnittstelle zu einem Payment-Service-Provider hier gekapselt und den anderen Kontexten und Subdomänen zur Verfügung gestellt.
- **Identifikation und Autorisation (Generic Domain):** Das Identity Management und die Abbildung sämtlicher Sicherheitsaspekte lassen sich gut in einem gemeinsamen Kontext abbilden. Hierfür bieten sich kommerzielle Lösungen an.
- **Kommunikation (Generic Domain):** Kommunikation kann vieles bedeuten. Üblicherweise wird man hier, größtenteils durch Erwerb kommerzieller Systeme, die Möglichkeit schaffen, Dokumente zu erzeugen (wie PDFs) und diese dauerhaft wiederauffindbar abzuspeichern (in einem Dokumentenmanagement-System, DMS). Alternativ lassen sich E-Mails erzeugen, um diese an den Kunden zu schicken. So könnte ein Open-Host-Service als Eigenentwicklung die Kaufsysteme prima ergänzen und diese Funktionalitäten in einer konsolidierten API anbieten. Man könnte mit einem einzigen asynchronen API-Call ein Policendokument erzeugen, es im DMS ablegen und als E-Mail an den Kunden senden.
- **Buchhaltung (Generic Domain):** Dies wird meist mit ein und demselben kommerziellen System, abgekürzt mit den bekannten drei Buchstaben, erledigt.

6.8 Fazit

Bei DDD handelt es sich um eine, wie Sie selber bestimmt erkannt haben, recht abstrakte Sammlung von Best-Practices, die zumindest zum Teil auch einen gewissen Interpretationsspielraum bieten. Auch scheint es mir so, dass es bereits gewisse Unterschiede gibt zwischen dem, was von Eric Evans 2003 [Eva03] veröffentlicht wurde, und wie das DDD heute auf Konferenzen und Meetups diskutiert wird (siehe z. B. Abschnitt 6.5). Damit will ich

Folgendes sagen: So mächtig das DDD ist und so wichtig ich die Konzepte zu verstehen finde, es stellt kein einfach anzuwendendes Patentrezept dar. Lassen Sie sich davon inspirieren, wenden Sie die Konzepte, wenn sie passen, auch an. Lassen Sie es aber bleiben, wenn es wenig Sinn macht. In manchen einfachen Fällen mag eine totale Vereinheitlichung der Begriffe einfacher sein als eine gezielte Aufteilung wie sie im DDD empfohlen ist.

Konzentrieren Sie sich daher nicht alleine auf das DDD, sondern berücksichtigen Sie auch die anderen Dinge, die z.B. in diesem Buch präsentiert werden, wie Hohe-Kohäsion (P03-Cohesion) und Geringe-Kopplung (P18-Loose) oder auch den hierarchischen Aufbau (CONSTRUCT aus 5C).

7 Verteilte Systeme

I had a dream last night that I was piloting a plane,
and all the passengers were drunk and insane.
The Rolling Stones

Bei Verteilten Systemen (engl.: Distributed Systems) laufen einzelne Programmteile eines Systems auf unterschiedlichen Hardware-Ressourcen ab. Ab wann es sich aber genau um ein solches Verteiltes System handelt, ist gar nicht so einfach zu definieren. Laut einer Definition von Andrew S. Tannenbaum [Tan10] handelt es sich um den Zusammenschluss mehrerer Computer, die meist über das Netzwerk kommunizierend sich gegenüber dem Benutzer als ein System präsentieren. Man darf annehmen, dass es dabei egal ist, ob es sich bei den Computern wirklich um eigene Hardwareteile handelt oder um verschiedene virtuelle Maschinen in einer Cloud. Aber wie ist es beispielsweise, wenn ein System in unterschiedlichen Prozessen, aber auf ein und derselben Maschine läuft, so wie es der von Alan Shreve vorgeschlagene und in Abschnitt 8.3.5 vorgestellte Neomonolith [Shr15] tut. Dieser ist quasi ein Mittelding zwischen Monolith und Verteiltem System. Containerlösungen wie Docker wiederum teilen sich noch dasselbe Betriebssystem, wodurch sie leichtgewichtiger sind, aber nicht so stark entkoppelt wie es klassische Virtuelle Maschinen wären. Sicher definieren lassen sich eigentlich nur die folgenden beiden Extremfälle, wobei es eben einen gewissen Graubereich dazwischen gibt:

- **Monolith:** Die einzelnen Komponenten laufen im selben Prozess und kommunizieren innerhalb diesem miteinander. Es wird auf dieselben Speicherbereiche zugegriffen und Objekte und Parameter werden im Memory übergeben. Es erfolgt demnach Intra-Prozess-Kommunikation.
- **Verteiltes System:** Die Komponenten laufen auf verschiedenen Maschinen und kommunizieren über das Netzwerk miteinander. Es handelt sich dabei um Inter-Prozess-Kommunikation.

Verteilung selbst hat, neben einigen Herausforderungen (siehe Abschnitt 7.2) diverse Vor- und Nachteile gegenüber monolithischem Design (siehe Abschnitt 7.3). Zunächst möchte ich aber noch auf einen Begriff eingehen, der im Zusammenhang mit Verteilten Systemen oft genannt wird, nämlich „Service". Wie so oft gibt es auch für diesen keine eindeutige und von allen akzeptierte Definition innerhalb der Branche.

7.1 Services

Der Begriff Service wird meist für einzelne Komponenten im Verteilten System benutzt, allerdings nicht ausschließlich. So steht auch das S in OSGi für „Service", wobei es sich bei OSGi-basierenden Applikationen nicht um klassische Verteilte Systeme handelt, sondern vielmehr um ein dynamisches Modulsystem. In Kubernetes sind Services Indirektionen für die Wrapper, die die Plattform um die Container herum anbietet. Klassisch gibt es zwei unterschiedliche Definitionen für den Begriff Service, wobei die erste davon rein technischer Natur ist:

> *Ein Service ist eine autonom lauffähige technische Komponente, über die mit Schnittstellen kommuniziert werden kann.*

Mit autonom ist gemeint, dass sich diese Komponente keine Prozessressourcen mit einer anderen Komponente teilen sollte. Dies ist als Definition zwar ok, geht mir persönlich aber nicht weit genug. Wenn Sie wirklich ein verteiltes System bauen, ist es nämlich umso wichtiger, fachlich gut gekapselte, kohäsive und lose gekoppelte Strukturen zu bauen. Im Verteilten System ist die Kommunikation schwieriger zu implementieren und außerdem weniger effizient, was den Ressourcenverbrauch angeht. Mir gefällt daher die Definition von Udi Dahan [Dah10] gut, der das für mich perfekt auf den Punkt gebracht hat:

> *A service is a technical authority for a specific business capability. Any piece of data or rule must be owned by only one service.*

Das Ziel eines Service ist es demnach, ein fachliches Thema möglichst gut zu kapseln, wie wir das bereits aus dem Domain Driven Design kennen. Ähnlich formuliert dies Sam Newman [New15], seines Zeichens Autor eines der nach wie vor populärsten Bücher zum Thema Microservices, in seiner diesbezüglichen Definition:

> *Small autonomous services that work together, modelled around a business domain*

Für mich ist jede dieser Definitionen in Ordnung. Tatsache ist jedenfalls, dass Verteilung ein Werkzeug eines Softwarearchitekten ist, das immer mit Bedacht eingesetzt werden sollte. Es ist eine feine Waffe, deren Vor- und Nachteile man berücksichtigen sollte, wenn man sie wählt. Setzen Sie diese dort ein, wo die Vorteile die Nachteile überwiegen, und wirklich nur dann. Wählen Sie vor allem die richtige Abstraktionsebene, um auf Verteilung zu setzen. Folgen Sie nicht blind einem Hype, der vorzugeben scheint, dass man möglichst viel und oft auf Verteilung setzen sollte, und das noch auf einer möglichst weit unten liegenden Abstraktionsebene.

Haben Services einen Zustand?

Generell heißt es ja, dass Services stateless entworfen werden sollten. Wieso kann man dann mit einem Service über REST (Abschnitt 7.4) kommunizieren, das ja laut seinem Namen dazu da ist, Zustände (engl:. State – das S in REST) zu übertragen (engl.: transfer – das T in REST). Wird die Frage anders gestellt, sieht die Standardantwort meist anders aus: Können Services Daten behalten bzw. speichern? Natürlich sollen sie das können. Es kommt nämlich darauf an, wie breit man den Scope zieht, wenn man den Begriff Service benützt. Betrachten wir den Service als solches ohne die Datenbank (in Bild 7.1 der Scope 2), dann ist es aus Gründen der Operability bzw. der Skalierbarkeit tatsächlich besser, wenn dort keinerlei Zustand gehalten wird. Der Zustand ist nämlich in einer Datenbank wesentlich besser aufgehoben. Sehe ich den Service aber im Sinne des Information-Hiding (P07-Hide) als eine Black-Box, dann ist es mir egal, wie und wo er den Zustand hält. Ich gehe schlichtweg davon aus, dass er den Kontrakt, den er mir gegenüber garantiert, irgendwie in der Lage ist einzuhalten. Ob die Daten dabei in einer Datenbank gespeichert werden oder irgendwie anderweitig, ist mir dabei eigentlich egal. Wenn Sie den Scope so ziehen wie in Bild 7.1 den Scope 1, dann ist der Service natürlich statusbehaftet bzw. stateful.

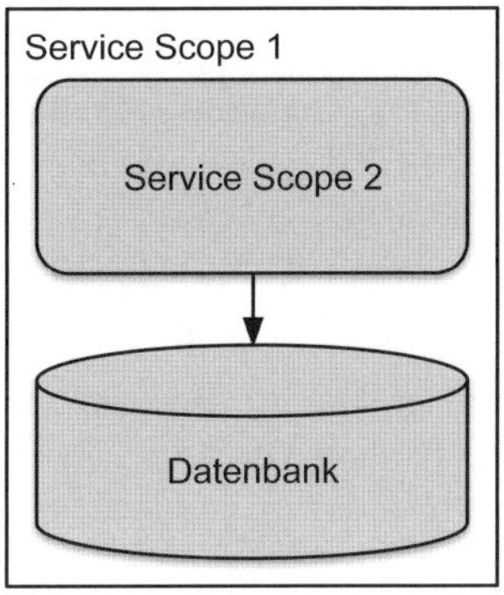

Bild 7.1 Verschiedene mögliche Scopes für den Begriff „Service“

7.2 Herausforderungen Verteilter Systeme

Meine Erfahrung als Berater und Softwarearchitekt ist, dass die Herausforderungen der Verteilten Systeme nicht selten unterschätzt werden. Seit dem Microservice-Hype (siehe Abschnitt 8.3.2) scheint dies sogar noch schlimmer geworden zu sein. Es stimmt, dass mit diesem Hype neue Technologien und Muster aufgekommen sind, mit denen man den Herausforderungen des Distributed Computings begegnen kann, verschwunden sind diese deswegen aber keineswegs. Interessant ist es dabei, sich der klassischen Irrtümer der Verteilten Systeme [Rot19] bewusst zu sein, die da sind:

1. Das Netzwerk ist ausfallsicher.
2. Die Latenzzeit ist gleich null.
3. Der Datendurchsatz ist unendlich.
4. Das Netzwerk ist sicher.
5. Die Netzwerktopologie wird sich nicht ändern.
6. Es gibt immer nur einen Netzwerkadministrator.
7. Die Kosten des Datentransports können mit null angesetzt werden.
8. Das Netzwerk ist homogen

Wie man einigen der Herausforderungen des Distributed Computing begegnet, haben wir schon in den Abschnitten 4.3.1.2 (Versionierung bzw. Rückwärtskompatibilität von Schnittstellen), 4.3.2.1 (Consumer Driven Contract Testing) oder auch 4.3.2.2 (Robustheitsgrundsatz/Tolerant Reader) gesehen. Verteilte Systeme haben aber darüber hinaus noch ein paar spezielle Dinge, die es zu lösen gilt, auf die wir in den folgenden Abschnitten eingehen.

7.2.1 CAP-Theorem

Das CAP-Theorem besagt, dass man von den folgenden Dingen immer nur maximal zwei haben kann:

- Consistency (Konsistenz)
- Availability (Verfügbarkeit)
- Partition Tolerance (Partitionstoleranz)

Sobald Sie ein System aufteilen, also partitionieren, wie es in einem Verteilten System eben der Fall ist, haben Sie nur mehr die Wahl zwischen Konsistenz (C) und Verfügbarkeit (A). Stellen Sie sich Daten vor, die auf mehrere Datenbankinstanzen repliziert wurden. Wenn eine konkrete Anfrage an eine dieser Instanzen erfolgt, hat sie nur zwei Möglichkeiten: im Zweifelsfall (z. B. wenn der Master für diesen Datensatz nicht verfügbar ist) eine Antwort auf Basis des eigenen Replikats zu liefern (das wäre dann das A für Availability) oder die Antwort zu verweigern, weil nicht ausgeschlossen ist, dass es sich um eine bereits ungültige Antwort handeln könnte (das C für Consistency). Protokolle in Verteilten Systemen wie das Two-Phase-Commit (siehe Abschnitt 7.2.3.2), die auf hohe Konsistenz abzielen, sind problematisch, was ihre Verfügbarkeit angeht. Nicht umsonst ist Two-Phase-Commit auch als das „Anti-Availability-Protokoll" bekannt.

7.2.2 Unsichere Kommunikation und Idempotenz

Jeder Service Consumer, der remote eine Nachricht zu einem Provider zur Verarbeitung schickt, hat dasselbe Problem: Im Fall des Ausbleibens einer Antwort oder einer Fehlermeldung kann er sich nie sicher sein, ob die Verarbeitung am Server stattgefunden hat oder nicht. Das Ausbleiben der Antwort kann nämlich mehrere Gründe haben:

- Die Nachricht kam nie beim Provider an. In dem Fall wurde natürlich keine Verarbeitung dort abgeschlossen.
- Es gab ein Problem beim Provider, bevor die Verarbeitung dort stattgefunden hatte.
- Es gab ein Problem beim Provider, nachdem die Verarbeitung stattgefunden hatte.
- Die Rückantwort vom Provider zum Consumer war nicht mehr möglich. In dem Fall wurde die Verarbeitung abgeschlossen.

Was mache ich also als Consumer, wenn ich keine oder eine fehlerhafte Antwort bekomme? Schicke ich die Nachricht noch einmal ab, besteht das Risiko, dass es zu einer doppelten Verarbeitung beim Provider kommt. Schicke ich die Nachricht nicht noch einmal ab, kann es sein, dass es überhaupt nicht zu einer Verarbeitung beim Provider kommt. Dieses

Dilemma ist durch Idempotenz zu lösen. Ist eine empfangende Schnittstelle idempotent, garantiert sie, dass derselbe (!) Request durchgeführt werden kann, ohne dass es dabei zu schädlichen Seiteneffekten (wie einer doppelten Verarbeitung) beim Provider kommen kann.

Was dem Provider der Schnittstelle bei Idempotenz allerdings sehr wohl erlaubt ist, ist das Senden einer anderen Antwort an den Consumer. Bei der zweiten Verarbeitung könnte der Provider mit einem „Wurde bereits verarbeitet" antworten. Das, was garantiert werden muss, ist, dass der Zustand des Providers durch das doppelte Senden des Requests nicht negativ beeinflusst wird. Wenn eine Schnittstelle nicht idempotent sein sollte, bedeutet dies demnach, dass dem Absender im Fall einer unklaren Antwort nicht garantiert wird, dass er seinen Request wiederholen kann, ohne dass es zu unerwünschten Seiteneffekten auf Seiten des Providers kommt. Meist bleibt einem in so einem Fall nichts anderes übrig, als händisch in ein System einzugreifen, um eine solche Situation zu bereinigen.

Meiner Meinung nach sollte man gar nicht erst darüber nachdenken, ein Verteiltes System zu bauen, ohne die Schnittstellen idempotent (also wiederholbar) zu machen. Wenn Sie eine Schnittstelle entwerfen, überlegen Sie sich bitte zunächst, ob diese nicht bereits idempotent ist aufgrund ihrer Semantik. Dies ist z. B. bei folgendem Interface der Fall: Gewähre einen bestimmten Rabatt auf einen Warenkorb. Wenn der Provider dann selber weiß, wie viel dieser Rabatt ausmacht, und es eben nicht so ist, dass der zu rabattierende Betrag vom Consumer übermittelt wurde, dann ist dieses Interface von seiner Semantik her bereits idempotent. Wenn dies aus irgendeinem Grund nicht möglich sein sollte, dann werden Ihnen die folgenden beiden Pattern helfen, das hinzubekommen.

7.2.2.1 Idempotent Receiver Pattern

Beim Idempotent Receiver Pattern verlangt der Provider vom Consumer, jeder Nachricht eine eindeutige ID zu verpassen. Sollte die Nachricht vom Consumer wiederholt werden, ist dieselbe ID wiederzuverwenden. Der Provider prüft, ob diese ID bereits verarbeitet wurde, und bricht die Verarbeitung, wenn dem so sein sollte, einfach ab (Bild 7.2). So kann man doppelte Verarbeitungen verhindern. Dabei geht der Provider wie folgt vor:

1. Zunächst wird die Nachricht erhalten (Step 1).
2. Dann wird eine Transaktion in der Datenbank begonnen und zunächst die ID vom Provider in der Datenbank abgelegt (Step 2), und zwar in einer eigenen Tabelle, wo sie als eindeutiger Schlüssel definiert ist [Hoh03].
3. In derselben Datenbanktransaktion wird die eigentliche Verarbeitung im Datenmodell durchgeführt (Step 3).
4. Nach Abschluss der Transaktion wird an den Absender der Nachricht die Antwort übermittelt, dass die Verarbeitung erfolgreich war (Step 4).

Dadurch kann in eigentlich jedem RDBMS und in den allermeisten NoSQL-Datenbanken eine doppelte Verarbeitung verhindert werden.

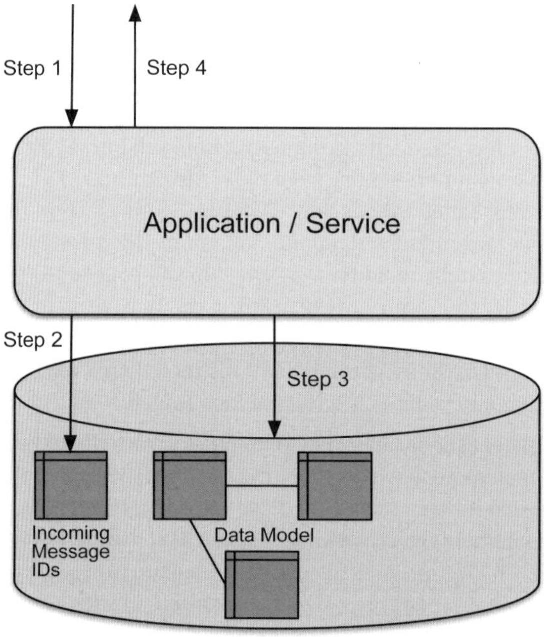

Bild 7.2 Der Ablauf des Idempotent Receiver Pattern

7.2.2.2 Transactional Outbox Pattern

Sollte es tatsächlich nötig sein, eine Nachricht noch einmal zu senden, braucht es noch einen Mechanismus, der uns garantiert, dass diese Nachricht ident zum ursprünglichen Sendeversuch ist. Da gehört die im Muster aus Abschnitt 7.2.2.1 beschriebene eindeutige ID dazu. Gewährleisten lässt sich das durch Anwendung des Transactional Outbox Pattern [Ric18]. Ablaufen tut dies, was auch in Bild 7.3 dargestellt ist, wie folgt:

1. Zunächst wird die Verarbeitung in der Datenbank durchgeführt. In derselben atomaren Transaktion wird eine Tabelle befüllt, wobei für jede Nachricht, die im Anschluss abgesendet werden soll, ein Eintrag hinzugefügt wird, welcher alles enthält, was zum Abschicken benötigt wird. (Step 1)
2. Danach wird die Nachricht dem Empfänger zugestellt. (Step 2)
3. Wenn die Erfolgsnachricht vom Empfänger zurückkommt, wird die jeweilige Nachricht in der Tabelle für Outgoing-Messages als erledigt markiert. (Step 3)
4. Ein Job prüft regelmäßig die Tabelle für Outgoing Messages. Bei allen Nachrichten, deren Erledigung bereits überfällig ist, werden die Schritte 2 und 3 wiederholt ausgeführt. Eine Nachricht, die längere Zeit nicht verarbeitet werden kann, muss auf einer Fehlerliste bzw. in einer Error-Queue landen. (Step 4)

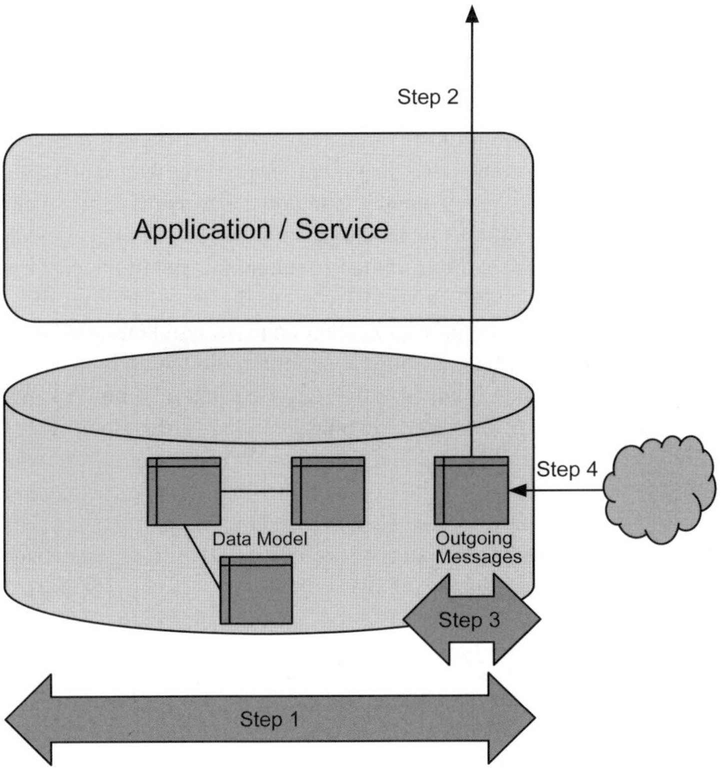

Bild 7.3 Der Ablauf des Transactional Outbox Pattern

7.2.3 Konsistenz in verteilten Systemen

Die konsistente Verarbeitung von Daten ist in einem verteilten System eine Herausforderung für sich. Um zu erklären wieso, sei zunächst einmal der Begriff der Konsistenz etwas näher erläutert. In einem monolithischen System wird das Thema Konsistenz üblicherweise von der Datenbank erledigt, in der die anfallenden Daten gespeichert werden. In den allermeisten Fällen sind diese ACID-fähig, was einem sehr hohen Niveau an konsistenter Datenverarbeitung entspricht. ACID steht dabei für:

- **A für Atomicity:** Die Verarbeitung erfolgt entweder komplett oder gar nicht.
- **C für Consistency:** Der Datenzustand nach der Verarbeitung ist immer konsistent. D. h. wenn die Verarbeitung in unterschiedlichen Tabellen aufgeteilt sein sollte, passen die Daten danach auch immer schlüssig zueinander.
- **I für Isolation:** Parallel laufende Verarbeitungen beeinflussen sich nicht gegenseitig. Üblicherweise werden gewisse Bereiche gesperrt, solange eine Verarbeitung darauf läuft. Dies kann die Performance negativ beeinflussen.
- **D für Durable:** Sobald eine Verarbeitung abgeschlossen ist, sind die Daten dauerhaft vorhanden, auch wenn das System danach ausfallen sollte.

Das C für Consistency (Konsistenz) bedeutet im Fall von ACID, dass die Integrität innerhalb des Datenbestands gewährleistet sein wird. Teilbereiche der Daten sind zueinander stimmig. In Verteilten Systemen ist dies ebenfalls zu gewährleisten, wobei wir gleich sehen werden, wie. Tatsächlich gibt es noch eine andere Art von Konsistenz, die sichergestellt werden muss, sobald Daten repliziert werden und redundant gehalten werden. In dem Fall wäre zu gewährleisten, dass die redundanten Daten sich nicht gegenseitig widersprechen, sondern übereinstimmen. In Verteilten Systemen wendet man üblicherweise Techniken der BASE (Basically, Available, Soft State, Eventual Consistency)-Konsistenz an. Dabei handelt es sich um Pattern, die am Ende der Verarbeitung immer zu einem konsistenten Zustand führen. Das englische „eventually" heißt nämlich so viel wie „schlussendlich" und nicht etwa „eventuell". Das heißt, dass es dabei temporär zu Zuständen der Daten kommen kann, in denen diese eben nicht konsistent sind. Das bedeutet auch, durch die fehlende Isolation (das I in ACID), dass es in diesen Phasen zu inkonsistenten Lesevorgängen kommen kann. Ein Verteiltes System muss mit solchen Situationen umgehen können. BASE Consistency setzt meist darauf, dass im Fehlerfall durch irgendeine Form der Steuerung eine Kompensationstransaktion ausgeführt wird, was ein Begriff ist, den ich zunächst einmal näher erläutern möchte. In manchen Fällen kommen diese übrigens auch in monolithischen Systemen zum Einsatz, wenn einzelne Transaktionen zu groß werden und dadurch den Betrieb der Datenbank aus irgendeinem Grund problematisch machen.

Kompensationstransaktionen

Wenn die Verarbeitung von Daten in mehrere voneinander isolierte Teile aufgeteilt wird, kann es notwendig werden, bereits abgeschlossene Transaktionen auf fachliche Art und Weise wieder rückgängig zu machen. Eine Kompensationstransaktion könnte also ein Storno eines Mietwagens sein, wenn der gewünschte Flug im Verlauf der Buchung einer Reise am Ende doch nicht verfügbar sein sollte. Das Saga Pattern (Abschnitt 7.2.3.7) ist dabei nichts anderes, als eine Aneinanderreihung von Transaktionen und Kompensationstransaktionen. Hinter einem ESB bzw. Zentralen Mediator steht wiederum die Idee, in einer Vermittlungsschicht zwischen den Services, welche diese ansteuert, sicherzustellen, dass bei Bedarf eine solche Kompensationstransaktion ausgeführt wird.

Bei der Klärung des Themas Konsistenz im verteilten System wird uns das folgende hypothetische Szenario einer Banken-IT begleiten: Wir nehmen eine Architektur an, die die Gesamtfunktionalität auf zwei Services A und B verteilt. Dabei handelt es sich bei Service A um das System zur Verwaltung der Girokonten, während Service B für die Sparbücher zuständig ist. Wir möchten auf jeden Fall sicherstellen, dass beispielsweise niemals Geld eines Kunden im Zuge einer Überweisung von dem Konto auf das Sparbuch verloren gehen kann. Wir nehmen aber an, dass es keinen Kunden stören würde, wenn es eine kurze Zeitspanne dauert, bis der Geldbetrag am Ziel dieses Transfers ersichtlich wird.

7.2.3.1 Datenbankintegration (Konsistent)

In diesem Fall teilen sich beide Services dieselbe Datenbank und evtl. auch dasselbe Datenmodell. Dies haben wir bereits in Abschnitt 4.4.1.1 als sehr enge Form der Kopplung kennengelernt. Dadurch lässt sich allerdings sehr einfach Konsistenz sicherstellen, weil man in der Lage ist, gewöhnliche ACID-Datenbanktransaktionen auszuführen.

7.2.3.2 Two Phase Commit/2PC (Konsistent)

Eine einfache Möglichkeit zur Integration und eine etwas losere Kopplung, als es die direkte Datenbankintegration darstellt, würden verteilte Transaktionen bieten. Dies ist dann möglich, wenn beide Datenbanksysteme den X/Open-A-Standard (oder kurz: XA-Standard) implementieren. In Bild 7.4 sehen Sie eine Darstellung, wie ein solches 2 Phase Commit (oder kurz: 2PC) abläuft. Damit dies funktioniert, muss DB #1 zunächst einmal garantieren, dass sie in der Lage sein wird, die kommende Änderung durchzuführen, wozu dort üblicherweise einige Dinge gesperrt werden müssen. Dieser Lock bleibt so lange aufrecht, bis entweder die Information kommt, die Änderung auch wirklich durchzuführen oder die Sperre ohne Änderung wieder aufzuheben, weil z. B. die Durchführung in DB #2 nicht möglich war. Danach ergeht der Auftrag an DB #2, die Änderungen durchzuführen. In Abhängigkeit davon, ob dies geklappt hat, ergeht der Auftrag an DB #1, die Änderung ebenfalls durchzuführen oder nur die Sperren rückgängig zu machen [Kle18].

In der Praxis hat sich gezeigt, dass es immer wieder vorkommt, dass die Sperren in DB #1 lange aufrecht bleiben müssen, z. B. durch ein Problem in DB #2, das sich dadurch weiter auf das System ausbreiten würde. Wenn Sie auf so eine Lösung setzen, sind Sie außerdem technologisch insofern eingeschränkt, dass Sie immer Datenbanksysteme wählen müssen, die auch das entsprechende XA-Protokoll verstehen. Aus diesen Gründen ist 2PC in der Praxis nicht besonders beliebt und wird eher selten gewählt. Es ist auch nicht umsonst und gar nicht schmeichelhaft als das „Anti-Availability Protokoll“ bekannt.

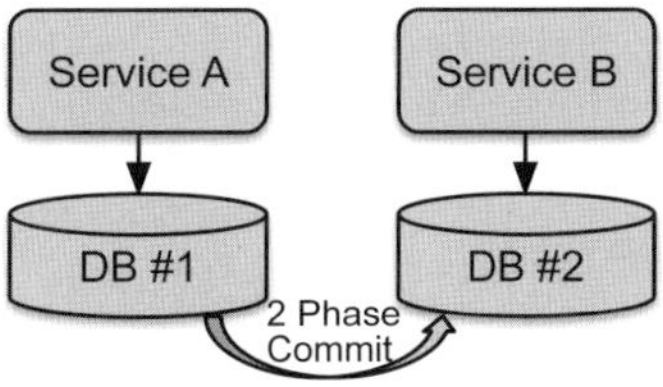

Bild 7.4 Two Phase Commit zwischen zwei Datenbanken

7.2.3.3 Entity-Service (Konsistent)

Um Konsistenz sicherzustellen, ist es auch möglich, alle Zugriffe, welche den Bereich umspannen, wo Konsistenz notwendig ist, in einem eigenen Service zu kapseln. In unserem Beispiel würde das bedeuten, dass die Zugriffe auf die Daten der Girokonten und Sparbücher von einem neuen Service C gekapselt und darunter in ein und derselben Datenbank abgelegt werden. Dieser neue Service C hat dann keine andere Aufgabe, als die Create-, Read-, Update- und Delete-Zugriffe (CRUD) auf diese große Datenbank anzubieten. So ein Service wird als Muster auch als Entity-Service bezeichnet, weil seine einzige Aufgabe darin besteht, die Entities zu persistieren und wieder bereitzustellen. Die Businesslogik zu den Themen Girokonto und Sparbuch verbleibt dabei in Service A und B (Bild 7.5).

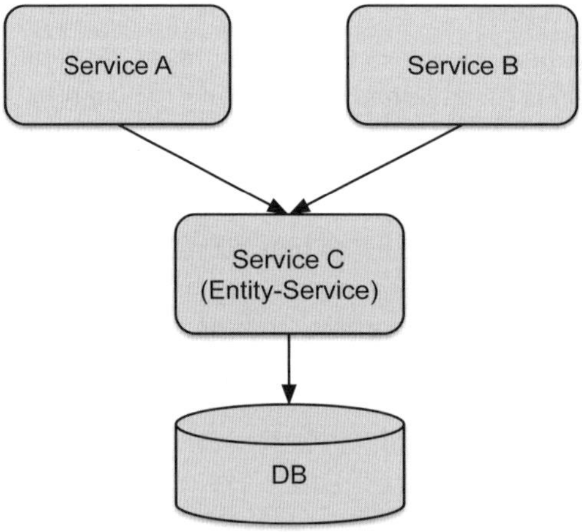

Bild 7.5 Der Entity-Service kümmert sich um die Datenhaltung.

Ein Entity-Service gilt heute eher als Antipattern. Das Problem dabei ist, dass die Schnittstellen von den Services A und B zu Service C hin relativ breit werden und dass alle sich mit dem Entity-Service abstimmen müssen, wenn sie irgendetwas an ihrer Datenhaltung ändern möchten. Die Services sind nicht besonders kohäsiv (P03-Cohesion) und dadurch ebenfalls nicht lose gekoppelt (P18-Loose). Das Team, das an Service C arbeitet, könnte außerdem zum organisatorischen Flaschenhals werden. Versuchen Sie daher besser, immer möglichst Daten UND die dazugehörende Logik in jeweils einem Service zu kapseln.

7.2.3.4 Dezentrale Orchestrierung (Eventually Consistent)

Bei einer Orchestrierung wird der Ablauf, der ggf. die Kompensation durchführt, von einer steuernden Instanz gelenkt. Bei der dezentralen Variante verteilen wir die dafür nötigen Steps auf die einzelnen Services und lassen sie von diesen ausführen. Da eine Finanztransaktion üblicherweise etwas ist, wozu nur ein Girokonto und nicht etwa ein Sparbuch in der Lage ist, beschließen wir, dem Service A die Kontrolle über den Ablauf zu übergeben (Bild 7.6), der wie folgt umgesetzt wird:

- Zunächst wird das Geld vom Girokonto abgebucht (Transaktion Nr. 1).
- Danach wird eine API des Sparbuch-Services aufgerufen, mit dem Auftrag, den Betrag dort gutzuschreiben. Dies passiert dort möglichst in der zweiten Transaktion. Sollte das nicht gehen, weil das Sparbuch beispielsweise aufgelöst wurde, so wird Service A die Buchung in der eigenen Datenbank wieder zurücknehmen (Transaktion Nr. 3).

Das bedeutet, dass es unter Umständen zu einer Korrekturbuchung kommt. Diese würde in der Kompensationstransaktion (eben Transaktion Nr. 3) in diesem Beispiel erfolgen.

Bei einer dezentralen Orchestrierung kommt es potenziell in jedem einzelnen Service zu der Anforderung, asynchron einzelne Steps auszuführen und mit der weiteren Verarbeitung ggf. so lange zu warten, bis die weitere Verarbeitung möglich ist. Dies ist nicht ganz einfach. In vielen Fällen lässt sich so etwas implementieren, indem man einfach die Technologie und Datenbank des jeweiligen Service benutzt. In komplexeren Fällen können Sie

Libraries zur Orchestrierung wie Apache Camel oder den NServiceBus einsetzen. Empfehlenswert ist es auch, einen Blick auf BPMN 2.0 zu werfen, das ähnlich der UML ein Standard ist, um solche Prozesse zu modellieren.

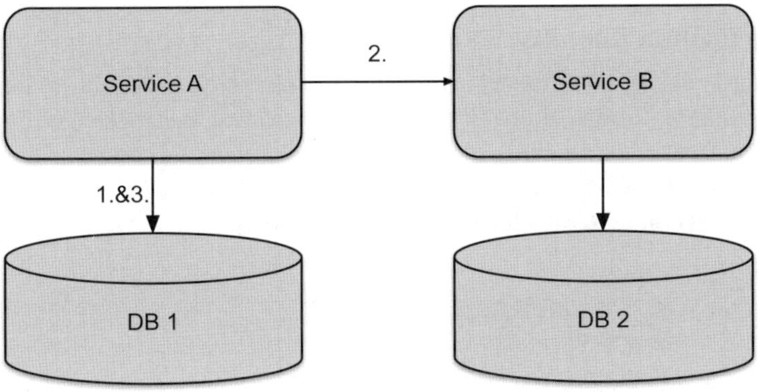

Bild 7.6 Service A steuert den Ablauf zwischen den beiden Services.

7.2.3.5 Zentrale Orchestrierung/Enterprise Service Bus (Eventually Consistent)

Ein häufig anzutreffendes Muster ist, wenn die Orchestrierung durch eine zentrale Serverinstanz durchgeführt wird. Diese besitzt oft noch mehr Fähigkeiten als nur die Orchestrierung alleine (wie zur Connectivity mit unterschiedlichen Technologien) und wird dann oft als Enterprise Service Bus oder kurz ESB bezeichnet. Aufgekommen ist diese Art von Tools durch die Popularität der Enterprise-Application Integration Pattern (EAIP) von Gregor Hohpe [Hoh03]. In Abschnitt 8.3.1.3 werde ich noch darstellen, warum ich zentralisierte Orchestrierung für ein Antipattern halte.

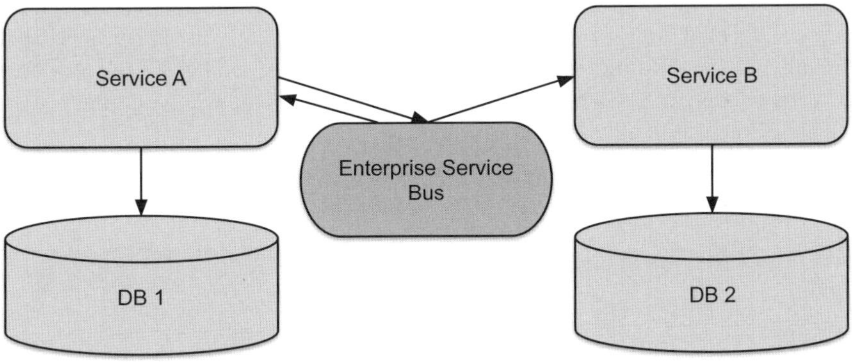

Bild 7.7 Der zentrale ESB, zwar Eventually Consistent, aber trotzdem kein empfehlenswertes Muster

Im konkreten Fall würde Service A den ESB beauftragen, den Ablauf der Transaktion auszuführen. Der ESB würde dann die Services A und B der Reihe nach kontaktieren und bitten, die jeweiligen Einzelteile des gesamten Ablaufs durchzuführen. Sollte Kompensation nötig werden, so würde sich ebenfalls der ESB darum kümmern.

7.2.3.6 Choreografie (nicht automatisch Konsistent)

In einer Choreografie würde das Quell-System A (Girokonto) im einfachsten Fall nur einen Command über eine Messaging-Infrastruktur an das Sparbuch-System B schicken. Sollte System B aus irgendeinem Grund die Buchung nicht verarbeiten können, so kann es einen Publish/Subscribe-Event auf den Message Bus stellen. System A sollte diese Art von Event abonniert haben und entsprechend die Rückbuchung vornehmen (Bild 7.8).

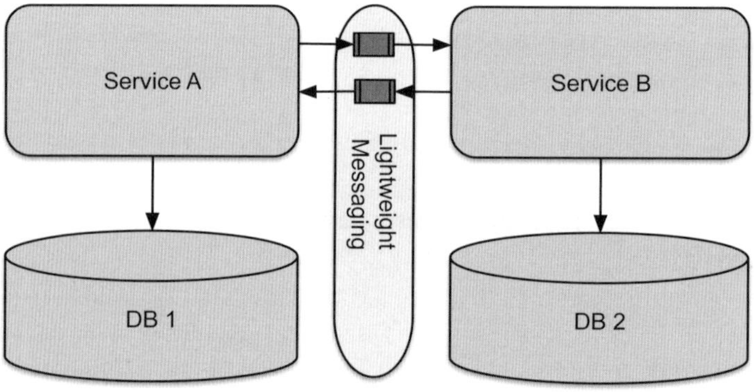

Bild 7.8 Bei einer Choreografie ergibt sich das Zusammenspiel aus den Schnittstellen der Services selbst.

Das Zusammenspiel der einzelnen Services ergibt sich also aus den Nachrichten, die diese emittieren und konsumieren. Das hier vorgestellte Request-Reply-Muster hat nur leider einen gewaltigen Nachteil: Eine Eventual Consistency ist dabei nicht 100 %ig gewährleistet. Es besteht nämlich keine Garantie, dass eine unter Umständen notwendige Kompensationstransaktion auch wieder in Service A ankommen wird. Eine solche Choreografie besteht nämlich aus gleich mehreren atomaren Transaktionen:

1. Abbuchung des Betrags am Girokonto.
2. Erstellen der Message.
3. Buchung am Sparbuch oder Erstellung einer Message für das Girokonto zur Rückbuchung.
4. Die erste Message wird in der Messaging-Infrastruktur als „Verarbeitet" markiert.
5. Ggf. wird eine zweite Nachricht erstellt, welche die Durchführung der Rückbuchung anstoßen soll.
6. In diesem Fall führt das Girokonto die Kompensationsbuchung durch.
7. Diese zweite Message wird vom Girokonto als „Verarbeitet" markiert.

Sollte in diesem Ablauf irgendetwas schiefgehen, so entstehen potenziell inkonsistente Zustände. Für die Choreografie ist nur in ganz einfachen Fällen Eventual Consistency garantiert, wie bei simplen Fire and Forget Messages. Ansonsten beherrschen manche Messaging-Systeme 2-Phase-Commits mit den Datenbanken der Absender bzw. der Empfänger der Nachrichten. Das würde bedeuten, dass das Absenden bzw. Empfangen einer Nachricht in einer gemeinsamen Transaktion mit der Messaging-Infrastruktur passiert. Allerdings natürlich nur mit all den Nachteilen, die diese Form der Integration hat. Empfehlenswerter ist es, das in Abschnitt 7.2.2 vorgestellte Muster zu verwenden. In manchen Fällen sind Inkonsistenzen aber auch durchaus akzeptabel. Unter dem Strich ist es so wie alles eine Frage von einem gesunden Verhältnis von Aufwand zu konkretem Nutzen.

Gegenüber einer Orchestrierung hat eine Choreografie einen gewissen Vorteil, was die mögliche Erweiterung eines Systems angeht im Sinne des Open-Closed-Prinzips (P09-Open). Wenn Sie es mit dem asynchronen Messaging allerdings übertreiben, kann ein System auch unübersichtlich werden und im Extremfall sogar nicht deterministisches Verhalten zeigen. Bei einer Choreografie gibt es, im Gegensatz zur Orchestrierung, nämlich keine zentrale Stelle, wo Sie die Abläufe nachvollziehen können. Um Nachrichten in einer Choreografie zu verfolgen, bietet es sich daher an, anfangs eine sogenannte Correlation-ID zu generieren, die dann bei allen folgenden Events mitgegeben wird, um den Ablauf durch das System danach nachvollziehen zu können. An dieser Stelle sei noch erwähnt, dass sich Orchestrierung und Choreografie auch in einer Architektur gut ergänzen können. Man kann beide Ansätze natürlich kombinieren.

Eine Choreografie kann auf verschiedene Arten und Weisen umgesetzt werden:

- **Direkt von Endpoint zu Endpoint:** Die Messaging-Lösung ist lokal auf derselben (virtuellen) Maschine installiert oder es werden einfach nur die Muster aus Abschnitt 7.2.2 verwendet, ohne dass eine zentrale Komponente zum Einsatz käme.
- **Über einen Event-Log wie Kafka oder AWS Kinesis:** Die Events werden von den Erzeugern gespeichert und können theoretisch jederzeit auch später noch einmal neu abgespielt werden.
- **Über eine Message-Queue oder Broker wie RabbitMQ:** Eine Queue speichert die Messages nur so lange, bis sie abgeholt werden. Ein Broker ist außerdem dafür zuständig, die Messages an den richtigen Endpoint zuzustellen. Dafür gibt es Standards wie das AMQP-Protokoll (Direct, Fanout, Topic und Headers) oder JMS als API (One-to-One und Publish/Subscribe).
- **Über RPC (wie SOAP) oder REST:** Eine Choreografie kann theoretisch auch synchron erfolgen. Oder der empfangende Endpoint holt sich periodisch die Nachrichten vom Erzeuger via Polling ab, wodurch ebenfalls eine asynchrone Entkopplung erreicht wird.

7.2.3.7 Sagas (Eventually Consistent)

Bei Sagas handelt es sich um einen Spezialfall von entweder einer Choreografie oder einer Orchestrierung. Eine Saga ist nichts anderes als eine Aneinanderreihung verschiedener Transaktionen und deren zugehörigen Kompensationstransaktionen. Geht eine der Transaktionen schief, wird von allen bereits durchgeführten Transaktionen die jeweils dazu passende Kompensation durchgeführt.

Das folgende Beispiel stellt den typischen Anwendungsfall und das meistdiskutierte Beispiel für das Saga Pattern dar: In einem Reiseportal soll es für den Benutzer möglich sein, Flug, Hotel und Mietwagen gleichzeitig und mit einem Mausklick zu buchen. Dahinter sind für das Portal drei verschiedene Backends für diese Buchung anzubinden, wobei eine übergreifende Datenbanktransaktion nicht möglich oder nicht gewünscht ist. Wenn nun jedes dieser Backends zur jeweiligen Buchung auch ein Gratis-Storno innerhalb einer gewissen Zeitspanne anbietet, so ist es kein Problem für das Portal, eine solche Buchung durchzuführen, ohne das Risiko für den Kunden, im Endeffekt zwar ein Hotel, aber keinen Flug gebucht zu haben. Die einzelnen Schritte werden der Reihe nach ausgeführt und durch Kompensationsbuchungen wieder rückgängig gemacht, wenn eine der Buchungen fehlschlägt.

7.2.3.8 Event Sourcing und CQRS (Konsistent)

Event Sourcing ist ein Muster, das in den letzten Jahren, durchaus zu Recht, immer populärer geworden ist. Ich möchte es anhand eines Beispiels erläutern. Einmal habe ich einen Bonuspunkte-Shop für eine Versicherung gebaut, in dem der Kunde für bestimmte Ereignisse (also Events) Punkte bekommen hat, die er dann für Vergünstigungen wie Thermeneintritte einlösen konnte. Nehmen wir einmal an, das wäre so gespeichert worden, wie in Tabelle 7.1 dargestellt. Es wird dabei zu jedem Kunden nur der aktuelle Stand dieser Bonuspunkte abgelegt.

Tabelle 7.1 Klassische Speicherung der Bonuspunkte

#	Kunde ID	Punkte aktuell
1	123456	14
2	987654	129

Das wäre eine Zeitlang kein Problem, bis der erste Kunde, wie hier vielleicht „123456", anruft und nachfragt, warum er denn nur noch so wenige Punkte habe? Mit dieser Abbildung in der Datenbank wäre das im Nachhinein nicht mehr nachvollziehbar. In letzter Zeit bemerken immer mehr Unternehmen, dass es durchaus einen höheren Business Value bedeuten kann, wenn man Daten nicht nur auf diese Weise komprimiert ablegt. Anstatt nur das Endergebnis zu speichern, werden alle Ereignisse abgelegt, die zu diesem Ergebnis geführt haben. Das Ergebnis kann man dann immer noch jederzeit als Snapshot ermitteln, siehe dazu Tabelle 7.2. In Row 7, am Jahresende, wurde automatisch ein Snapshot erstellt. Ein Callcenter-Mitarbeiter hat am 22. Februar 2019 einen weiteren Snapshot angefordert (Row 11) und kann jederzeit nachvollziehen, wie der Punktestand zustande gekommen ist!

Tabelle 7.2 Ablage der Events inkl. einiger Snapshots

#	KUNDE ID	Datum	Typ	Punkte
1	123456	5.8.2018	Buchung - Prämie	+8
2	123456	5.9.2018	Buchung - Prämie	+8
3	123456	5.10.2018	Buchung - Prämie	+8
4	123456	5.11.2018	Buchung - Prämie	+8

#	KUNDE ID	Datum	Typ	Punkte
5	123456	5.12.2018	Buchung - Prämie	+8
6	123456	31.12.2018	Buchung - Freischadenbonus	+22
7	123456	1.1.2019	Snapshot	+62
8	123456	5.1.2019	Buchung - Prämie	+9
9	123456	17.1.2019	Buchung - Kauf Thermeneintritt	-66
10	123456	5.2.2019	Buchung - Prämie	+9
11	123456	22.2.2019	Snapshot	+14

Validierung kann hier allerdings zu einer Herausforderung werden. Wenn im Zuge eines Einkaufs durch einen Kunden geprüft werden soll, ob sich auch ausreichend Punkte auf dem Konto befinden, so ist es entweder nötig, einen neuen Snapshot zu erstellen, oder man nimmt den letzten Snapshot, welcher erstellt wurde, und ergänzt diesen um die Events, die nach dessen Erzeugung gespeichert wurden. Übrigens ist diese Form der Datenspeicherung oft auch ein prima Ersatz für Historisierungs- und Auditing-Konzepte in Datenbanken, die Änderungen jederzeit nachvollziehbar machen sollen.

Projektionen

Zusätzlich zur besseren Nachvollziehbarkeit bietet Event Sourcing aber noch einen anderen großen Vorteil. Es wird dadurch möglich, aus den gespeicherten Events auch andere Abbildungen, sogenannte Projections, zu erstellen. So könnte man in diesem Beispiel eine Auswertung machen, welche Vergünstigungen von den Kunden am häufigsten in Anspruch genommen werden, und dann diese Angebote gezielt ausbauen.

CQRS

Ganz ähnlich verhält sich das Pattern CQRS oder Command Query Responsibility Segregation, das gut mit Event Sourcing kombiniert werden kann. Dabei werden die Schreib- von den Lesezugriffen getrennt. Schreibend wird nur auf den Eventstore zugegriffen, während die Snapshots und Projektionen für die Lesezugriffe verwendet werden. Dadurch können schreibende Zugriffe durch den Verzicht auf Indizes in ihrer Geschwindigkeit optimiert werden, während die Lesezugriffe zusätzlich noch mit einem Cache versehen werden. Eine solche Trennung hat aber auch noch andere Vorteile. So wird beispielsweise die Schnittstelle, welche die eingehenden Events empfängt, meist idempotent und lässt sich somit einfacher integrieren. Darüber hinaus ist eine solche Lösung fast automatisch immer konsistent, und das auch in einem verteilten System.

Natürlich können Sie einen Eventstore selber bauen. Alternativ gibt es aber auch bereits einige potenziell passende fixfertige Implementierungen, wie EventStore (*https://eventstore.org*) oder Eventuate (*http://eventuate.io*).

7.3 Vor- und Nachteile der Verteilung

In Zeiten des Microservice-Hypes scheint es so, als gelte Verteilung für viele als das ultimative Allheilmittel der Softwarearchitektur. Ich möchte die Vorteile gar nicht leugnen, allerdings muss man diese auch immer gegen deren Nachteile abwägen. In diesem Abschnitt möchte ich auf ein paar Dinge eingehen, die die typischen Vor- und Nachteile von Verteilten Systemen vs. Monolithischen Ansätzen darstellen.

7.3.1 Technische Freiheit

Großer Vorteil für Verteilte Systeme

Wenn die Komponenten auf unterschiedlichen Hardwareressourcen laufen, sind Sie natürlich freier, was die Auswahl der jeweiligen Technologien angeht, die diese benötigen. Einschränkend würde in dem Fall nur die Kommunikationsweise wirken, die dann von beiden miteinander kommunizierenden Endpoints beherrscht werden muss. Bei monolithischen Systemen gibt es allerdings auch gewisse Freiheiten die man nicht unterschätzen sollte. So kann ein Cobol-System am Mainframe auch Java-Code einbinden. Ein Monolith kann außerdem verschiedene Datenbanksysteme zur Persistenz verwenden.

Man darf allerdings eines nicht unterschätzen: Egal, welche Technologien Sie wählen, es ist nur eine Frage der Zeit, bis Sie diese wieder loswerden wollen. Irgendwann kommt jede Technologie an das Ende ihrer Lebensdauer. Wenn die einzelnen Komponenten dann technisch voneinander unabhängig sind (wie dies eben im Verteilten System der Fall ist), lässt sich die Migration in kleinen Teilschritten durchführen, die jeweils für sich selbst ein geringes Risiko darstellen. Mehr dazu noch in Abschnitt 9.2. Es wird dadurch wohlgemerkt nicht der Aufwand geringer für eine solche technische Migration. Der Aufwand ist derselbe, egal ob er auf einmal durchgeführt wird oder in vielen kleinen Schritten. Der Vorteil des Verteilten Systems ist, dass die kleinen Schritte auch released werden können und sich somit das Risiko des Einsatzes minimieren lässt.

7.3.2 Deployment und Release

Kleiner Vorteil für Verteilte Systeme

Wenn Komponenten verteilt sind, ist es zweifelsohne so, dass auch deren Releasezyklen vergleichsweise unabhängig voneinander geplant werden können. Einschränkend können auch hier wieder die Schnittstellen wirken, die es natürlich auch bei verteilten Komponenten gibt. Dabei helfen wiederum Muster wie das in Abschnitt 4.3.2.1 diskutierte Consumer Driven Contract Testing. Wenn Ihr Ziel eine Continuous Delivery ist, wird Ihnen das mit Sicherheit in einem Verteilten System einfacher fallen, als bei monolithischem Deployment. Allerdings gibt es auch für Monolithen Muster, die dies möglich machen, wie die in Abschnitt 3.5.1 vorgestellten Feature-Toggles.

7.3.3 Fehlerisolation/Graceful Degradation

Großer Vorteil für Verteilte Systeme

Erich Gamma, der Designer der Eclipse-Plattform, wurde einmal gefragt, was er beim Entwurf von Visual-Studio-Code gezielt anders gemacht hatte, um Fehler, die ihm bei Eclipse noch passiert sind, nicht zu wiederholen [Gam16]. Eines der Dinge ist, dass Plug-ins nun in ihrem eigenen Prozess laufen, um somit die Gefahr von unerwünschten Seiteneffekten auf den Prozess, in dem die eigentliche IDE läuft, zu minimieren. Visual-Studio-Code ist also eine Art von Verteiltem System geringen Ausmaßes, in dem einzelne Teile vergleichsweise unabhängig voneinander ausfallen können. Wenn nämlich alle Komponenten innerhalb desselben Prozesses laufen, kann ein Problem in einer dieser Komponenten die Laufzeitumgebung (eben diesen Prozess) aller Komponenten destabilisieren, sei es durch ein Memory-Leak oder eine Endlosschleife.

Die Fehlersituationen einzelner Komponenten in Verteilten Systemen sind also vergleichsweise isoliert voneinander. Idealerweise sind die Komponenten außerdem noch so geschnitten, dass sie entweder durch Asynchronität oder das Circuit-Breaker-Pattern auch bei Ausfall ihrer jeweiligen Schnittstellen-Provider weiterlaufen. Ist dies der Fall, beherrscht das System die Kunst des teilweisen Ausfalls bzw. der Graceful Degradation.

7.3.4 Erosion der Struktur

Kleiner Nachteil (!) für Verteilte Systeme

Oft wird das Argument zitiert, dass es garantiert nur in Verteilten Systemen zu keinerlei struktureller Erosion der Module kommt. Die Module werden als Services getrennt voneinander entwickelt und released, sodass sie über das Netzwerk wieder miteinander kommunizieren, wenn sie dies müssen. Diese Abgrenzung über das Netzwerk verhindert dann angeblich, dass sich unerwünschte Abhängigkeiten zwischen den einzelnen Services einschleichen. Schließlich ist es nicht so einfach, etwas von einem anderen Service zu benützen, was von diesem Service gar nicht dafür vorgesehen wurde. Die Entwickler des anderen Service müssten es dazu erst gezielt, z. B. in einer REST-API, veröffentlichen. Soweit die Theorie, an der natürlich zunächst einmal etwas dran ist.

Dem ist allerdings entgegenzuhalten, dass man denselben Effekt auch durch Einsatz eines der Tools erreicht, die in Abschnitt 3.6.2 vorgestellt wurden. Die gewünschte Modularisierung kann dort definiert und im Build überprüft werden. Verhinderung von Erosion alleine ist kein Grund, um auf Verteilte Systeme zu setzen. Nur alleine deswegen sollten Sie sich die Komplexität von Verteilten Systemen (siehe den folgenden Abschnitt 7.3.5) nicht antun, denn monolithische Systeme können das genauso gut.

Jetzt kommt aber noch etwas dazu: Eine ideale Zerlegung folgt immer den Anforderungen des Auftraggebers und ist immer von den Möglichkeiten abhängig, wie gut sie erfolgen kann. Sie bildet gewisse Geschäftsregeln ab. Der Punkt ist jetzt aber, dass diese Geschäftsregeln über die Zeit gewissen Änderungen unterliegen. Und wenn diese sich ändern, ändert sich auch die ideale Zerlegung der Architektur. Um damit Schritt zu halten, tut es ab und an Not, Funktionalität von einem Modul in ein anderes zu verschieben und somit die Strukturen des Systems zu verändern. Wenn die Entwickler an einem Monolithen in ihrer

IDE arbeiten, ist das manchmal mit ein paar einfachen Mausklicks in der IDE erledigt. Bei einem Verteilten System wurden die einzelnen Module als Services evtl. sogar in unterschiedlichen Programmiersprachen entwickelt oder es unterscheiden sich zumindest die Konzepte für UI, Logging oder Persistenz. Refactorings und Restrukturierungen sind hier nicht so einfach möglich.

Solche restrukturierenden Refactorings sind übrigens auch nötig, wenn Sie im Laufe eines Projekts erst nach und nach die Problemdomäne verstehen. Anfangs ist dann oft nicht klar, wie sich diese Problemdomäne idealerweise in ihre Subdomänen zerlegen lässt. Wenn Ihr Ziel aber aufgrund der Vorteile des Verteilten Systems ein solches ist, so ist es doch möglich, zunächst mit einem modularen Monolithen zu starten. Wenn Sie die Domäne besser verstehen, refaktorieren Sie diesen. Erst wenn Sie mit der Zerlegung zufrieden sind, beginnen Sie mit der Aufteilung der Module in Services. Dieser Ansatz ist auch als Monolith- oder Modulith-First bekannt [Fow15].

Eines noch: Die in Abschnitt 3.6.2 vorgestellten Werkzeuge funktionieren bei Verteilten Systemen nur bedingt, weil die Abhängigkeiten zwischen den Services teils dynamischer Natur sind und daher von den Tools nicht interpretiert werden können. Die Kopplung durch diese Abhängigkeiten ist zwar geringer, gewisse Herausforderungen wie die Kopplung über das Format verschwinden auch durch Verteilung nicht. Deswegen sehe ich es eher als Nachteil, dass Abhängigkeiten in Verteilten Systemen teilweise obskur und verschleiert sein können.

7.3.5 Komplexität

Großer Nachteil für Verteilte Systeme

Die Herausforderungen der Verteilten Systeme (Abschnitt 7.2) dürfen wirklich niemals unterschätzt werden. Setzen Sie nur auf Verteilte Systeme, wenn die Vorteile die Nachteile überwiegen. Wählen Sie außerdem die richtige Abstraktionsebene (CONSTRUCT – siehe Abschnitt 4.5), ab der Sie auf Verteilung setzen möchten.

7.3.6 Skalierbarkeit

Weder Vor- noch Nachteil für Verteilte Systeme

Sobald die Zahl der Benutzer steigt, kommen Monolithen angeblich automatisch an ihre Grenzen. Man kann die Kapazität und Belastungsfähigkeit nicht so ohne Weiteres erhöhen. Bei einem Verteilten System wäre es ja ganz einfach, die einzelnen Services, welche die höhere Last zu tragen haben, punktuell belastbarer zu gestalten. Soweit jedenfalls der Mythos. Zunächst einmal möchte ich erläutern, welche Formen der Skalierung es gibt:

- Hinter vertikaler Skalierung steht die Idee, einzelne Server aufzurüsten und ihnen mehr Speicher, CPU oder Festplattenkapazität zu verpassen.
- Bei horizontaler Skalierung fügt man der Laufzeitumgebung einfach weitere Server hinzu. Dies ist aber leider nicht immer einfach machbar. Es hängt sehr vom Entwurf der Software ab, ob und in welcher Form das überhaupt gelingt.

Da der vertikalen Skalierbarkeit automatisch Grenzen gesetzt sind, möchte ich hier an dieser Stelle darauf eingehen, wie man auch bei monolithischen Architekturen ganz einfach horizontale Skalierbarkeit ermöglichen kann. Üblicherweise gibt es dabei zwei Engstellen, die hier Probleme bereiten. Und zwar:

Application State

Die meisten Applikationen halten, im Gegensatz zu gut durchdachten Services, irgendeine Art von Zustand im Memory. Dies kann beispielsweise der Warenkorb des aktuell angemeldeten Benutzers sein. Bei einer horizontalen Skalierung bekäme man nun das Problem, dass eine andere Server-Instanz für die ausgefallene nicht einfach einspringen kann, weil ein solcher Zustand dadurch ebenfalls verloren wäre. Dies ist aber, wenn es nicht sogar verschmerzbar ist, recht einfach zu lösen. Zunächst könnte man den State zum Benutzer hin auslagern, entweder in eine native App auf einem Smartphone oder in den Browser, was besonders bei einer Single Page Application ganz einfach ist. Zudem beherrschen viele Technologien das Persistieren und Replizieren von Zuständen zwischen den einzelnen Server-Instanzen. Wenn das nicht geht, kann natürlich auch immer die Datenbank zur Ablage des Application State hergenommen werden. Im konkreten Fall würde das bedeuten, dass der Warenkorb als persistentes Entity in der Datenbank landen würde. Dadurch würde die Datenbank zum einzig verbliebenen Flaschenhals werden, wofür es dann allerdings wieder andere gute Lösungsansätze gibt.

Datenbank

Die Datenbank selbst ist etwas, was auf den ersten Blick nicht so einfach horizontal skalierbar scheint und somit Gefahr läuft, zur Engstelle bei der Steigerung der nötigen Belastbarkeit zu werden. Wenn die Last vorrangig beim Lesen der Daten entsteht, so ist es noch relativ einfach, die Daten auf mehrere Datenbankreplikate zu verteilen, von denen dann nur gelesen wird (Bild 7.9). Dabei sind Schreib-Operationen aber nach wie vor potenziell problematisch, weil eben noch nicht horizontal skalierbar.

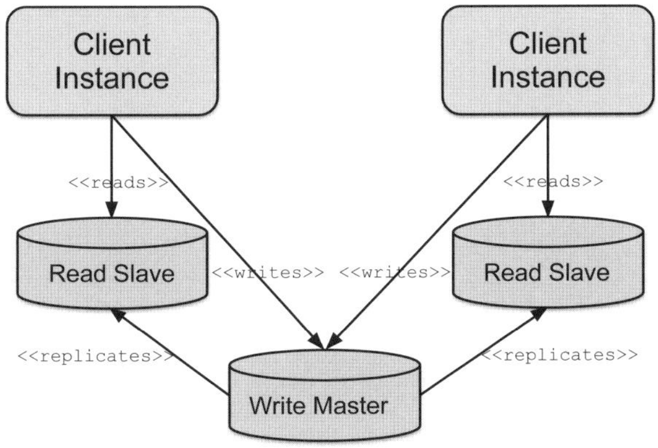

Bild 7.9 Aufteilung der Leseoperationen auf mehrere Datenbanken durch einfache Master/Slave-Replikation

Schreiboperationen sind komplexer in Bezug auf die horizontale Skalierbarkeit, weil sie nicht so einfach parallelisierbar sind, wie dies bei Leseoperationen der Fall ist. Einerseits, weil es dabei zu Konflikten und konkurrierenden Updates der Datensätze unter den einzelnen Datenbankinstanzen kommen kann, andererseits, weil oft atomare Transaktionen über die verschiedenen Tabellen hinweg notwendig sind. Eine in vielen Fällen mögliche Lösung besteht darin, die Daten horizontal aufzuteilen bzw. zu sharden. Dabei kommt es zu einer Partitionierung nach einem Schlüssel. Bei diesem handelt es sich meist um einen unveränderlichen Hash-Key, welcher für eine ausgewogene Aufteilung auf die einzelnen Datenbankinstanzen sorgt [Kle18]. So könnten Daten von Kunden in jeweils einer Instanz kumuliert werden, wobei natürlich eine Datenbankinstanz mehr als einen Kundendatensatz als Master (bzw. Leader) führt. Zur Durchführung von Leseoperationen werden außerdem alle Daten zwischen diesen einzelnen Shards geteilt. Dies setzt voraus, dass niemals eine atomare Transaktion zwischen Datentabellen unterschiedlicher Kunden durchgeführt werden muss. Hier kann man sich dann zur Not mit diversen Mustern der Eventual Consistency helfen, wie beispielsweise dem Saga-Pattern. Wie so etwas dann aussieht, ist in Bild 7.10 dargestellt. Vielleicht fällt Ihnen dabei der DB-Switch, welcher abhängig vom Key die richtige DB-Instanz auswählt, als möglicher Single Point of Failure negativ auf. Dies ist natürlich den Designern der Datenbanksysteme ebenfalls bewusst, weshalb es meist Proxies gibt, welche auf die einzelnen Client-Instanzen verteilt jeweils die Info erhalten, in welcher Datenbankinstanz welche Schlüssel vorrätig sind. Es gibt dann also je Client-Instanz einen solchen DB-Switch. Durch diese Verteilung besteht somit keine Problematik mehr.

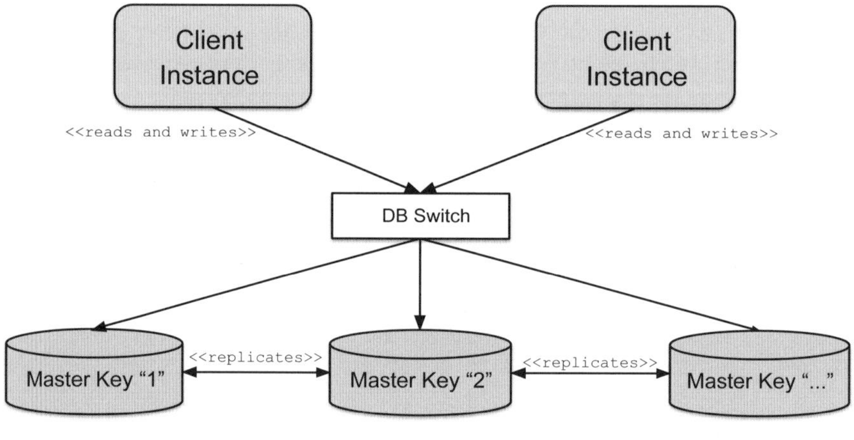

Bild 7.10 Durch Sharding sind auch Schreibvorgänge keine Flaschenhälse mehr.

Ein legitimer Einwand könnte noch sein, dass man dadurch wieder so etwas Ähnliches wie ein Verteiltes System gebaut hat. Bei den einzelnen Clients kann es sich allerdings um Instanzen von ein und demselben Monolithen handeln. Tatsächlich ist es

- in einem Verteilten System einfacher zu sharden, wenn nur wenige der Features und somit Services betroffen sind;
- in einer monolithischen Architektur in Summe weniger aufwendig, wenn generell der gesamte Funktionsumfang betroffen ist.

Wie gemacht ist dieses Muster für NoSQL-Datenbanken wie beispielsweise die MongoDB. Möglich ist es überraschenderweise aber auch mit klassischen relationalen Datenbanken wie dem MySQL-Datenbanksystem [Kle18]. Dies als Gegenbeweis zur These, dass man alleine schon deswegen auf ein Verteiltes System setzen müsste, weil es für manche der Anwendungsfälle nötig ist, spezifisch und abweichend vom Rest die Technologie auszuwählen. Es ist auch für mich immer wieder überraschend, wie viele der bekannten großen Webportale nach wie vor auf doch recht betagte Technologieplattformen setzen. So läuft die Plattform Etsy (*https://www.etsy.com/de/*) als Monolith auf einem PHP-Stack und beantwortet Milliarden Requests pro Monat fehlerfrei.

7.4 Representational State Transfer (REST)

Bei REST (Representational State Transfer) handelt es sich um eine Philosophie der Kommunikation in verteilten Systemen, die sich an der Remote-Kommunikation im World-Wide-Web orientiert [Til15]. Es geht dabei also explizit nicht unbedingt um die Kommunikation von einem User-Interface zu „seinem" Backend. Schnittstellen werden dabei prinzipiell als Ressourcen abgebildet, für die Kommunikation sind die Verben des Webs vorgesehen, wie GET, PUT, POST oder DELETE. Einer der häufigsten Irrtümer, welchen ich in meiner Karriere begegnet bin, ist es, jeden JSON-String, welcher über http versendet wird, als „REST Service" zu bezeichnen. Tatsächlich ist so etwas nach Richardsons Maturity Model [Fow10] erst Rest Level 0. Die weiteren Ebenen auf dem Weg zu einer REST-Architektur sind:

7.4.1 Level 1

Komplexe Schnittstellen werden in ihre einzelnen Teile zerlegt, wodurch REST auf Level 1 bereits das Prinzip der Interface-Segregation umsetzt (P12-InSeg). Jedes dieser Einzelteile repräsentiert eine Ressource und somit die einzelnen „Hauptwörter" aus denen die Schnittstelle in Summe besteht.

7.4.2 Level 2

Ab Level 2 erfolgt die Kommunikation mit den Ressourcen ausschließlich über http-Verben. Die Antworten halten sich an die Standards des Web. Damit sollte jedem Consumer klar sein, ob die durchgeführte Operation

- idempotent ist. So ist das Verb PUT per definitionem immer idempotent, während dies bei einem POST nicht der Fall ist;
- safe ist. Dies ist ein Verb dann, wenn es durch seine Ausführung am Server zu keinen Änderungen kommt. Ein GET wäre demnach safe, während PUT und POST dies natürlich nicht sind.

Wenn möglich, wird außerdem ab Level 2 auch noch auf weitere http-Standards gesetzt, wie gewisse Header und die im Web üblichen Returncodes (wie 404 für Not-Found).

7.4.3 Level 3

Für die dritte und letzte Stufe muss die Schnittstelle eine Form von Hypermedia/HATEOAS (Hypermedia As The Engine Of Application State) umsetzen. Das bedeutet, dass der Client von der ersten Anfrage an über URIs, die den Antworten hinzugefügt werden, zu den folgenden Requests/Ressourcen weitergeleitet wird. Durch Level 2 und 3 wird die Schnittstelle also gewisse allgemein bekannte Standards des Webs benutzend selbsterklärend, was wir in Abschnitt 4.3 als ein mögliches Ziel für gut entworfene Schnittstellen festgelegt haben. So etwas ist somit auch für die Schnittstellen Verteilter Systeme möglich.

Für HATEOAS gibt es inzwischen einige Standards wie z. B. HAL. Ich persönlich empfehle Level 3 vor allem dann, wenn man externe Developer zur Benutzung der eigenen öffentlichen API gewinnen möchte, indem man ihnen damit das Erlernen möglichst einfach gestaltet. Dasselbe Ziel erreicht man allerdings, wenn man die REST API mit der auf Swagger basierenden OpenAPI Specification dokumentiert. Dies hat einige Vorteile: So können sich neue Consumer beispielsweise selbst Code generieren lassen, welcher einen programmatischen Zugriff auf die Server API bietet. Ich persönlich bin ein großer Fan von REST bis Level 2!

8 Makro-Architektur

We get some rules to follow, that and this, these and those. No one knows...
Queens of the Stone Age

Bevor wir uns dem Thema Makro-Architektur widmen, gilt es einmal mehr, den Begriff näher abzugrenzen. Tatsächlich kenne ich zwei gebräuchliche Definitionen dieses Begriffs, wovon die erste etwas weiter ist und die zweite, spezifische, beinhaltet:

1. Die Makro-Architektur behandelt alle Architekturthemen, aber nur dann, wenn diese über die einzelnen Teams, Gruppen und Abteilungen des Unternehmens hinaus abzustimmen sind. Bei den Themen kann es sich um die Zerlegung des Systems in Subsysteme handeln und welche Features in welchem Team und in welchem Subsystem erledigt werden. Es wird festgelegt, wie die Schnittstellen auszusehen haben und wie die Interaktion zwischen den Subsystemen zu funktionieren hat. Qualitätsziele, die für alle gelten, werden abgestimmt und auf die Teams hinuntergebrochen und dort ggf. weiter verfeinert. Welche Regeln und Prinzipien gelten für alle Teams und Subsysteme? Welche Technologien dürfen verwendet werden? Es wird also der Rahmen für die gesamte Architekturarbeit vorgegeben.
2. Bei Makro-Architektur handelt es sich um die Dinge, die in einem verteilten System für alle Services gelten. Und das unabhängig davon, auf welcher Abstraktionsebene die Verteilung geschieht. Es gibt dann Aspekte, die für alle Services im Verteilten System gelten, und andere Aspekte, die je Service individuell entschieden werden. Dieser zweite Definitionsansatz bezieht sich also im Gegensatz mehr zum ersten mehr auf die Verteilung der Services als auf die Organisation und bezieht sich primär auf technologische Fragen und tendenziell nicht auf die anderen Fragen der Softwarearchitektur.

Mikro-Architektur ist dann alles andere. Beim ersten Ansatz wären dies Dinge, die je Subsystem bzw. je Team individuell entschieden werden dürfen. Beim zweiten Ansatz sind das Aspekte, die je (Micro-)Service individuell festgelegt werden können, und zwar auch, wenn dies echte Microservices sind, die vom selben Entwickler geschrieben werden. Der zweite Ansatz geht mir persönlich nicht weit genug bzw. ist der nötige Scope für die Makro-Architekturarbeit nicht unbedingt die Ebene auf der die Verteilung passiert. Meine Erfahrung ist aber, dass im deutschen Sprachraum mit Makro-Architektur meist dieser zweite Ansatz gemeint wird. In beiden Ansätzen werden allgemein Regeln festgehalten, wofür es prinzipiell die folgenden Möglichkeiten gibt:

- **White-Listing:** Die erlaubten Optionen werden konkret angeführt. Es darf bei der Auswahl eines Lösungskonzepts nur eine der in der White-List angeführten Möglichkeiten gewählt werden, wenn dort eine für das jeweilige Problem angeführt ist. Ansonsten hat das Team um eine Erlaubnis anzufragen, ob es aus bestimmten Gründen von den geltenden Regeln abweichen darf.
- **Black-Listing:** Nicht erlaubte Varianten werden angeführt. Alles, was nicht auf der Black-List steht, ist dann erlaubt. White- und Black-Listing kann natürlich kombiniert werden.
- **Vorschläge statt Vorschriften:** Den Teams werden Regeln vorgegeben, die aber eine bestimmte Severity haben. So gibt es Dinge, an die sich wirklich jeder halten muss, aber auch Regeln, bei denen es sich nur um Vorschläge handelt. An Vorschläge haben sich ebenfalls alle zu halten, es sei denn, dass es gute Gründe gibt, dies in einem konkreten Fall nicht zu tun.
- **Nach Grad der Abhängigkeit:** Die Ausnahme darf dann gemacht werden, wenn es ein Konzept gibt, diese mit einem Aufwand unterhalb einer zu definierenden Grenze wieder loszuwerden.
- **Innovations-Token:** Jedes Team hält sich an die Regeln, darf aber in bestimmten Zeiträumen selbstständig eine gewisse Anzahl an Innovationen ausprobieren und lokal einführen. Später werden diese gemeinsam begutachtet und entweder für gut befunden oder ab da als Technische Schuld betrachtet. Wenn es für gut befunden wurde, wird es danach entweder als Teil der allgemeinen Regeln oder eine nur lokal aus einem bestimmten Grund notwendige Ausnahme angesehen.
- **Anti-Zähigkeit:** Eine Möglichkeit, ein vergleichsweise hohes Maß an Einheitlichkeit zu erreichen, ohne dabei die Freiheit der einzelnen Teams zu sehr einzuschränken, ist es, den Teams möglichst einfach zu machen, das Richtige zu tun. Robert C. Martin nannte dies das Prinzip der Anti-Viscosity (dt. Anti-Zähigkeit) [Tot15]. Ein Beispiel dafür ist das, was Netflix macht, um das Ziel eines hohen Grads an Einheitlichkeit seiner Microservice-Architektur zu erreichen: Den Teams werden gewisse Ziele vorgeschrieben, wie dass jeder Service in der zentralen Discovery zu registrieren ist oder dass bestimmte Standards für das Logging einzuhalten sind. Diese Ziele sind unumstößlich, wobei es prinzipiell freigestellt ist, wie diese erreicht werden. Gleichzeitig gibt es einen Standard-Blueprint für neue Microservices, wo all diese Ziele erfüllt werden und der dafür eben bestimmte Libraries und Konzepte nutzt. Niemand tut sich dort den Mehraufwand an, für einen neuen Microservice das Rad neu zu erfinden. Das funktioniert bei Netflix inzwischen sogar so gut, dass man die Teams inzwischen motivieren muss, manchmal auch neue Technologien auszuprobieren, um nicht so sehr von einem Technologiestack abhängig zu sein.

> Wenn Sie Makro-Architektur als eine Disziplin ansehen, die sich nur um das Thema Cross-Cutting-Concerns im Verteilten System kümmert (wie in zweiten Ansatz), laufen Sie Gefahr, das Thema Modulare Strukturierung der Systemlandschaft zu übersehen.

Vor- und Nachteile der Regulierung

Es gibt diverse Gründe, warum ein Unternehmen keinen x-beliebigen Wildwuchs an Konzepten und Technologien haben möchte. Dabei handelt es sich u. a. um:

- Jede Technologie bringt die eine oder andere Herausforderung mit sich, die im Unternehmenskontext gelöst werden muss. Bei einer unerwünschten und oft überflüssigen Vielfalt an Technologien sind dies umso mehr Probleme, die gelöst werden müssen, und das Potenzial, dass sich die Teams dabei gegenseitig helfen können, ist geringer.
- Wenn die Teams die von ihnen gebaute Software nicht selbst betreiben, kommt auch auf den Betrieb eine entsprechende Menge an Herausforderungen zu, wenn die Vielfalt an Konzepten und Technologien entsprechend groß ist. Diese Problematik kann bei einem DevOps-Szenario, wo die Teams für den Betrieb auch selbst verantwortlich sind, wegfallen.
- Bei Themen, die über ein Subsystem bzw. Team hinausgehen, ist es oft sogar nötig, dass die Konzepte sich gleichen. Dies kann der Fall sein, wenn eine Correlation-ID durch die einzelnen Subsysteme geschleust wird, um später noch den Lauf eines Requests durch das System nachvollziehen zu können. Oder wenn ein zentrales Dashboard des Betriebs in der Lage sein soll, Fehlersituationen erkennen zu können, sollten die auf ähnliche Art und Weise im Log auftauchen.
- Wenn die Lösungsmuster der Teams ähnlich sind, ist es einfacher, Mitarbeiter eines Teams bei Bedarf in einem anderen Team einzusetzen. Dies kann hilfreich sein, wenn es eine Spitzenlast an Aufträgen in einem anderen Team abzufedern gilt. Natürlich müssen sich die Mitarbeiter auch dann in eine neue Codebasis einarbeiten, was entsprechend Zeit in Anspruch nehmen wird. Bei großteils ähnlichen Konzepten und Technologien wird dies aber um einiges schneller vonstattengehen.

Ein Argument, das sogar für ein gewisses Maß an Vielfalt spricht, ist wiederum das folgende: Ein Unternehmen, das sich sehr stark nur auf ein kleines Technologieset einschränkt, wird sich, sobald dies nötig ist, evtl. schwer damit tun, auf neue Technologien umzusteigen. Und früher oder später wird sich jedes Unternehmen mit neuen Technologien auseinandersetzen müssen.

Die Vorteile der Freiheit seien hier ebenfalls erwähnt:

- Das Team ist entsprechend motiviert, wenn es seine Ziele möglichst eigenverantwortlich erreichen kann und dabei so viel Freiheit wie möglich hat.
- Die Freiheit selbst gibt dem Team auch erst die Möglichkeit, die Ziele selbstständig zu erreichen, da es dann die für die Teammitglieder und die jeweilige Anforderung nötigen Technologien und Konzepte frei wählen kann.
- Es kommt zu weniger Konflikten zwischen den einzelnen Teams und den Mitarbeitern, die für die zentralen Entscheidungen der Makro-Architektur verantwortlich sind.

Willkommen in der Zwickmühle

Strengere Regeln werden also zu einem geringeren Wildwuchs an Konzepten und Technologien im Unternehmen führen, werden aber teilweise die Teams in ihrer Arbeit einschränken. Stellen Sie sich als Beispiel ein Unternehmen vor, das gerne großteils auf Java und das Spring-Framework setzen möchte, und ein Team, das sehr viele Kenntnisse im Bereich JavaScript und node.js mitbringt. In diesem Fall gibt es keinen einfachen Ausweg aus dem

Dilemma, ob man das Team die ihm bekannte Technologie nutzen lässt (was die Arbeit kurzfristig vereinfachen würde) oder ob man verlangt, dass eine neue Technologie erlernt wird. Damit möchte ich sagen, dass es völlig normal ist, dass es ein gewisses Spannungsfeld gibt zwischen Einheitlichkeit und Freiheit der Teams (T02-Regulation). Für dieses Dilemma gibt es keine einfache Lösung. Im jeweiligen Fall wird man immer das Pro und Contra gegeneinander abwägen müssen.

8.1 Conway's Law

Um Subsysteme in der Makro-Architektur einzelnen Teams zuzuordnen (nach Definition Nr. 1), muss man Conway's Law (L03-Conway) kennen. Dabei sollte klar werden, warum es nicht egal ist, welche Organisationseinheit (oder eben welches Team) an welchem Subsystem arbeitet. Dieses Gesetz besagt, dass in Unternehmen, die Softwaresysteme entwickeln, die Module und Schnittstellen im Code automatisch den Strukturen und Kommunikationswegen im Unternehmen entsprechen werden [Con68]. Wenn ein Unternehmen aus drei Teams besteht, die ein System bauen, dann wird dieses sehr wahrscheinlich aus drei Hauptkomponenten wie Modulen oder Layern bestehen (Bild 8.1). Der Grund ist, dass zur Integration von Komponenten die Schnittstellen durch den Entwickler des Consumers verstanden werden müssen. Für dieses Verstehen ist Kommunikation notwendig. Kommunikation wiederum findet hauptsächlich innerhalb einer Organisationseinheit, also eines Teams, statt. Hohe Kohäsion (wie eben innerhalb eines Moduls) wird es demnach innerhalb des Codes geben, der von einem Team entwickelt wird. Hohe Kohäsion bedeutet schließlich ein durchaus gewünschtes hohes Maß an Abhängigkeit innerhalb eines Bausteins. Losere Kopplung wird es zwischen den Systemteilen geben, die von unterschiedlichen Teams gebaut werden.

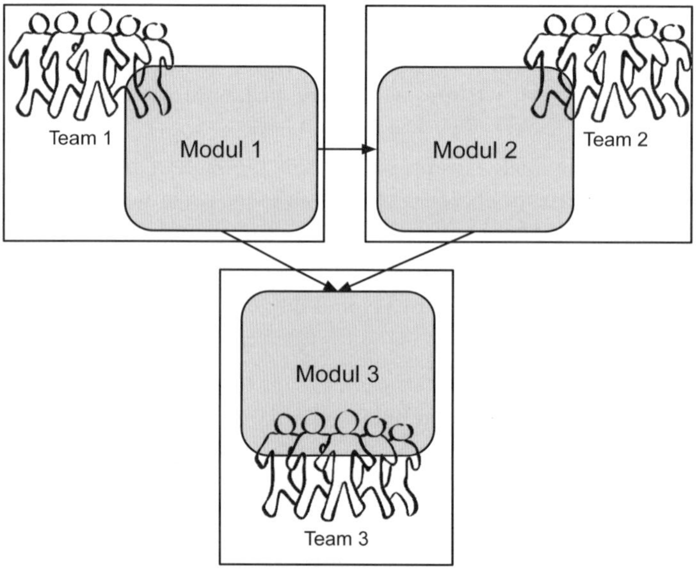

Bild 8.1
Conway's Law illustriert

Das ist übrigens nicht unbedingt etwas Schlechtes. Stellen Sie sich einen Fall vor, wo dem nicht so wäre, wie er in Bild 8.2 dargestellt ist. Die Kommunikation hätte in so einem Fall sehr viel über die Teamgrenzen hinweg zu erfolgen, und zwar aus folgendem Grund: Die Kopplung innerhalb der Module ist gewünscht (P03-Cohesion) und zur Weiterentwicklung der Subbausteine innerhalb der Module sind diese eng koppelnden Schnittstellen laufend zu berücksichtigen. Das ist teuer und mühsam, erfordert viele Meetings und evtl. eine bestimmte Form von Bürokratie im Unternehmen, die dann sicherstellt, dass diese Kommunikation auch tatsächlich stattfindet. Ohne diese Kommunikation könnten sich schließlich Fehler beim Zusammenspiel der Module einschleichen. Solche Situationen sollten tunlichst vermieden werden, entstehen aber teilweise durch Restrukturierung des Codes oder noch häufiger durch Restrukturierung des Unternehmens.

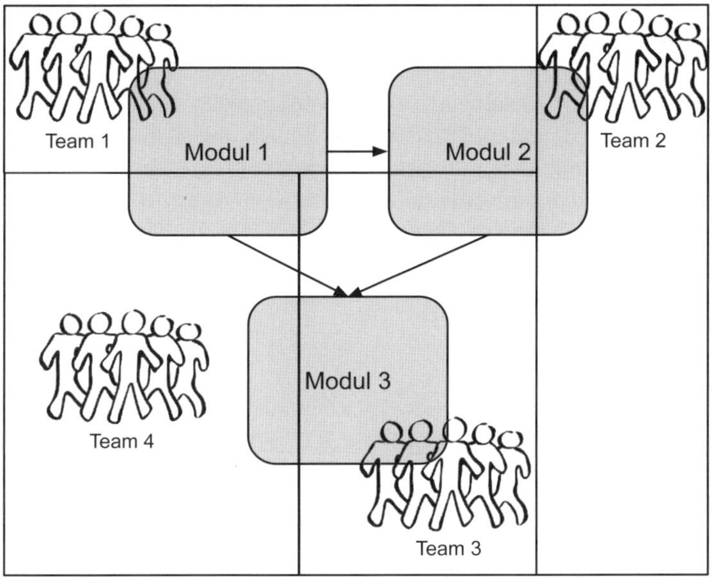

Bild 8.2 Wenn Organisation und Systemstruktur nicht übereinstimmen, wird es mühsam.

Daraus ergibt sich folgende Schlussfolgerung: Eine Struktur des Systems, die den Kommunikationsstrukturen des Unternehmens entspricht, ist effizient. Dies kann man sich als Architekt zunutze machen, indem man eine Struktur entwirft, die sich gut auf die Organisationseinheiten des Unternehmens aufteilen lässt. Unter Umständen kann es sogar sinnvoll sein, diesbezüglich beim modularen Entwurf Kompromisse einzugehen (T08-Struct Org). Alternativ ist es manchmal auch möglich, das Unternehmen nach dem idealen modularen Entwurf des Systems hin zu organisieren. Die Teams werden dann um die Subsysteme herum organisiert. Eine solche Maßnahme ist auch als Inverse-Conway-Maneuver bekannt.

Eine oft übersehene Schlussfolgerung aus Conway's Law ist, dass ein Unternehmen, das Software entwickelt, nicht restrukturiert werden kann, ohne dabei die Software mit zu berücksichtigen. Umgekehrt gilt das natürlich genauso. Eine Umstrukturierung von entweder nur der Organisation oder nur der Software würde jede weitere Arbeit unnötig erschweren. Natürlich ist mir bewusst, dass es nicht immer einfach möglich ist, bei einer nötigen Umstrukturierung des Systems bzw. des Codes als Architekt auch die Organisation des Unternehmens zu beeinflussen. Das ist und bleibt Aufgabe des Managements, mit dem man sich wegen so einer Maßnahme abstimmen sollte. ■

8.1.1 Die ideale Teamgröße

Wir haben gelernt, dass ein Modul im Code nicht zu groß werden sollte. Es sollte möglich sein, es noch am Stück zu verstehen, und zu große Module sollten auf mehrere aufgeteilt werden. Wie verhält sich das nun mit Teams in einer Organisation? Der Zusammenhang zwischen Teamgröße und Struktur der Software ergibt sich aus Conway's Law, weshalb wir hier einen Blick auf diese Frage der optimalen Teamgröße werfen. Tatsächlich gibt es auch hier ein Spannungsfeld zwischen Argumenten einerseits, ein Team möglichst klein haben zu wollen, und andererseits, ein Team möglichst komplett aufzustellen (T03-TeamSize).

Vorteile kleiner Teams

Kleine Teams haben den Vorteil der geringen Anzahl an Kommunikationswegen zwischen seinen Mitgliedern. Die Anzahl an möglichen Verbindungen zwischen Teammitgliedern steigt nämlich exponentiell nach folgender Formel, wobei n für die Anzahl der Teammitglieder steht:

```
Verbindungen = (n*(n-1))/2
```

Diese Formel ist auch in Bild 8.3 dargestellt. Um die möglichen Kommunikationswege möglichst gering zu halten, empfiehlt es sich, eine Obergrenze von zehn bis maximal zwölf Mitgliedern nicht zu überschreiten. Bei Amazon ist dies so definiert, dass es sich solange um ein Team handelt, solange die informelle Kommunikation ausreicht, um noch von selbst für den nötigen Informationsfluss zu sorgen [Cho18]. Dies ist dort als die 2-Pizza-Regel bekannt, wonach ein Team nicht größer werden sollte, als es mittags noch durch zwei große amerikanische Pizzen satt zu bekommen ist.

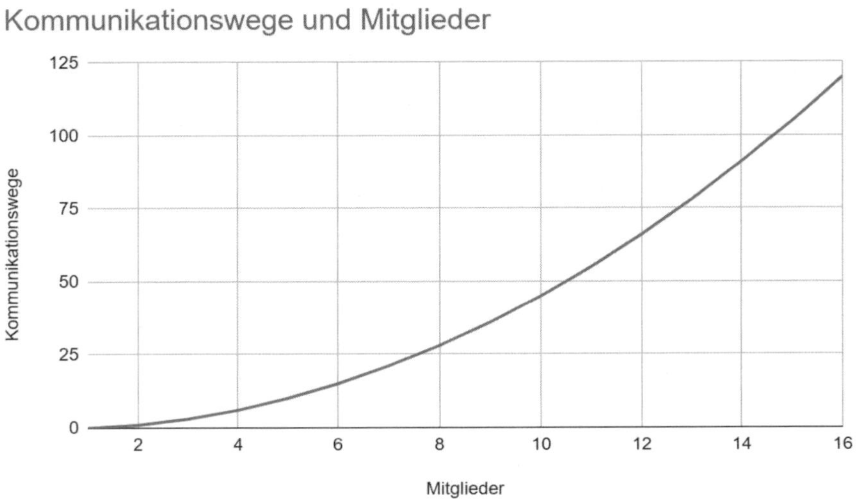

Bild 8.3 Die Anzahl der möglichen Kommunikationswege steigt exponentiell in Relation zur Anzahl der Mitglieder eines Teams.

Vorteile kompletter Teams

Der Wunsch, möglichst kleine Teams zu haben, kollidiert allerdings mit dem Wunsch, ein Team möglichst so aufzustellen, dass es seine Aufgaben selbstständig lösen kann. In der IT bedeutet das, dass man Skills wie Projektleitung, UI-Programmierung, Backend-Programmierung, Requirements-Engineering, Testautomatisierung, Architektur, Security usw. benötigt. Sie sehen, dass dies schnell mit dem Wunsch nach einer Teamgröße von maximal zehn Mitgliedern kollidieren wird.

8.1.2 Das Spotify-Modell

In der klassischen BWL gab es die Idee der Business-Units oder Strategischen Geschäftseinheiten. Das Unternehmen wurde so strukturiert, dass jede Organisationseinheit sich selbstständig um ihren Teil der Problemdomäne kümmert. Das Modell des sehr erfolgreichen schwedischen Unternehmens Spotify baut darauf auf und liefert eine Möglichkeit, ein Unternehmen entsprechend zu organisieren [Kni12]. Dies wird in letzter Zeit immer populärer. Die einzelnen Teilbereiche der Organisation, genannt Tribes, kümmern sich jeweils komplett eigenständig um einen Teilbereich des Business. Eine solche Tribe ist selbst wiederum in ebenfalls business-orientierten Teilbereichen organisiert, genannt Squads. Eine Squad ist für ein Teilprodukt einer Tribe verantwortlich. Die Ziele einer Squad werden üblicherweise von einem Product-Owner vorgegeben. Querschnittliche Dinge wie Softwareentwicklung können innerhalb einer Tribe in sogenannten Chapters organisiert werden. Für querschnittliche Aufgaben, die über eine Tribe hinausgehen, werden sogenannte Gilden organisiert. In einer Gilde können sich beispielsweise die Architekten aller Tribes organisieren und die Themen der Makro-Architektur besprechen (siehe Bild 8.4).

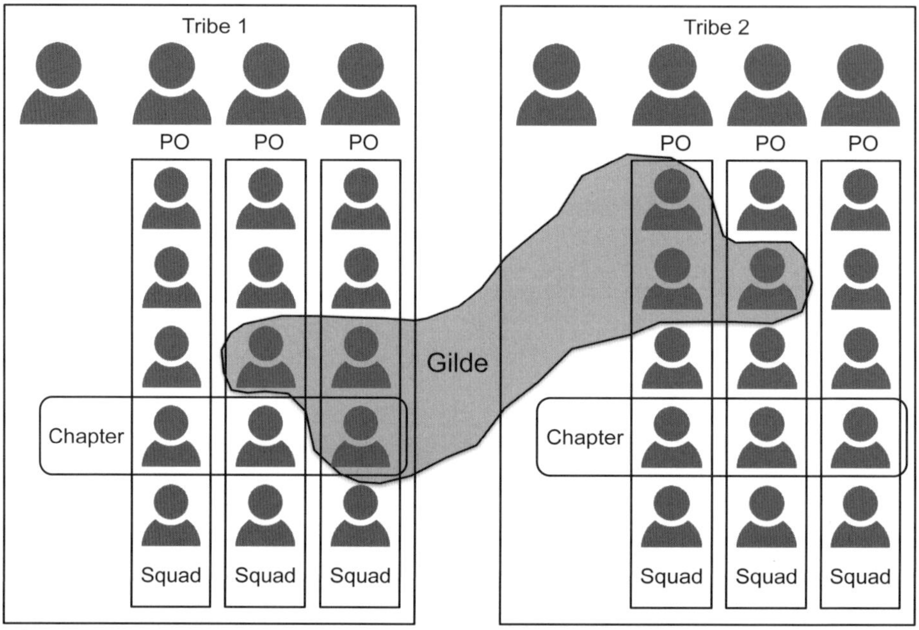

Bild 8.4 Das Spotify-Modell, illustriert

So wunderbar klar dies auf den ersten Blick wirkt, bringt so eine modulare Organisation ohne dedizierte IT-Abteilung natürlich gewisse Herausforderungen mit sich. So gibt es oft Themen im Unternehmen, die sich nicht einfach dezentralisieren lassen, wie Security, Betrieb oder Machine Learning. Hier kann man sich helfen, indem man für solche Aufgaben eigene Tribes gründet. Die Führungskraft einer Tribe ist ebenfalls stark gefordert, da sie sowohl einen Teilbereich des Business anzuführen hat, als auch einen Teilbereich der IT und somit in diesen beiden Welten zuhause sein muss. Eine Idee ist, einer Führungskraft einen Assistenten zur Seite zu stellen, der (oder die) im jeweils anderen Bereich kompetent ist.

■ 8.2 Organisation der Makro-Architekturarbeit

Organisatorisch können Fragen der Makro-Architektur (egal ob nach erster oder zweiter Definition) von entweder einem dezidiert zentralen Team getroffen werden, das nur für diese Entscheidungen verantwortlich ist, oder von einer Art Gilde (wie im Spotify-Modell) der Architekten aus den einzelnen Teams. Dazwischen gibt es natürlich noch Varianten, wie ein zentrales Team, in dem die Architekten in einer Art Job-Rotation aus den Architekten der dezentralen Teams periodisch rekrutiert werden.

8.2.1 Das klassische Anti-Pattern

Beim klassischen organisatorischen Antipattern der Makro-Architekturarbeit, oft Enterprise-Architektur (EA) genannt, werden die strategischen Ziele auf einem anderen Weg an die einzelnen Software-Projekte und -Produkte kommuniziert, als die funktionalen und nicht-funktionalen Anforderungen der einzelnen Fachbereiche. Beispielhaft habe ich das in Bild 8.5 dargestellt. Die Unternehmensführung ist dabei der Meinung, dass man strategische IT-Ziele nicht auf Ziele der einzelnen Fachbereiche runterbrechen kann und kommuniziert diese stattdessen an ein zentrales Enterprise-Architektur-Team. Dieses ist dafür verantwortlich, dass die einzelnen IT-Teams, die die Software für die Fachbereiche entwickeln, diese Ziele einhalten. Tatsächlich ergeben sich aus den Anforderungen der einzelnen Fachabteilungen aber ebenfalls Qualitätsziele für die jeweiligen IT-Teams.

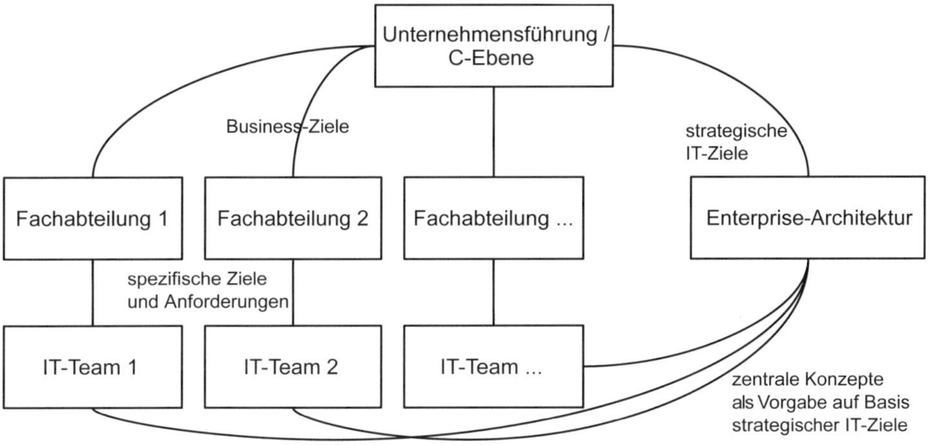

Bild 8.5 Typisches Antipattern zentraler Makro-Architekturarbeit

Dieses organisatorische Modell hat gleich zwei Schwachstellen, die ich schon in vielen Unternehmen beobachtet habe und die man wirklich niemals unterschätzen sollte:

- Aus dem Dilemma zwischen Freiheit und Regulation (T02-Regulation) wird der Aspekt der Regulation herausgenommen und im EA-Team verankert. Dieses Team ist organisatorisch höher gestellt als die einzelnen IT-Teams, wodurch das Dilemma nicht mehr als solches wahrgenommen wird. Vielmehr wird dann die Regulation als Ziel mit Selbstzweck betrieben.
- Aufgrund der impliziten IT-Ziele der Fachbereiche, die sich darüber oft nicht mit der Unternehmensführung abstimmen, kann es zu Konflikten mit den Konzepten des EA-Teams mit den IT-Teams kommen. Im Extremfall können sich diese Ziele sogar widersprechen (z. B. wegen T01-Quality).

Aufgrund der Schwächen der klassischen Enterprise-Architektur haben in letzter Zeit viele Unternehmen schlichtweg jedwede zentrale Architekturarbeit eingestellt. Man hat die Erfahrung gemacht, dass diese nur zur Verlangsamung der Projekte und zu Konflikten führt, ohne einen Mehrwert für das Unternehmen zu erwirtschaften. Die Lösung sollte aber nicht sein, die zentralen Fragen der Makro-Architektur nicht mehr zu betrachten, da die Fragestellungen ja nicht verschwinden, wenn man die Augen davor verschließt. Man sollte stattdessen auf eine moderne Alternative setzen. ■

8.2.2 Strategie und Taktik

Eine mögliche Lösung für die eben beschriebene Problematik bietet das Lean-Enterprise-Modell von Jez Humble und Joanne Molesky [Hum17]. Die IT wird dabei in einzelne modulare Teilbereiche aufgeteilt, wobei das Business und die Regeln modularer IT berücksichtigt werden. Auf strategischer Ebene hält man sich eher zurück und legt nur die Dinge fest, die wirklich über alle Teilbereiche hinaus vereinheitlicht werden müssen, um so die Autonomie der einzelnen IT-Teams nicht zu gefährden. Die Fachbereiche müssen sich dabei mit der Unternehmensführung gemeinsam auf die IT-Ziele einigen (Bild 8.6). Eine Strategie in einem Lean-Enterprise beinhaltet somit:

- Eine Vision, wie das Business in seine Teilbereiche und Subsysteme idealerweise modular zu zerlegen ist.
- Alle IT-Ziele, die von den einzelnen Fachbereichen und Subsystemen berücksichtigt werden müssen, die aber von diesen ergänzt werden dürfen.
- Zentrale Konzepte, die von allen eingehalten werden müssen, um diese IT-Ziele nicht zu gefährden.

Ansonsten überlässt dieses Modell den einzelnen Teams soweit wie möglich die Freiheit, ihre Ziele eigenständig zu erfüllen. Konflikte werden dabei wie folgt vermieden:

- Business und IT-Ziele werden gemeinsam von oben nach unten heruntergebrochen.
- Die strategische Planung hält sich soweit wie möglich zurück und mischt sich in die Taktik, also die Umsetzung der einzelnen Subsysteme, nur soweit ein wie nötig.

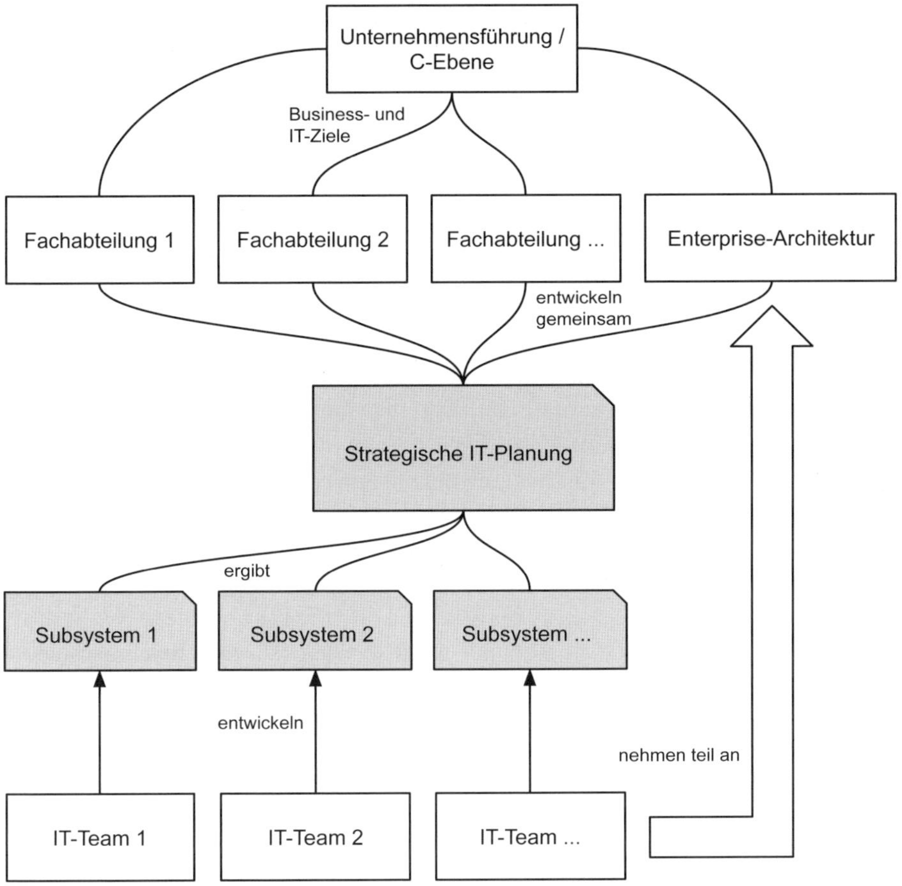

Bild 8.6 Strategie und Taktik in einer Enterprise-Architektur

8.2.2.1 Die Komplexität beim Kunden

Das hier vorgestellte Modell von Strategie und Taktik löst leider noch nicht die Komplexität der Organisation der Fachbereiche. Genauso, wie eine Architektur strukturell eine Katastrophe sein kann, kann auch eine Organisation entsprechend mühsam sein. Die Strukturen des Fachbereichs entsprechen nämlich nur im Idealfall auch den Strukturen der IT-Systeme. Wenn dem so ist, ist es für den Verantwortlichen eines IT-Teams schwierig, konkrete Prioritäten für die Arbeit am jeweiligen Subsystem zu bekommen. Oft ist dann nicht ganz klar, wer auf Seiten des Fachbereichs etwas zu entscheiden hat, was das jeweilige Subsystem betrifft, oder man bekommt von unterschiedlichen Stellen unterschiedliche Aussagen, die sich ggf. widersprechen. Es gibt aber mögliche Lösungen, um damit umzugehen:

- Die Fachbereiche werden entsprechend der Struktur des IT-Systems restrukturiert. Dann gibt es für ein selbstständiges Subsystem auch ein Pendant einer selbstständig entscheidungsfähigen Abteilung auf Kundenseite. Es sollte dann klar sein, wer im Endeffekt dafür verantwortlich ist, den nötigen Input an das IT-Team zu liefern. Bei einem Refactoring des IT-Systems sind dann aber potenziell auch die Fachbereiche betroffen.

- Für jedes Subsystem wird ein Product Owner (PO) nominiert, der als Proxy der Fachseite für das jeweilige Subsystem gegenüber der IT agiert. Die Hauptaufgabe dieses PO ist das Priorisieren der Aufgaben. Dafür ist es nötig, dass er sich mit der Organisation abstimmt, Entscheidungen trifft und dafür gegenüber dem Unternehmen Verantwortung übernimmt.

8.2.3 Dokumentation

Angenommen, Sie beschließen tatsächlich in der Architekturarbeit zwischen dem strategischen und dem taktischen Teil zu unterscheiden, dann wird sich die Frage stellen, wie die strategische Architektur zu kommunizieren und somit zu dokumentieren ist. Dafür möchte ich zunächst einmal festhalten, warum man überhaupt Dokumentation schreiben sollte, egal ob auf strategischer oder auf taktischer Ebene:

- Wenn ein Konzept oder eine Entscheidung dokumentiert wird, dann wird sie auch explizit getroffen. Viele Architekturen leiden darunter, dass Architekturentscheidungen nur implizit gemacht wurden. Dies führt dann oft dazu, dass jeder im Team eine andere Meinung dazu hat. Dementsprechend gibt es danach auch Unterschiede in der Umsetzung.
- Implizite Entscheidungen sind oft auch eine Ausrede, um keine expliziten Entscheidungen treffen zu müssen. Dies passiert aus unterschiedlichen Gründen. So gibt es teilweise Unternehmenskulturen, in denen für Fehlentscheidungen die „Schuldigen“ gesucht werden. In solchen Unternehmen möchte natürlich niemand mit explizit festgehaltenen Entscheidungen in Verbindung gebracht werden. Das führt dann zu allen Nachteilen, die rein implizite Entscheidungen haben.
- Eine Dokumentation ermöglicht es neuen Mitarbeitern, sich vergleichsweise schnell und einfach einzuarbeiten.
- Eine Dokumentation kann als Basis für eine Bewertung der Architektur dienen (siehe Abschnitt 8.2.4).

Nichtsdestotrotz hat eine Dokumentation natürlich auch Nachteile. Es ist schlichtweg Aufwand, sie zu pflegen, und es besteht immer die Gefahr, dass sie veraltet und die Leser somit in die Irre führt. Aus diesen Gründen sollte eine Architekturdokumentation niemals zu detailliert sein. Außerdem sollte sie auch nicht zu aktuell sein, da sich neue Dinge üblicherweise noch ändern, bevor sie in Produktion eingesetzt werden.

Ich hoffe, Sie damit überzeugt zu haben, dass es sinnvoll ist, zu dokumentieren, egal ob auf strategischer oder taktischer Ebene. Wenn Sie mehr Information dazu wünschen, verweise ich auf das Buch von Stefan Zörner zum Thema [Zör15]. Was sich auf der taktischen Ebene inzwischen etabliert hat, ist die Verwendung von Templates zur Dokumentation einer Architektur. Dies hat sowohl Vorteile für den Autor, als auch für den Leser. Der Arbeit des Autors wird eine Struktur vorgegeben, die ihm hilft, auch alle relevanten Aspekte festzuhalten. Der Leser wiederum tut sich mit ein wenig Erfahrung mit dem Template leichter, die Dokumentation zu verstehen. Ein vorgegebener Top-down-Aufbau des Templates hilft außerdem, sich in einen komplexen Sachverhalt einzulesen, weil dies vom Groben hin zu den Details einfacher ist als umgekehrt. Weit verbreitet und allgemein bekannt ist das arc42-Template (*https://arc42.de/template*) von Gernot Starke und Peter Hruschka. Es ist evtl. sinnvoll, dasselbe Template auch für die strategischen Aspekte einer Makro-Architektur zu benützen, wenn es auf der taktischen Ebene zum Einsatz kommt. Wie genau könnte eine solche strategische Architekturdokumentation auf Basis des arc42-Templates aussehen? Hier ein Vorschlag dazu, wobei sich die einzelnen taktischen Architekturdokumente jeweils auf das strategische Dokument beziehen können. Dies ist durch den gleichartigen Aufbau dann vergleichsweise einfach. Dabei bezeichne ich die strategische Makro-Architektur als Systemlandschaft und die taktischen Bereiche als Subsysteme. Für jedes der Subsysteme sollte es natürlich ein eigenes taktisches Dokument auf Basis desselben arc42-Templates geben:

1. **Einführung und Ziele**
   - Welche strategischen Ziele sollen aus Sicht der Auftraggeber mit der Systemlandschaft erreicht werden?
   - Welche Qualitätsziele soll diese erfüllen? Diese werden dann auf die Subsysteme hinunter gebrochen und müssen dann von allen ebenfalls erfüllt werden. Bei den Qualitätszielen handelt es sich um die Top 3–5 geforderten Qualitätsmerkmale (siehe Abschnitt 1.2)
   - Wer sind die Stakeholder, die diese Ziele für die gesamte Systemlandschaft vorgeben?
2. **Randbedingungen**
   Aspekte, welche einschränkend auf die Umsetzung der gesamten Systemlandschaft wirken. Dabei kann es sich um das maximal zur Verfügung stehende Budget oder das zur Verfügung stehende Team handeln. Auch kann es von Seiten des Betriebs feststehende Einschränkungen geben, was den Rahmen der Technologieauswahl betrifft. Weiters kann man hier Rahmenbedingungen anführen, die sich davon für die Subsysteme ableiten lassen.
3. **Kontextabgrenzung**
   Die Systemlandschaft wird als Black-Box dargestellt. Welche Usergruppen interagieren mit dem gesamten System? Mit welchen externen Systemen wird kommuniziert?
4. **Lösungsstrategie**
   Hierbei handelt es sich um die zunächst geplante Architekturvision und Strategie zur Umsetzung. Das entspricht der in Abschnitt 1.5 beschriebenen Architekturvision.
5. **Bausteinsicht**
   - Das wahrscheinlich wichtigste Kapitel der Makro-Architektur-Dokumentation ist dieses Kapitel. Wie zerlegt sich die Systemlandschaft in Subsysteme? Die einzelnen Subsysteme werden jeweils als Black-Box dargestellt.
   - Die Beziehungen zwischen den Bausteinen werden definiert. Welches Subsystem darf von welchen anderen Subsystemen abhängig sein?
   - Alle nach außen hin wahrnehmbaren Eigenschaften der Subsysteme werden festgelegt. Dazu gehören Aspekte wie die Schnittstellen, die jeweils gewünschte Verfügbarkeit, das Laufzeitverhalten, der Ressourcenverbrauch etc. Die Entscheidungen und die Dokumentation der Subsysteme folgen diesen Vorgaben aus der strategischen Dokumentation.

6. **Laufzeitsicht**
   Komplexe Abläufe von Geschäftsfällen, die das gesamte System betreffen, werden hier dargestellt. Dabei kann es sich um die Bestellung in einem Webshop handeln oder um einen Kreditantrag in einer Bank. Die Reise durch die einzelnen Subsysteme wird hier grafisch, z.B. mit einem UML Sequenzdiagramm, dargestellt. In den Dokumenten der Subsysteme kann man dann einzelne Schritte dieses groben Ablaufs näher spezifizieren und dabei das strategische Dokument referenzieren.
7. **Verteilungssicht**
   Hier wird festgehalten, wie die einzelnen Bausteine auf die Betriebsumgebung mappen. Ich hoffe eigentlich, dass die gesamte Systemlandschaft so gut wie niemals auf derselben Hardware läuft, wegen der mangelnden Fehlerisolation, die damit einhergehen würde. Insofern kann es sein, dass dieses Kapitel für die strategische Abstraktionsebene entfällt.
8. **Konzepte**
   Hier wird der Rahmen für die Subsysteme definiert, wie mit querschnittlichen Themen (Cross-Cutting-Concerns) umzugehen ist. Welchen Spielraum erhalten die Teams, die die Subsysteme implementieren, bei Themen wie Persistenz, Logging, Technologieauswahl etc. Hier kann mit Vorschlägen, Vorschriften, Black- oder White-Listing gearbeitet werden.
9. **Entwurfsentscheidungen**
   In diesem Kapitel werden Entscheidungen festgehalten, um später nachvollziehbar zu sein. Warum wurde ein Konzept für das Logging fix vorgegeben in Kapitel 8? Welche Alternativen wurden betrachtet? Wer hat diese Entscheidung wann getroffen? Wenn ein Konzept später hinterfragt werden muss, können diese Informationen hilfreich sein.
10. **Qualitätsszenarien**
    Qualitätsszenarien sind kurze Geschichten, ähnlich Userstories, die beispielhaft ein bestimmtes Qualitätsmerkmal (Abschnitt 1.2) im Zusammenhang mit dem System zeigen. Szenarien, die hier definiert werden, gelten danach für alle Subsysteme.
11. **Risiken & technische Schulden**
    - Risiken, die entweder für alle Subsysteme gleichermaßen gesehen werden, oder spezifisch für die Architektur auf der Makro-Ebene sind, werden hier festgehalten.
    - Technische Schulden sind Mängel der Architektur, die entweder unbeabsichtigt passiert sind oder bewusst eingegangen werden (siehe Abschnitt 9.1.2).
12. **Glossar**
    Begriffe, die in diesem Dokument benutzt werden bzw. in Fachlichkeit oder Technik über alle Subsysteme hinweg genauso Gültigkeit haben sollen, werden hier näher definiert. Dabei gilt es das zu beachten, wovor in Kapitel 6 über Abhängigkeiten durch gemeinsame Begrifflichkeiten gewarnt wurde.

Ich hoffe, Sie erkennen die Falle, in die man mit so einer strategischen Dokumentation tappen kann: Man sollte keinesfalls zu detailliert werden, da die Vorgaben hier potenziell für alle Subsysteme und alle Teams einschränkend wirken.

Was ich mir auch vorstellen kann, ist, dass man verschiedene solche Dokumente hat, für unterschiedliche Typen von Subsystemen, die jeweils gewisse Gemeinsamkeiten aufweisen. Es könnte dann ein solches Dokument geben für alle Subsysteme, die von den Kunden des Unternehmens benutzt werden, und eines für alle Subsysteme des Innendienstes. Für die Kundensysteme kann eine hohe Verfügbarkeit und Skalierbarkeit vonnöten sein, während dies für die Innendienstapplikationen weniger relevant ist. Entsprechend kommen dann in diesen Bereichen andere Konzepte und vielleicht auch Technologien zum Einsatz. In so einem Szenario gäbe es aber vielleicht trotzdem ein strategisches Dokument, das für alle diese Referenzarchitekturen gilt, und dann eine Ebene darunter etwas feingranularer noch mal strategische Dokumente für die einzelnen Subsystemtypen.

Für Dokumentation auf der strategischen Ebene gilt dasselbe, das auch für die taktische Ebene gilt. Dokumentation ist kein Selbstzweck und es sollten weder Preise verliehen noch Boni ausgezahlt werden für besonders viel und lange Dokumentation. Dokumentation bringt, genauso wie der Code des Systems selbst, Wartungsaufwände mit sich. Dokumentieren Sie immer soweit, dass der Mehrwert der Dokumentation den Aufwand übersteigt.

8.2.4 Architekturbewertung

Wie behält man aber dauerhaft die Kontrolle, wenn man eine komplexe Architektur nach diesem Prinzip von Strategie und Taktik organisiert? Wie bekommt man mit, wenn ein Team in Schwierigkeiten gerät? Wenn man Glück hat, wird das Team von selbst aktiv und bittet sogar selbstständig um Hilfe, um Hindernisse gemeinsam aus dem Weg zu räumen. Wenn man Pech hat, passiert aber genau das nicht. Eine Unternehmenskultur, in der es geschätzt wird, wenn man Schwächen nicht als solche sieht, sondern als Herausforderungen, ist sicher hilfreich. Trotzdem: Wenn man ehrlich ist, hat man keine Garantie, dass dies auch wirklich passiert.

In Kapitel 5 erläutere ich, warum es schwierig bis unmöglich ist, die Produktivität eines Teams zu messen. Würde das gehen, wäre es einfach, es auch von außerhalb zu bemerken, wenn die Arbeit eines der Teams in Schieflage gerät. Die Alternative, die ich hier vorschlagen möchte, ist, regelmäßig Architekturbewertungen durchzuführen. Dafür gibt es zwei Möglichkeiten.

8.2.4.1 Quantitative Analyse

Bei der quantitativen Analyse wird das System mehr oder weniger objektiv und meist durch Unterstützung eines Tools auf irgendeine Art und Weise vermessen. Das Gemessene wird in Zahlen ausgedrückt, daher auch der Name. Man unterscheidet quantitative Analyse in statische und dynamische Methoden.

Statisch

Die in Abschnitt 5.1 vorgestellten Metriken sind Beispiele (mit Ausnahme der Testabdeckung) für statische Metriken. Diese werden von Tools wie dem Sonargraphen ermittelt, wozu dieser nur die Codebasis selbst an Input benötigt und eben kein laufendes System. Der Sonargraph kann auch überprüfen, ob der Code den Vorgaben des Architekturentwurfs entspricht (siehe Abschnitt 3.6). Man kann den Code mit Tools wie TeamScale oder SonarQube auch nach typischen Verletzungen von Best-Practices (z. B. Coding-Konventionen) untersuchen. All das untersucht den Code selbst und das so gemessene Softwareprodukt muss dafür nicht ausgeführt werden. Daher sind wir hier im Bereich der statischen quantitativen Analyse. Es gibt natürlich auch das Gegenstück dazu.

Dynamisch

Werkzeuge, die das Softwareprodukt untersuchen, während es läuft, zählt man in den Bereich der dynamischen quantitativen Analyse-Tools. Beispiele dafür wären Tools wie JMeter zur Vermessung des Antwortverhaltens eines Systems unter Last oder Prometheus, der während des Betriebs den Verbrauch an Ressourcen überwacht und entsprechend dazu Zahlen liefern kann.

8.2.4.2 Qualitative Analyse

Qualitative Analyse passiert meist im Zuge von Workshops. Dabei werden zunächst die Anforderungen hergenommen, wobei der Fokus auf den qualitativen Anforderungen (siehe Abschnitt 1.2) liegt. Danach werden die Architekturkonzepte der Lösung vorgestellt, oder im Zuge der Bewertung erstmals ermittelt. Ein Bewertungsteam bewertet dann subjektiv, ob die identifizierten Konzepte auch ausreichen, um die geforderten Ziele zu erreichen. Ein konkretes Beispiel für eine solche Methode ist ATAM [Sta15]. Das Team ist danach natürlich angehalten, aktiv zu werden, was die gefundenen Mängel der Architektur betrifft.

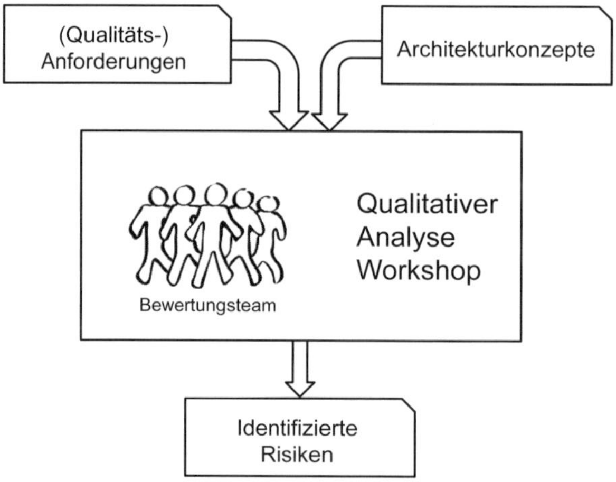

Bild 8.7 Der Aufbau qualitativer Analyse-Workshops

Der Nachteil der qualitativen Analysemethoden ist, dass es aufwendig ist, diese Workshops durchzuführen. Währenddessen lassen sich die Methoden der quantitativen Analyse, sobald der Aufwand zur erstmaligen Einrichtung eines Tools einmal abgeschlossen ist, automatisieren und danach in Folge mehr oder weniger gratis durchführen. Quantitative Analyse bedeutet allerdings das Erheben von Metriken, und somit bestehen all die möglichen Problemfelder, die in Abschnitt 5.2 ausführlich diskutiert wurden.

Qualitative Analyse hat dafür den Vorteil, dass sie bereits durchgeführt werden kann, bevor die Lösung implementiert wird. Alles, was man dafür braucht, sind eben Ziele und Konzepte. Damit lassen sich mögliche Schwächen identifizieren, noch bevor sie gemacht werden. Allerdings kann es eine Herausforderung sein, so eine Form der Bewertung auf eine konstruktive Art und Weise durchzuführen. Es besteht die Gefahr, dass das Team, dessen Arbeit bewertet wird, sich dadurch kontrolliert fühlt. Nichtsdestotrotz: Workshops dieser Art mit allen Teams alle ein oder zwei Jahre auf kooperative Weise durchzuführen, kann als prima Werkzeug dienen, die taktische Arbeit der einzelnen Teams auf strategischer Ebene zu steuern.

> Die in diesem Kapitel bis hierher vorgestellte Methode stellt eine Alternative zu klassischer IT-Governance dar. Die Mischung aus Strategie und Taktik, das Runterbrechen von Qualitätsanforderungen und die regelmäßigen Reviews sollten klassische Governance (oft Teil klassischer EA), mit all den Schwierigkeiten, die damit einhergehen, obsolet machen! ■

8.3 Architektur-Muster/-Stile

Quasi das Pendant zu den Design Pattern auf Code und Modulebene sind die Architekturmuster für die höheren Abstraktionsebenen. Wenn ein Architekturmuster für ein System bestimmend ist, dann nennt man dieses dessen Architekturstil. Einige der aktuell am häufigsten gewählten Architekturmuster werden hier in diesem Abschnitt vorgestellt.

8.3.1 Service-orientierte Architektur (SOA) im klassischen Sinn

Eine Service-orientierte Architektur, oder kurz SOA, ist einmal mehr etwas, was in der IT nicht besonders exakt definiert ist. Laut Wikipedia [WIK19-a] handelt es sich einfach um ...

> *[...] a style of software design where services are provided to the other components by application components, through a communication protocol over a network.*

Diese Definition entspricht im Grunde der Definition, die ich in Kapitel 7 für Verteilte Systeme generell geliefert habe. Seit der Wirtschaftskrise 2008 heißt es aber, dass SOA tot sei, weil sie mehrfach unter Beweis gestellt hat, nicht wirtschaftlich zu sein [Lin09]. Eine Architektur, die nicht wirtschaftlich ist, hat in der Tat keinerlei Daseinsberechtigung. Um zu verstehen, was damals zu Grabe getragen wurde, müssen wir einen Blick auf konkrete Architekturmuster und -stile werfen, die mit dem Begriff SOA assoziiert werden. Eine Möglichkeit dafür bietet uns TOGAF [Tog11], das Architektur-Framework der Open-Group. Abgesehen von der Architecture Development Method (ADM) gibt es dort auch eine sogenannte SOA-Referenzarchitektur. Gedacht ist diese als Empfehlung, wie eine SOA konkret aussehen sollte (Bild 8.8). TOGAF strukturiert dabei klar in Layern, was nicht unbedingt zeitgemäß ist und vor allem für ein Verteiltes System aufgrund der hohen Kopplung zwischen den Schichten eigentlich nicht empfohlen werden kann. Auch gibt es einen dezidierten Prozess-Layer, welcher mit einem ESB abgebildet werden soll. Diesen haben wir schon in Abschnitt 7.2.3.5 kennengelernt und werden in Abschnitt 8.3.1.3 gleich erfahren, warum er heutzutage als Antipattern gilt. Zusätzlich geht TOGAF davon aus, dass Services in Daten- und Logikservices unterteilt werden, wodurch es zu einer Verletzung des Prinzips der Hohen Kohäsion (P03-Cohesion) kommt.

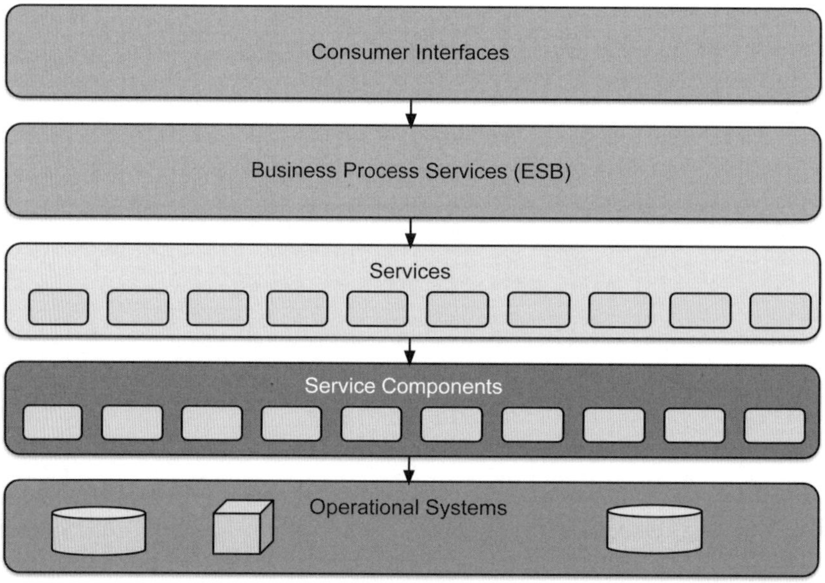

Bild 8.8 Eine SOA nach TOGAF

Das Hauptproblem bei so einer Form der SOA ist, dass versucht wird, eine allgemeine technische Struktur für jede beliebige komplexe IT-Landschaft festzulegen, was auf jeden Fall zum Scheitern verurteilt ist! Es kommt auf verschiedenen Ebenen und gleich in zwei Dimensionen zu starker Kopplung, die in Bild 8.9 in Form von Pfeilen dargestellt ist. Dass zwischen Layern eine höhere Kopplung besteht als bei fachlichen Schnitten, wurde ja bereits in Abschnitt 4.1.1 festgestellt.

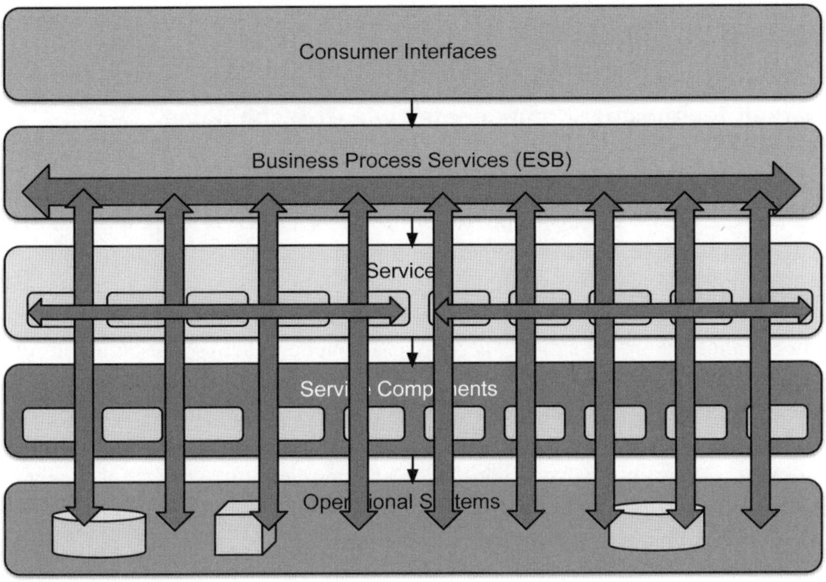

Bild 8.9 Die roten Pfeile zeigen, wo es in einer klassischen SOA zu hoher Kopplung kommt.

SOA und ihre angeblichen emergenten Eigenschaften (Emerging Properties)

Das Ganze hat natürlich einen theoretischen Hintergrund. Man erhoffte sich dabei konkret, dass es durch diese x-beliebige Kombinierbarkeit der einzelnen Features in den oberen Schichten zu positiven Effekten kommen würde. Man war der Meinung, dass man durch neuartige Kombinationen bestehender Services völlig neue Funktionalitäten generieren könnte, die anfangs noch gar nicht absehbar waren [Tak17]. Eine klassische SOA versucht also gar nicht erst, die Methodiken einer modularen Architektur umzusetzen, und verfolgt auch andere Ziele wie ein hohes Maß an Wiederverwendung einzelner Services (A07-Max-Reuse). Dies führt zu vielen externen Abhängigkeiten und erreicht damit das Gegenteil modularer Architekturansätze. Mich müssen Sie natürlich nicht fragen, ob ich einer klassischen SOA gegenüber einem modularen Ansatz den Vorzug geben würde, was selbstverständlich nicht der Fall ist. Das zweifelhafte Ziel dieser emergenten Eigenschaften ist ja mit einer modularen Architektur genauso, wenn auch anders, erreichbar. Dafür fängt man sich nicht die Nachteile einer nicht-modularen Architektur ein.

Die SOA hat sich außerdem bis heute niemals einem Vergleich mit moderneren Architekturansätzen gestellt. Es handelt sich dabei um einen in sich geschlossenen Teilbereich der Softwarearchitektur, der ein Eigenleben führt. Die Anhänger der SOA und die Verfechter moderner Architekturansätze gingen sich auf ihren jeweils eigenen Konferenzen gezielt aus dem Weg, so gut es eben ging. Daher gibt es bis heute eigentlich kaum eine Pro- und Contra-Abwägung, was die einzelnen Muster angeht, welche seit einem Zeitraum von sicherlich 20 Jahren unverändert so existieren. Tatsache ist jedenfalls, dass sich eine milliardenschwere Industrie um das Thema herum gebildet hat, der es anscheinend gar nicht recht wäre, wenn so ein Diskurs geführt werden würde. Stellen Sie sich bitte nun die Frage, ob es irgendetwas anderes in unserer Branche gibt, was sich seit 20 Jahren nicht weiterentwickelt hätte. Dann erkennen Sie, wie plausibel so ein Standpunkt überhaupt sein kann.

Tatsächlich gibt es noch einige weitere Argumente für einen solchen Architekturstil, die ich noch explizit entkräften möchte:

Austauschbarkeit technischer Komponenten wie UI-Technologie, Datenbanken etc.

Manchmal wird behauptet, dass solch große systemübergreifende Layer der einzige Weg sind, um sicherzustellen, dass der obere Userinterface-Layer jederzeit leicht ausgetauscht werden kann. UI-Technologien, so die Argumentation, sind kürzeren Änderungszyklen unterworfen als Backend-Technologien, weshalb es immer einfach sein sollte, den UI-Layer komplett am Stück auszuwechseln. Wenn Sie in Bild 8.9 einen Blick auf den oberen Layer werfen, werden Sie aber sehen, dass dieser gewaltige Ausmaße in seiner horizontalen Ausdehnung annehmen kann. Üblicherweise wird er so groß, dass man ihn eben nicht mehr auf einmal auswechseln kann. Währenddessen Sie bei einer IT-Landschaft, die nach Fachlichkeit vertikal (siehe Abschnitt 4.1.1) strukturiert ist, jederzeit ganze vertikale Schnitte auswechseln können. Abgesehen davon sollte jede vertikale Struktur sowieso ihre eigene UI-Technologie eine nach der anderen voneinander unabhängig austauschen können.

Lose Kopplung

Dass es durch Layering angeblich zu loser Kopplung zwischen den einzelnen Schichten kommt, ist das nächste, noch immer viel zu oft vorgebrachte Argument. Im Abschnitt 4.4 (CONNECT) haben wir gesehen, dass jede Art von Annahme zwischen interagierenden Komponenten zu einer Kopplung führt. Dabei wird manchmal die Kopplung über Daten und Formate übersehen. Die Layer einer klassischen SOA sind zwar entkoppelt, was die Technologie und die Laufzeitumgebung angeht, es besteht aber weiterhin eine sehr hohe fachliche Kopplung bezüglich der Datenformate. Es kommt also zu hohem Abstimmungsbedarf zwischen den Teams, die die einzelnen Layer bauen.

Stabilität

Hersteller von ESB-Toolsuiten rühmen sich gerne ob der hohen Verfügbarkeit ihrer Werkzeuge von bis zu 99,9 %. Dadurch, so die Argumentation, kommt es angeblich zu einer erheblichen Verbesserung der Verfügbarkeit der gesamten Systemlandschaft. Dies ist selbstverständlich Unsinn, da es ja vielmehr so ist, dass sich die Nichtverfügbarkeiten bzw. Ausfälle aller beteiligten Technologien und Ressourcen summieren. Das bedeutet, dass durch Zwischenschaltung eines ESBs sich die Gesamtverfügbarkeit um 0,1 % verringern wird. Egal wie gut oder schlecht sie davor war, sie wird also auf jeden Fall schlechter. Abgesehen davon ergibt sich durch das Layering noch ein viel größeres Problem, welches sogar katastrophale Auswirkungen auf die Stabilität eines Systems haben kann: Die einzelnen Schichten haben zueinander eine hohe zeitliche Kopplung (siehe Abschnitt 4.4.1). Bei vertikalen Strukturschnitten wäre es möglich, durch Verwendung einer Messaging-Infrastruktur die zeitliche Abhängigkeit zu entfernen. Auch Muster wie Circuit Breaker oder Bulkhead, welche die Stabilität des gesamten Systems deutlich verbessern, sind eigentlich nur bei vertikalen Schnitten sinnvoll einsetzbar. Das bedeutet, dass sich in einer auf Schichten aufgebauten Landschaft Ausfälle beliebig auf das gesamte System ausbreiten können, während bei anderen Strukturformen diese Probleme noch relativ einfach eindämmbar sind.

Flexibilität

Angeblich, und so wird tatsächlich gar nicht so selten pro SOA argumentiert, bringt dieser Architekturstil ein erhebliches Maß an Flexibilität mit sich. Man kann dann „alles machen“. Das stimmt auch, denn es findet sich wirklich für jedes noch so unstrukturierte Implementierungspaket eine Stelle. Zur Not gibt man es einfach in den ESB, denn dort ist ja der Einfachheit halber alles erlaubt. Die so gewonnene Flexibilität entspricht aber derselben, welche man genießt, wenn man zu Beginn einer Implementierung eines komplexen Systems vollständig auf Modularisierung und Architektur verzichtet. Es handelt sich also um dieselbe Flexibilität, die einem eine Anarchie bietet, die man früher oder später als Technische Schuld wird zurückzahlen müssen.

Angebliche Killerfeatures der ESBs

„Aber Sie müssen einen ESB verwenden, sonst haben Sie kein Throttling!“ So versuchte mich einmal jemand von der absolut unumgänglichen Notwendigkeit seiner ESB-Toolsuite zu überzeugen, welche er uns damals verkaufen wollte. Mit so einem Argument kann man aber bei erfahrenen Architekten nicht wirklich punkten. Es geht bei Throttling darum, die maximale Anzahl von parallel offenen Connections zu limitieren, um eine Überforderung des Systems zu verhindern. Tatsächlich ist mir kein einziger (!) Web- oder Applicationserver bekannt, bei dem man nicht ein Maximum an parallel möglichen Connections oder Threads festlegen könnte, was genau diesen Zweck erfüllt.

Das Hauptargument der ESB-Vertreter ist aber, dass man ihn alleine schon deswegen verwenden müsste, um (ich zitiere) „Punkt-zu-Punkt-Verbindungen zwischen Services zu vermeiden“ [Kel17]. Das Ziel soll sein, langfristig jede Service-Implementierung einfach austauschen zu können. Durch eine Indirektion über einen ESB soll dies angeblich möglich sein, ohne dass der konsumierende Layer davon irgendetwas mitbekommen würde. Tatsächlich kommt dieses Argument in so ziemlich jeder Literatur zur klassischen SOA bzw. Enterprise-Architektur vor. Deshalb möchte ich mir hier, auch wenn wir das Thema magische Abstraktionen auch schon hatten (A03-MagicAbstract), noch mal die Mühe machen, es ein für alle Mal zu entkräften. Dies ist mir ein Anliegen, da der Einsatz eines ESB eines der am häufigsten anzutreffenden Hindernisse auf dem Weg zu einer modularen Architektur darstellt.

- In einem verteilten System stellen die Schnittstellen der einzelnen Module, wie REST-APIs, bereits eine entkoppelnde Abstraktion dar. Dem eine weitere Abstraktion, wie einen ESB, zwischenzuschalten, macht wenig Sinn und ist sogar eher kontraproduktiv, da man bei einem tatsächlichen Austausch evtl. sogar mehr zu tun hätte.
- Ein ESB-Tooling ist darüber definiert, dass man darauf Logik implementieren kann und es somit mehr Features anbietet, als es ein einfacher Message Broker tun würde. Sobald man aber Logik darauf implementiert, wird der ESB selber zu einem Modul der Architektur. Wenn nun alle Module einen ESB zur Abstraktion benötigen, wer abstrahiert dann für den ESB selbst?
- Wenn man das Argument der Vermeidung von Punkt-zu-Punkt-Verbindungen genauer hinterfragt, so bleiben meistens nur die Features übrig, die jede einfache Service-Discovery (Abschnitt 8.3.2.2) bietet. Die zusätzlichen Fähigkeiten der schwergewichtigeren ESBs sind dafür also gar nicht erst nötig.

Wann ist der Einsatz eines ESB sinnvoll?

Setzen Sie bitte nur dann auf das ESB-Pattern, wenn die folgenden Rahmenbedingungen gegeben sind:

- Sie ziehen Änderbarkeit der Prozessabläufe in der Systemlandschaft explizit der Erweiterbarkeit derselben vor. Bei Einsatz eines zentralen ESB haben Sie diese an zentraler Stelle, wo gezielt Änderungen durchgeführt werden können.
- Es ist möglich, die Prozessschritte, die gezielt zentralisiert werden sollen, soweit zu begrenzen, dass diese mit einem gewissen Set an Informationen auskommen, die als Published Language unternehmensweit festgelegt werden können. In Abschnitt 6.4.2 wurden die Rahmenbedingungen festgelegt, die gelten müssen, damit etwas in die Published Language eines Unternehmens aufgenommen werden kann. Diese dürfen im Zuge dessen nicht verletzt werden.

> Bei klassischer SOA handelt es sich explizit NICHT um einen modularen Architekturstil. Es werden Strukturen nicht gezielt auf ihre Wartungseffizienz, sondern auf ihre Wiederverwendbarkeit hin optimiert. Angeblich kann es durch eine x-beliebige Kombination von bestehenden Services in den oberen Schichten zu sogenannten emergenten Eigenschaften (emerging properties) kommen, also neuen Features, welche anfangs noch gar nicht absehbar waren. So bleibt man zwar flexibel, um bestehende Funktionalität anders zu nutzen, aber bestimmt nicht, um diese zu ändern, loszuwerden oder auszutauschen. ■

In den folgenden Abschnitten gehen wir noch konkret auf die einzelnen Muster ein, die in einer klassischen SOA enthalten sind, und entlarven diese als Antipattern. Dies explizit anzuführen, finde ich wichtig, weil man auch beim Entwurf einer zeitgemäßen Architektur (wie Microservices) Gefahr läuft, in eine dieser Fallen zu tappen.

8.3.1.1 Service-Kategorien (Entity Services)

Das Entity-Service haben wir in Abschnitt 7.2.3.3 als Möglichkeit zur konsistenten Integration von Services kennengelernt. In Bild 8.10 sollte klar werden, warum so etwas heute als Antipattern gilt. Dort sehen Sie eine Systemlandschaft, in welcher Services gezielt in Daten- und Logik- bzw. Applikationsservices unterteilt werden. Die Datenservices machen dabei nicht viel mehr, als Lese- und Schreibzugriffe (CRUD) auf ein gewisses Set an Daten anzubieten. Die Idee dahinter ist, dass die Daten so jederzeit auch für andere Services wiederverwendbar wären (A07-MaxReuse)

Sie sehen in der Grafik auch, dass es zu einer großen Anzahl externer Abhängigkeiten durch diese Kategorisierung der Services kommt. Tatsächlich macht es manchmal natürlich Sinn, den Zugriff auf gewisse Daten explizit in einem Service zu kapseln, aber aus meiner Erfahrung ist dies nur in Ausnahmefällen so. Bevor Sie einen solchen Entity-Service erstellen, sollten Sie sich die folgenden Fragen stellen:

- Was passiert mit diesen Daten? Sie nur abzuspeichern, kann ja unmöglich bereits einen Wert für das Unternehmen haben. Wo ist die Business-Logik dazu? Wie wird das dargestellt oder ausgewertet? Diese Logik gehört ebenfalls in den jeweiligen Service hinein!

- SQL ist, von einigen Dialekten einmal abgesehen, ein recht gut definierter Standard. Es bringt also kaum einen Vorteil, Datenzugriffe nochmal zu kapseln, sei es mittels SOAP oder REST oder was auch immer.

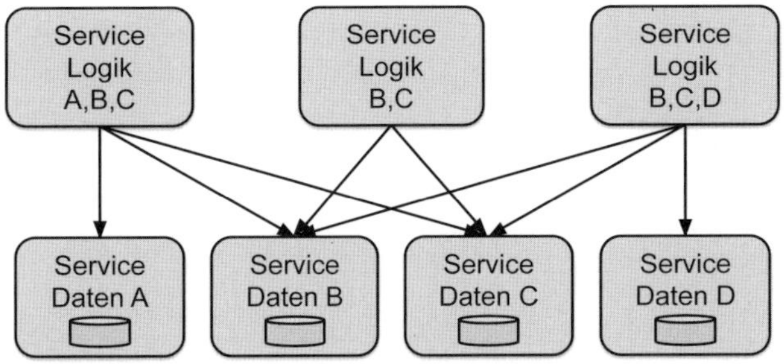

Bild 8.10 Services, getrennt nach Logik und Daten

8.3.1.2 API im Vordergrund

Manche Service-Definitionen in SOA-Spezifikationen definieren den Service an sich in erster Linie über dessen API. Im Vordergrund steht also etwas wie eine WSDL im Fall einer SOAP-RPC-Integration. Dabei ist die Implementierung angeblich eher unwichtig, weil sie ja bei Einhaltung des Kontrakts der Schnittstelle jederzeit ausgewechselt werden könnte. Das ist prinzipiell zwar nicht unbedingt falsch, setzt aber meiner Meinung nach die falsche Priorität. Man könnte dann versuchen, möglichst viele solcher Schnittstellen zu definieren, um an möglichst vielen Stellen austauschbar zu sein, was zu einer Unmenge an externen Abhängigkeiten führen würde. Vielmehr sollte eine API nur das exportieren, was extern auch wirklich gebraucht wird, im Sinne des Information-Hiding (P07-Hide). Man denke nur an den Separate-Ways-Integrationsstil des DDD (Abschnitt 6.4.8), bei dem es, soweit möglich, zu gar keiner Integration zwischen Services kommt, was dann einen reinen Glücksfall für die Architektur bedeutet. Durch geschickten Einsatz des Composite UI Pattern (Abschnitt 4.4.1.1) ist dies gar nicht mal so unwahrscheinlich. Es wäre demnach alles andere als hilfreich, wenn man bei jedem Service zunächst einmal über die WSDL nachdenken würde.

8.3.1.3 Zentrale Orchestrierung

Zugegeben, es ist verlockend, jedwede Logik, bei der man nicht gleich weiß wohin damit, einfach in eine zentrale Komponente zu packen. Als Architekt ist man, sobald man beschließt, sich das Leben mit so einem Muster einfach zu machen, beinahe arbeitslos. Bild 8.11 zeigt, wie eine solche Architektur, basierend beispielsweise auf einem zentralen Enterprise-Service Bus (oder kurz ESB), auf kurz oder lang aussehen wird.

Man tendiert daher heute dazu, weitgehend auf Logik in der Messaging-Infrastruktur (hauptsächlich komplexe Fälle von Message Routing und Transformation) zu verzichten. Stattdessen sollte eine solche Logik immer in den jeweiligen Services bzw. Endpoints gekapselt sein. Dieses Prinzip ist auch als Dumb Pipes and Smart Endpoints (P05-DumbPipe) oder als Lightweight Messaging bekannt. Dabei darf man nicht vergessen, dass die den Ablauf mancher komplexer Prozesse in einem Unternehmen betreffende Kenntnis ebenfalls eine solche Logik darstellt und somit ebenso in einem der Endpoints gekapselt werden sollte.

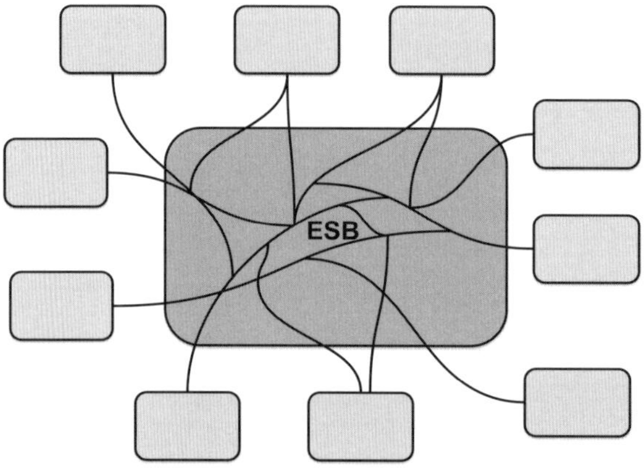

Bild 8.11 Der ESB wächst mit seinen Aufgaben.

Die Unterscheidung, was noch als leichtgewichtig gelten kann und was nicht, ist dabei nicht immer einfach zu treffen. Protokoll- (wie http zu Messaging) oder Formattransformationen (wie XML zu JSON) würden mit Sicherheit noch durchgehen und wären ein typischer Anwendungsfall für ein API-Gateway. Eine Modelltransformation (Message-Translator-Pattern) würde wiederum ein Verständnis der Schnittstelle voraussetzen und sollte in einem Adapter als Teil eines der Endpoints implementiert sein. Um allgemeine Unterscheidungsmerkmale zu definieren, an denen man erkennen kann, welche Muster das Prinzip des Lightweight Messagings verletzen und welche nicht, möchte ich die folgenden beiden Kriterien vorschlagen:

- Wenn für die nötige Integrationsform eine Interpretation des Inhalts der Payload der Nachricht vonnöten ist, so würde damit automatisch eine Kopplung auf Ebene der Datenformate hergestellt werden. Das würde bedeuten, dass die Messaging-Infrastruktur eine Abhängigkeit zu den Services bekommt, welche diese Datenformate emittieren und konsumieren. Dadurch würde Domänen-Know-how in die Infrastruktur wandern, was man dann keinesfalls noch als leichtgewichtig bezeichnen kann.
- Sollten komplexe, nicht durch einfache Konfiguration definierbare Abläufe implementiert werden, so wäre dies Aufgabe einer Subdomäne, da dafür üblicherweise Domänen-Know-how nötig ist.

Einfache Commands und Events, wie sie von jedem Message-Broker angeboten werden, sind somit klar als leichtgewichtig einzustufen und würden dieses Prinzip der Dumb-Pipes nicht verletzen. Auch ein Topic-Based Routing, wie es zum Beispiel von RabbitMQ angeboten wird, würde noch darunter fallen. Dabei wird die Nachricht basierend auf einem explizit zu setzenden Header-Feld an die zuständigen Empfänger zugestellt, wodurch die eigentliche Payload der Nachricht nicht interpretiert werden muss.

> Bei Logik, die Nachrichten und Daten verstehen muss (z. B. beim Mapping von Schnittstellen zueinander) handelt es sich um Businesslogik. Diese hat Abhängigkeiten über die Daten, die sie interpretiert, zu anderen Komponenten. Diese Art von Logik muss in einer effizienten modularen Zerlegung berücksichtigt werden und sollte nicht von der Messaging-Infrastruktur erledigt werden. ■

8.3.2 Microservices

Bei Microservices handelt es sich einerseits um einen Hype und andererseits um einen Begriff für einen Architekturstil, der – ähnlich wie SOA – nicht näher definiert ist. Um uns diesem Thema zu nähern, bleibt uns also nichts anderes übrig, als einen näheren Blick auf die diversen Definitionen zu werfen, die es für diesen Architekturstil gibt.

Teilweise kuriose Züge nimmt der Hype um Microservices inzwischen an. Firmen finden keine Mitarbeiter mehr, wenn sie ihnen nicht versprechen, dass sie Microservices machen dürfen. Die, die noch keine Microservices machen, trauen sich teilweise nicht mehr, das zuzugeben. Und das, und das sei noch mal betont, wo keineswegs klar ist, worum genau es bei diesem Begriff eigentlich geht.

8.3.2.1 Definitionen

Microservice-Definition #1: Nanoservices, Lambdas, Functions

Bei Nanoservices werden die einzelnen Funktionen als Services verteilt auf einer Plattform wie AWS Lambda, vert.x oder node.js entwickelt. Diese Plattformen ermöglichen es, ein Verteiltes System mit sehr kleinen einzelnen Services zu entwickeln (Bild 8.12). Die Funktionalität kann dabei zwar verteilt laufen (also in verschiedenen Prozessen), es kommt aber teilweise zu Kommunikation, die nicht vollkommen technologie-agnostisch ist, sondern teilweise spezifisch, was die genutzte Plattform betrifft. Auch gibt es bei diesem Architekturstil meist keine Einschränkungen, was den Zugriff auf Datenbanken angeht, und so teilen sich einzelne Nanoservices üblicherweise ein und dieselbe Datenbank und auch das Datenmodell darin. Da man dem Frontend, das hierbei meist als Single-Page-Application entwickelt wird, die Kleinteiligkeit des Backends nicht zumuten möchte, kommt meist zwischen Front- und Backend ein API-Gateway zum Einsatz (dazu mehr in Abschnitt 8.3.2.2). Listing 8.1 zeigt die Signatur eines Lambdas der Amazon Web Services als Beispiel.

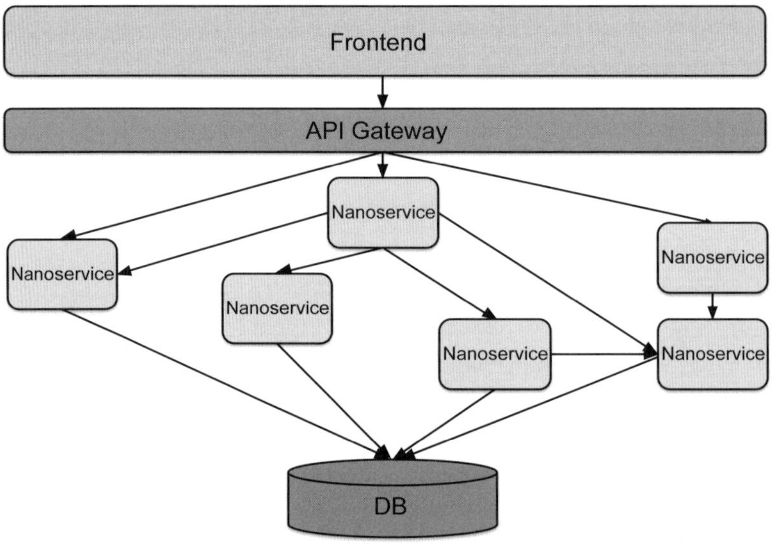

Bild 8.12 Beispiel für eine Nanoservice-Architektur

Listing 8.1 Beispiel für die spezifische Signatur eines AWS Lambdas

```
import com.amazonaws.services.lambda.runtime.Context;
import com.amazonaws.services.lambda.runtime.RequestHandler;

public class MyLambda implements RequestHandler<Map<String,Object>,
                                              Map<String,Object>> {

   @Override
   public Map<String,Object> handleRequest(Map<String,Object> input, Context ctxt) {
      // ...
```

Microservice-Definition #2: Smallest Autonomous Boundary

Der Definition von Jimmy Bogards Microservice FAQ [Bog18] nach handelt es sich bei Microservices um einen Architekturstil, bei dem für jede Funktionalität nach der kleinsten möglichen, noch autonomen Grenze gesucht wird, die sich noch komplett inkl. persistenter Daten selbstständig entwickeln und releasen lässt. D. h., man zerlegt Funktionalität so lange, bis es einem nicht mehr möglich wäre, noch weiter zu zerlegen, ohne dass man die Grenzen eines kohäsiven Services nach unten hin verletzen würde, wenn man noch weiter zerlegen würde. Dies kann nur dann Sinn machen, wenn man für den Anwendungsfall die Vorteile des Verteilten Systems (siehe Abschnitt 7.3) benötigt und dessen Nachteile nicht weiter stören. Ich denke, dass dies nur in ganz seltenen Fällen der Fall ist:

- Man möchte sehr oft einzelne Funktionalität releasen, um mit der Konkurrenz mit neuen Features gegenüber den Benutzern punkten zu können. Dabei möchte man mit evtl. Fehlern, die sich dabei einschleichen, immer nur einen kleinen Teil der Gesamtfunktionalität potenziell destabilisieren.

- Es macht aus irgendeinem Grund Sinn, verschiedene Technologien miteinander zu kombinieren.

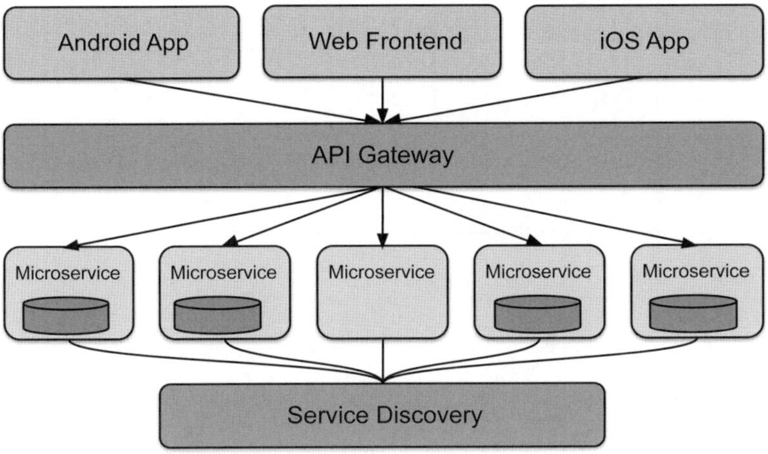

Bild 8.13 Klassische Microservices

Wenn Sie mich fragen, was genau denn nun unter dem Begriff „Microservices" zu verstehen ist, dann würde ich genau dieses Architekturmuster nach der Definition von Jimmy Bogard nennen. Denn Fakt ist, dass es ein solches Architekturmuster gibt, und wenn es dieses gibt, dann kann mit dem Begriff Micro(!)-Services im Grunde nur dieses gemeint sein. Tatsache scheint mir aber zu sein, dass im deutschsprachigen Raum mit diesem Begriff eher die folgende Definition #3 gemeint ist.

Microservice-Definition #3: Right-Sized Services

Laut Eberhard Wolff geht es bei Microservices überhaupt nicht um die Größe des jeweiligen Service [Wol18]. Der Prefix „Micro" wäre laut ihm irreführend, weil man deswegen annehmen könnte, dass die Services möglichst klein zu machen seien, was – seiner Meinung nach – nicht so ist. Dies ist weder richtig noch falsch, da es keine allgemein akzeptierte offizielle Organisation gibt, die letztendlich definieren könnte, worum es sich dabei nun wirklich handelt. Insofern ist diese Aussage zu akzeptieren. In seinem „Microservices Praxisbuch" bleibt Wolff allerdings eine brauchbare Definition für den Microservice-Architekturstil schuldig. Das Buch selbst ist aber durchaus empfehlenswert, wenn Sie sich die Frage stellen, welche Technologien beim Bau Verteilter Systeme helfen. Eberhard ist auch ein Fan des Gedankens, das Userinterface mit dem Service gemeinsam zu kapseln (Bild 8.14). Dies klappt vor allem dann besser, wenn die Services nicht zu feingranular geschnitten werden. Abgesehen davon müssen natürlich die Anforderungen es zulassen, die Services so zu schneiden.

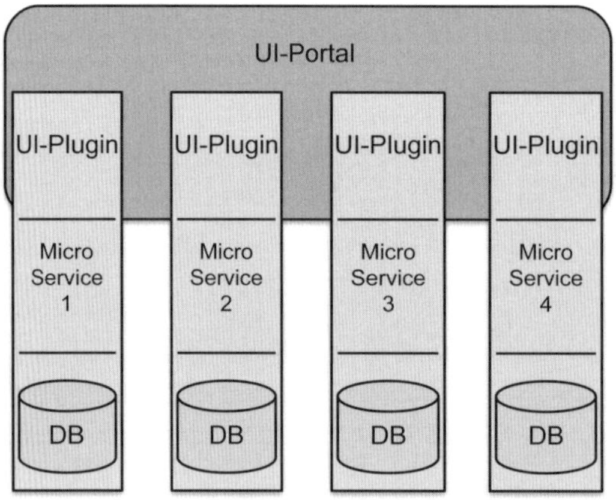

Bild 8.14 Right-Sized Services, UI und Backend gemeinsam gekapselt

Ich oute mich hier als Fan des Gedankens, ein modulares verteiltes System zu bauen, das all den Regeln in diesem Buch folgt. Die Grenze der Verteilung wird dabei auf der Abstraktionsebene festgelegt, wo die Vorteile des Verteilten Systems dessen Nachteile überwiegen. All das passiert in Abstimmung mit den Qualitätszielen (Abschnitt 1.2), die der Auftraggeber vorgegeben hat. Im Grunde geht es in diesem Buch genau darum. Ich mag nur den Gedanken nicht besonders, dies als „Microservices" zu bezeichnen, weil es tatsächlich irreführend ist. Viel mehr passen für mich dafür Begriffe wie Right-Sized Services, SOA 2.0 oder modulare Software-Architektur.

Microservice-Definition #4: Modulare Architektur

Teilweise werden Architekturen mit dem „Microservice-Tag" versehen, die einfach nur auf irgendeine Art und Weise gewisse Ideen oder Muster umsetzen, die unter diesem Tag auf Konferenzen und in Artikeln diskutiert werden. In manchen Fällen nicht einmal das und es wird jedwedes Architekturkonzept, das langfristig einen Big-Ball-of-Mud verhindern soll, als „Microservices" bezeichnet. Ich finde den Begriff für ein System, das nicht auf Verteilung setzt, allerdings nicht besonders passend gewählt.

Microservice Definition #5: Microservices laufen in der Cloud

Nicht unpopulär ist es ebenfalls, das Thema Cloud-Computing mit dem Begriff „Microservices" zu vermischen. Die Muster der Microservices werden dann vermengt mit den Prinzipien der Cloud-Native-Architekturen, so wie dies z. B. die Plattform *https://openmicroservices.org/* macht. Natürlich gibt es gewisse Überschneidungen und Zusammenhänge und ja, so wie Microservices durchaus etwas besser in eine typische Cloud passen, so werden Monolithen wohl meist noch in Rechenzentren betrieben. Trotzdem gibt es auch das jeweilige Gegenteil, also Monolithen in Clouds (z. B. in AWS Elastic Beanstalk) und Microservices in dezidierten Rechenzentren. Daher taugt diese Definition meiner Meinung nach nicht besonders viel.

8.3.2.2 Pattern

Die folgenden Muster sind hilfreich, wenn ein System aus mehr oder weniger kleinen Services aufgebaut ist. Je niedriger die Abstraktionsebene der Verteilung, desto feingranularer sind die einzelnen Services und desto eher werden Sie die folgenden Muster benötigen.

API Gateway und Backend for Frontend (BFF)

Die beiden Patterns dieses Abschnitts brauchen Sie meist in Szenarien, wo die folgenden Voraussetzungen gegeben sind [Ric18]:

- Einzelne User-Requests sind weniger feingranular als die Services im Backend. So könnte es ein Feature geben, wo nach Produkten aus einem Katalog gesucht wird. Um diesen einen Request aus Usersicht zu erfüllen, müssen aber u. U. gleich mehrere Services aufgerufen werden. Ein Service findet die passenden Produkte zu einer Bezeichnung, ein anderes errechnet den Preis mit der jeweiligen lokalen Mehrwertsteuer und ein weiteres berücksichtigt den Rabatt, den der jeweilige Kunde bekommt.
- Es gibt mehr als einen Client, wie verschiedene native Apps und eine Website. Diese haben u. U. verschiedene Herausforderungen, was die Komposition der Antwort von der Serverseite her angeht. Bei Netflix, die sich ja das Ziel gesetzt haben, ihren Client auf jedem denkbaren Gerät anzubieten, das einen Bildschirm und eine Internetverbindung hat, ist es bei einem der Clients nötig, die http-Header einer Response in einer gewissen Reihenfolge zu liefern.

Es gibt also unterschiedliche Clients mit teilweise gleichen Anforderungen, teilweise unterscheiden sich diese. Die Lösung, die u. a. auch Netflix gewählt hat, ist, solche Aspekte in einem API Gateway zu erledigen. Dieses ist zwischen den Frontends und dem Backend positioniert und besteht aus zwei Teilen: Einem, der spezifisch auf das jeweilige Frontend abgestimmt ist (wie die o. a. Sortierung der http-Header), und einem, der für alle gleich ist, wie die o. a. Komposition der Produktsuche (siehe Bild 8.15).

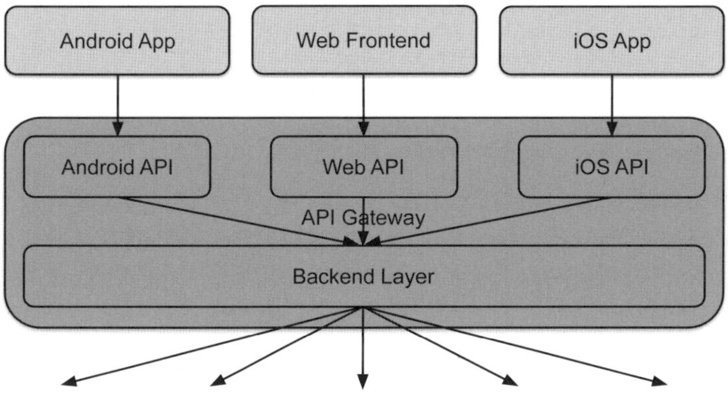

Bild 8.15 Ein zentrales API Gateway als Muster hat bestimmte Vor-, aber auch Nachteile

Die potenzielle Problematik dabei ist eine ähnliche, wie auch bei den zentralen ESBs aus Abschnitt 8.3.1.3: Es gibt eine zentrale Komponente mit vielen Abhängigkeiten, die zu einem organisatorischen Flaschenhals werden kann. Als solche würde sie die Geschwindigkeit und Agilität eines Unternehmens gefährden (T04-DRYvsIndependence). Bei Netflix wird dies so gelöst, dass jedes der Client-Teams seinen spezifischen Teil des API Gateways selbst schreibt und nur die gemeinsam genutzten Teile des Gateways von einem dezidierten Team, um so die organisatorischen Abhängigkeiten zu minimieren [Ric18]. Als Alternative können Sie die Funktionalität des zentralen API Gateways auch auf mehrere Backends for Frontend (BFF) aufteilen. Hierbei erfolgt u. U. eine gewisse Redundanz in der Entwicklung, dafür kommen die einzelnen Teams in keinerlei Abhängigkeit zueinander (Bild 8.16).

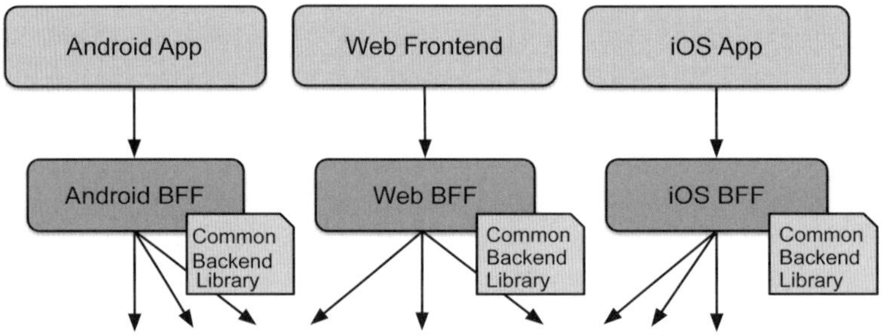

Bild 8.16 Jedes BFF wird unabhängig von den anderen entwickelt, und man beschränkt sich darauf, maximal eine Library zu teilen.

Service Discovery und Lastverteilung

Bei der Entwicklung von monolithischen Applikationen gab es wenig Grund für eine Komponente wie eine zentrale Service Discovery. Das Zusammenspiel zwischen einem Client und seinem monolithischen Backend war einfach genug, dass ein simpler Netzwerkzugriff über einen DNS-Eintrag als Abstraktion genügte. Zur Not konnte der Monolith auf einen anderen Server umziehen, dort eine neue IP-Adresse erhalten und man änderte das Mapping zur IP-Adresse im DNS. Load Balancing wurde meistens mit einem server-seitigen Proxy gelöst, der die Requests auf die gestarteten Instanzen des Monolithen verteilte. Dies ist in Bild 8.17 dargestellt.

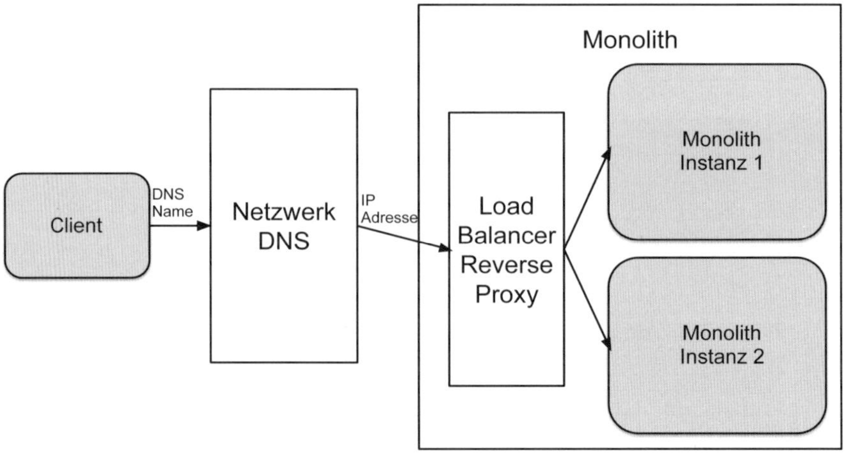

Bild 8.17 Service Discovery und Lastverteilung früher

Der neue Standard für Verteilte Systeme

In Zeiten von Microservices ist dieser Ansatz aber nicht mehr flexibel genug. Es gibt ein hohes Maß an Kommunikation zwischen den Applikationsteilen und die technologische Situation ist nicht unbedingt einheitlich. Daher entstand der Bedarf nach etwas mehr Abstraktion beim Auffinden einer konkreten Service-Instanz. Die einzelnen Service-Instanzen werden nach Bedarf gestartet (von welcher Technologie auch immer) und melden sich selbstständig bei einer zentralen Komponente, der Service-Discovery, an. Ein konsumierender Service empfängt die IP-Adressen der benötigten Instanzen, die er mittels einer clientseitigen Library von der zentralen Service-Discovery abholt. Die Anfrage an eine der konkreten Instanzen des Providers erfolgt dann bereits mittels der konkreten IP-Adresse. Im Zuge dessen wird auch die Last auf die Instanzen verteilt. Üblicherweise cacht die clientseitige Library auch die Adressen der einzelnen Instanzen, um zur Laufzeit nicht zu sehr von der zentralen Discovery abhängig zu sein, siehe dazu Bild 8.18. Die Service-Discovery setzt nicht selten auch noch andere Muster um, die in Microservice-Architekturen oft von Nutzen sind:

- **Health-Checks:** Die einzelnen Service-Instanzen bieten die Möglichkeit, ihren Gesundheitsstatus abzufragen. Die zentrale Service-Discovery prüft diesen regelmäßig für alle Instanzen ab. Sollte eine Instanz in Probleme geraten und den Health-Check nicht korrekt beantworten, wird sie von der zentralen Discovery solange nicht mehr als mögliche Provider-Instanz berücksichtigt, bis sich diese wieder erholt hat.
- **Zentrale Konfiguration:** Die verteilte Natur von Microservices macht es teilweise nötig, die Applikationskonfiguration zu zentralisieren. Das macht für Konfigurationen Sinn, die für alle Services gelten (wie die Stage: Development, Test, Produktion) oder auch nur für alle Instanzen eines Typs. Ohne Zentralisierung wären entsprechend viele Services neu zu konfigurieren im Fall einer Änderung.

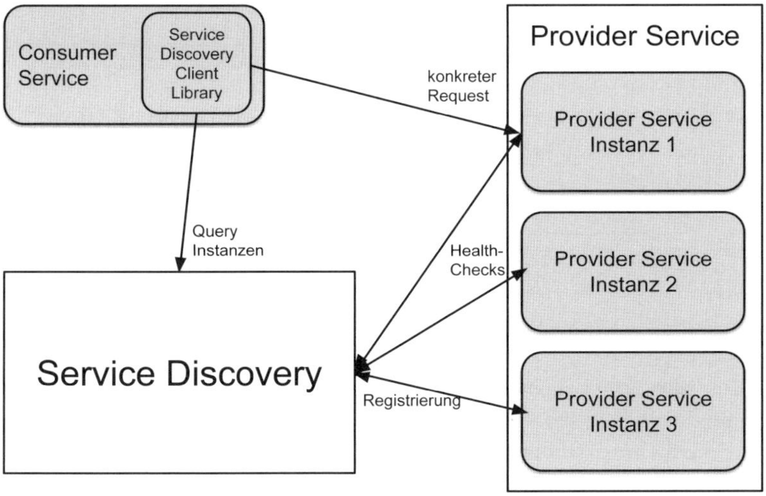

Bild 8.18 Moderne Service Discovery

Plattformen zur Orchestrierung von Services

Plattformen, die Services selber orchestrieren können (meist in Form von Containern), bieten sogar noch etwas mehr Komfort. Da die einzelnen Service-Instanzen von der Plattform bei Bedarf selbst gestartet werden, können sie die Requests von den Consumern zu den jeweiligen Providern auch selber weiterleiten (Bild 8.19). Anhand des Requests entscheidet die Plattform, an welche konkrete Instanz eines möglichen Providers der Request zugestellt wird. Der Platzhirsch unter diesen Plattformen ist mit Kubernetes klar zu identifizieren. Diese Art von Service-Discovery und Load-Balancing ist übrigens ein wunderschönes Beispiel für eine minimalinvasive Technologie (siehe Abschnitt 9.2.7). Der Client-Code hat dabei keinerlei Abhängigkeiten zur Plattform, anders als beim Beispiel davor, bei dem meist eine Library der Service-Discovery eingesetzt wird, wodurch es zu Abhängigkeiten bei den Clients kommt.

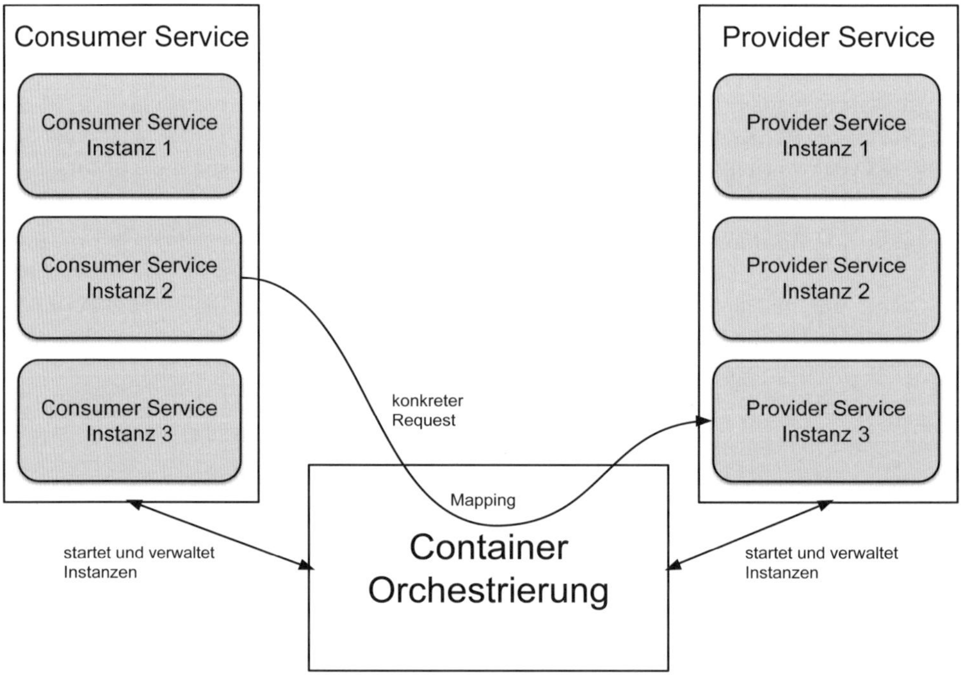

Bild 8.19 Zentrale Orchestrierung über eine Plattform

Metriken und Monitoring

Die Überwachung des Gesundheitszustands des gesamten Systems ist in einer Microservice-Architektur ungleich komplexer, als es dies bei einem Deployment-Monolithen wäre. Es gibt schlichtweg mehrere Quellen an Daten, die überwacht werden sollten. Um die Qualität des Betriebs zu ermöglichen, ist es unumgänglich, dass Metriken die Auskunft über den Gesundheitszustand der einzelnen Services an zentraler Stelle sammeln und auswerten. Diese Daten können entweder über Push vom Service zum zentralen Monitoring übertragen werden oder das zentrale Monitoring holt sich diese periodisch per Pull von diesen ab [Wol18]. Auf Basis der so gesammelten Daten lassen sich Grenzwerte definieren, bei deren Verletzung Alerts generiert werden. Monitoring-Werkzeuge wie z. B. Prometheus (*https://prometheus.io/*) werden oft durch UIs wie Grafana (*https://grafana.com/*) ergänzt, die dazu noch die Möglichkeit bieten, individuelle Dashboards zu erzeugen, die die wichtigen Metriken im Überblick darstellen.

Eine Möglichkeit, um solche Metriken aus einem Service zu exportieren, bietet z. B. der Spring Actuator (*https://www.callicoder.com/spring-boot-actuator/*). Dieser ist einem auf Spring basierenden Microservice ganz einfach hinzuzufügen und kann dann Informationen ausspucken zu Themen wie Dauer der HTTP-Requests, verfügbarer Disk-Space, Zustand der DB-Connections, Memory-Verbrauch usw.

Zentrale Log-Analyse

In Log-Dateien halten Services Ereignisse in Textform fest, die im Betrieb passiert sind. Dabei kann es sich um Fehlersituationen handeln, die protokolliert werden, oder einfach um fachlich relevante Dinge, die sich ereignet haben. Im Gegensatz zur zentralen Protokollierung von Metriken, wo periodisch Zahlen abgeholt werden, werden hier also Textdateien an zentraler Stelle kumuliert [Wol18]. Während Diagramme geeignet sind, um Metriken im Zeitverlauf darzustellen, ist für das Durchsuchen von Logfiles eher ein Feature wie eine Volltextsuche relevant. Nicht ganz zufällig hat sich der Elastic-Stack (*https://www.elastic.co/de/products/*) als eine populäre Lösung für zentrale Log-Aggregation etabliert. Dabei handelt es sich um Technologien um die Datenbanktechnologie elasticsearch herum, die Volltextsuche beherrscht.

Damit die Auswertung der Logs effizient möglich ist, bietet es sich an, gewisse Konventionen einzuhalten, wie die Protokollierung des Timestamps, Error-Levels oder einer Correlation-ID. Außerdem kann es sinnvoll sein, ein Format zu wählen, das sowohl von Menschen lesbar ist als auch von Maschinen gut interpretiert werden kann, wie JSON oder XML. Ein Standardformat für Applikations-Logs hat sich meines Wissens nach noch nicht etabliert, von einigen Nischen wie einem Standard des W3C für das Logging von Web-Requests durch http-Server mal abgesehen (siehe: *https://www.w3.org/Daemon/User/Config/Logging.html#common-logfile-format*).

Tracing

Im Fall eines Fehlers ist es oft notwendig zu verstehen, welchen Weg ein Request durch das System genommen hat. Um dies für einen Deployment-Monolithen nachzuvollziehen, genügt meist eine Protokollierung des Stacktrace im Log-File als Grundlage für die Suche nach der Ursache des Fehlers. In einem Verteilten System kann ein solcher Request aber bereits einen langen Weg durch andere Services hinter sich haben, der an der Stelle, wo dann der eigentliche Absturz passiert, aber nicht mehr ersichtlich ist. Wenn die Logs auf standardisierte Art und Weise mit Trace- und Span-IDs versehen werden, kann eine zentrale Komponente wie Zipkin (*https://zipkin.io/*) diesen Fluss durch das System nachvollziehen. Jedem für das System neuen Request wird eine Trace-ID gegeben, die danach von allen Services weiter durchgeschleust wird. Jede einzelne Interaktion von zwei Services bekommt zusätzlich noch eine eigene Span-ID (Bild 8.20). Zipkin kann solche Requests dann grafisch darstellen.

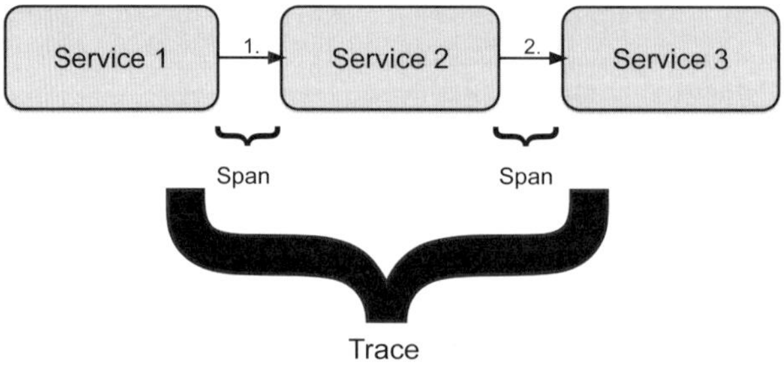

Bild 8.20
Spans und Traces

8.3.3 Self Contained Systems (SCS)

Bei Self Contained Systems [Til11] handelt es sich um einen sehr konkreten Architekturstil, der in hohem Ausmaß modular ist und ähnliche Konzepte umsetzt wie jene, auf denen üblicherweise Microservice-Architekturen aufbauen (Bild 8.21). Es wird die Systemlandschaft dabei zuallererst in einige grobe Strukturen aufgeteilt, in die Systeme. Die konkreten Architekturen der einzelnen Systeme können sich wiederum voneinander unterscheiden. So kann ein System aus Microservices aufgebaut sein, während ein anderes eine monolithische Architektur umsetzt. Man kann es also auch so sehen, dass es sich dabei um einen Architekturstil handelt, der versucht, Microservice-Architekturen um Aspekte der Makro-Architektur zu erweitern.

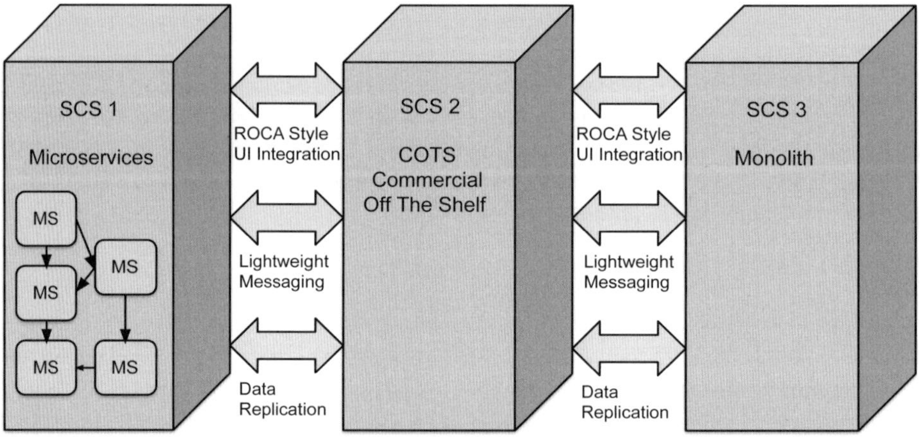

Bild 8.21 Self-Contained-Systems

Konkret ist definiert, dass bei der Integration der Systeme darauf geachtet werden sollte, wenn möglich immer über das User-Interface zu integrieren, weil das die einfachste Form der Kopplung darstellt. Sollte das nicht ausreichen oder möglich sein, so wäre auf asynchrones Messaging zu setzen. SOAP ist hier verpönt, aber auch synchrone REST-Integration sollte eher vermieden werden, sodass es zwischen den Systemen möglichst zu keiner zeitlichen Abhängigkeit kommt. Statt synchroner Kopplung sollten Daten, wenn nötig, repliziert werden, sodass es möglichst zu einer Entkopplung der einzelnen Systeme kommt. Dadurch wird die Gefahr der tiefen Aufrufkaskaden, unter der manche Microservice-Architekturen leiden, so gut es geht vermieden.

8.3.4 Modulare Monolithen

Der Begriff Monolith hat in der Literatur zum Thema Softwarearchitektur zwei unterschiedliche Bedeutungen, was nicht selten zu Verwirrung führt. Seinen Ursprung hat das Wort im Altgriechischen, wo „Mono“ für „Ein“ steht und „Lithos“ für „Stein“. In der Geologie wird damit ein Gebilde bezeichnet, welches nur aus einer einzigen Gesteinsformation besteht und daher einheitlich ist. So ähnlich wie, wenn auch wissenschaftlich nicht ganz korrekt, der Uluru oder Ayers Rock im Zentrum Australiens. Anders ausgedrückt geht es um ein großes geologisches Gebilde, welches keine weiteren Strukturen besitzt. Von daher auch die unterschiedlichen Bedeutungen in der Softwarearchitektur. Manchmal wird damit ein völlig unstrukturiertes System („Architektur-Monolith“) bezeichnet; manchmal aber auch ein System, welches durchgehend mit derselben Technologie gebaut wurde und demnach NICHT verteilt ist („Deployment-Monolith“). Ich verwende in diesem Buch „Monolith“ als Synonym für „Nicht verteilte Systeme einheitlicher Technologie“ und bezeichne Systeme schlechter struktureller Qualität als „Big Ball of Mud“ (BBoM). Letzteres ist sowohl bei verteilten als auch bei nicht verteilten Systemen anzutreffen. Um zu betonen, dass ein Deployment-Monolith sehr wohl eine modulare Zerlegung besitzt, kann man stattdessen den Terminus „Modulith“ benutzen.

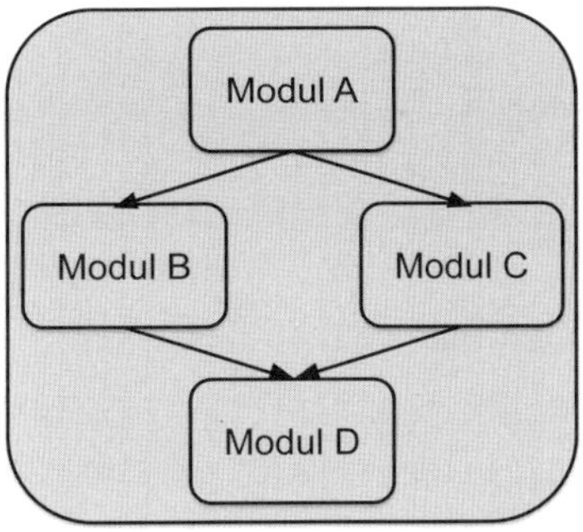

Bild 8.22
Ein modularer Monolith bzw. Modulith

Es wird bei den Nachteilen, die Deployment-Monolithen zweifelsohne haben, gerne übersehen, dass sie auch Vorteile gegenüber Verteilten Systemen haben, die in Abschnitt 7.3 bereits diskutiert wurden. Dort, in Abschnitt 7.3.4 habe ich, vielleicht etwas überraschend, auch behauptet, dass es bei einem Monolithen einfacher ist als bei einem Verteilten System, strukturelle Erosion dauerhaft zu verhindern. Dafür ist allerdings der Einsatz eines oder mehrerer Werkzeuge vonnöten (siehe Abschnitt 3.6).

Der größte Nachteil aller Monolithen ist, dass deren Technologie früher oder später an ihr Lebensende kommen wird, und eine technische Migration dann – im Gegensatz zu einer Microservice-Lösung – nicht trivial sein wird.

8.3.5 Hybride Ansätze

Die hier vorgestellten Architekturmuster schließen sich nicht gegenseitig aus. Als Architekt müssen Sie also keineswegs ein einziges Muster wählen, sondern können diese nach Belieben miteinander kombinieren.

8.3.5.1 Neomonolith

Der Idee eines Neomonolithen von Alan Shreve nach [Shr15] kann man die einzelnen Services zwar in unterschiedlichen Prozessen, aber auf derselben Maschine laufen lassen (Bild 8.23). Kommuniziert wird über Loopback (127.0.0.1) und somit zwar über die Netzwerkschnittstelle, aber ohne wirklich das Netzwerk im Sinne der Verkabelung zu nutzen. Die Latenzzeiten des Netzwerks spielen dann keine Rolle und man kann trotzdem die einzelnen Services in unterschiedlichen Technologien bauen. Die Fehlerisolation ist allerdings nur teilweise gegeben, da ein Fehler in einem Service nach wie vor andere Services destabilisieren kann, da die Services auf derselben Maschine laufen.

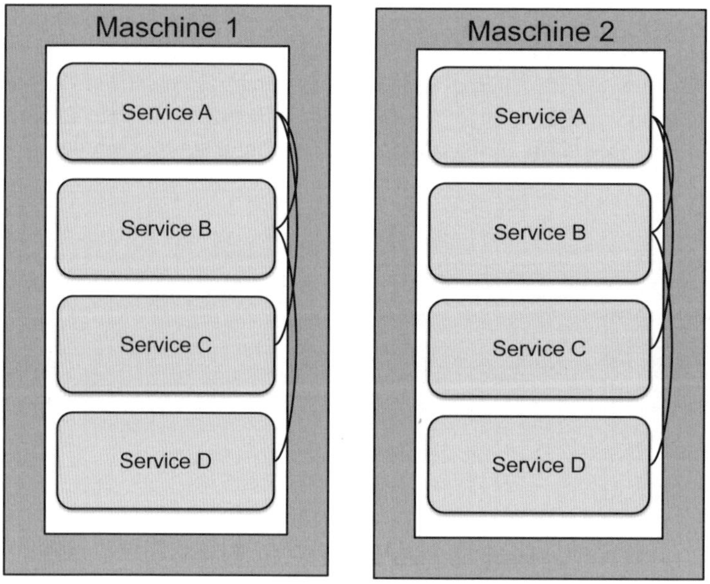

Bild 8.23 Ein Neomonolith nach Alan Shreve

8.3.5.2 Microservices mit monolithischem Kern

Eine mögliche Kombination aus Monolith und Verteiltem System stellt der folgende Ansatz dar: Die Core-Domäne wird als Deployment-Monolith entwickelt, beispielsweise weil hier hohe Konsistenz vonnöten ist oder die Nachteile des Verteilten Systems aus anderen Gründen unerwünscht sind. In anderen Subdomänen möchte man dagegen die Vorteile des Verteilten Systems nutzen und setzt hier verstärkt auf Microservices o. ä. (Bild 8.24).

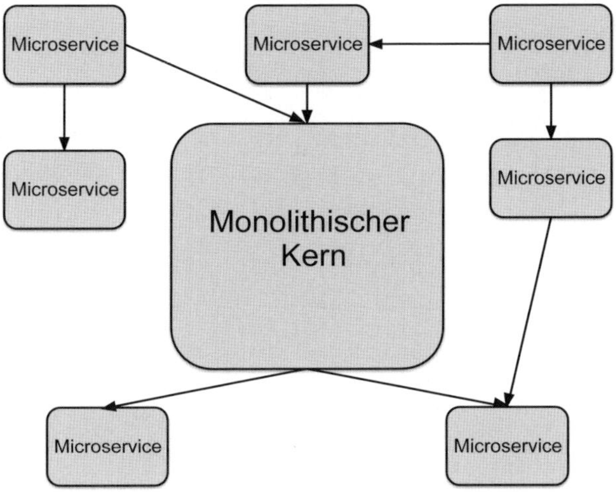

Bild 8.24 Microservices mit monolithischem Kern

9 Komplexes Refactoring

But I ain't too young to worry, and I ain't too old to cry.
AC/DC

Die meisten grünen Wiesen sind schon längst bebaut. Projekte im Softwareumfeld setzen meist auf einem gewissen bereits vorhandenen Stand auf. Alle guten Vorsätze zum Thema Modularisierung sind wegen der bereits vorhandenen Legacy-Software nicht selten schnell wieder über Bord geworfen. In diesem Kapitel möchte ich die Frage beantworten, was man tun kann, wenn das Kind bereits in den Brunnen gefallen ist (so wie in Bild 3.11). Unter Umständen haben Sie nämlich folgendes Problem: Die Software muss weiterentwickelt oder gewartet werden, aber aufgrund der mangelhaften strukturellen Qualität der Software ist dies gar nicht erst möglich. Eigentlich müsste die Software massiv geändert werden, aber auch dabei würde es sich um eine Weiterentwicklung handeln, die eben kaum noch möglich ist. Zunächst einmal möchte ich davor warnen, zu schnell mit notwendigen Änderungen loszulegen. Ich schlage vor, in solchen Situationen etwas methodischer vorzugehen. Am Anfang eines Verbesserungsprozesses steht erst einmal die Analyse der konkreten Mängel, die die bestehende Software hat.

9.1 Qualitätsmängel

9.1.1 Analyse und Zieldefinition

Ohne Ziel ist bekanntlich jeder Weg richtig. Bei einer Software, deren Qualität für die weitere Entwicklung nicht ausreichend ist, gibt es zwei Möglichkeiten:

- Es gibt ein zu den Wünschen der Stakeholder passendes Architekturkonzept. Die tatsächliche Umsetzung weicht aber, aus welchen Gründen auch immer, signifikant davon ab.
- Es gibt kein passendes Architekturkonzept, weder in der aktuellen Umsetzung noch als theoretisches Konzept.

Im ersten Fall haben Sie das Ziel für das nötige Refactoring, im zweiten nicht und Sie müssen es erst entwerfen, bevor Sie beginnen. Damit dies möglich ist, sind zunächst einmal die vom Stakeholder gewünschten Qualitäten (Abschnitt 1.2) der Software zu ermitteln. Dies ist evtl. schon passiert, oder – wie es eigentlich meist der Fall ist – wird zu Beginn eines Refactorings erstmalig gemacht. Wenn Sie dann wissen, welche Qualitäten die Software in Zukunft zu bieten hat, können Sie eine Architekturvision (siehe Abschnitt 1.5) für das Refactoring entwickeln. Dabei kann es Sinn machen, Kompromisse gegenüber der tatsächlichen Architektur einzugehen (T05-RefactoringDelta). Je weniger weit die neue Vision von der bestehenden Architektur entfernt ist, desto einfacher wird das Refactoring in weiterer Folge sein.

Vergleichen Sie danach die tatsächliche Architektur des Systems mit der neuen Vision und stellen Sie sich folgende Frage: Entspricht die neue Architektur grundsätzlich der bestehenden und kann man die notwendigen Änderungen noch auf einzelne Tätigkeiten herunterbrechen? Wenn dem so ist, dann schätzen Sie sich glücklich, denn das Refactoring wird vergleichsweise einfach durchzuführen sein. Ich empfehle in solchen Fällen, eine Methode zum Management Technischer Schuld, vorzugsweise aim24 (siehe *https://www.aim42.org/*), für das Refactoring zu verwenden.

9.1.2 Managing Technical Debt (mit aim42)

Technische Schulden als Begriff sind definiert als Konzepte, die zur Umsetzung gewählt wurden, die langfristig die weitere Arbeit an einem Softwareprodukt schwieriger, langsamer und/oder teurer machen. Dabei kann es sich um eine unpassend gewählte Technologie handeln oder auch um mangelhafte Modularisierung des Codes. Passieren kann dies aus einem der folgenden Gründe:

- **Bewusst:** Man nimmt die Technische Schuld bewusst in Kauf, weil man damit z.B. zunächst Zeit gewinnt. Erst wenn man weiß, ob das Produkt am Markt auch erfolgreich ist, investiert man in seine Qualität.
- **Unbewusst:** Die Technische Schuld wird unbeabsichtigt aufgenommen. Es werden Konzepte gewählt, die als Antipattern gelten oder nicht zu den gewünschten Qualitätszielen passen. Man ist sich dessen dabei aber nicht bewusst.
- **Durch neue Anforderungen:** Die Stakeholder ändern ihre funktionalen Anforderungen oder ihre Qualitätsziele, wodurch die aktuelle Implementierung nicht mehr effizient genug ist. So kann es passieren, dass es neue Anforderungen gibt, die sich nicht gut mit der aktuellen Architektur abbilden lassen. Erfolgt dann kein Refactoring des bereits bestehenden Codes, ist dieser ab diesem Zeitpunkt genau genommen als Technische Schuld zu betrachten.
- **Von selbst:** Die Technische Schuld entsteht mit der Zeit, weil es später neue Möglichkeiten zur Umsetzung gäbe. Z. B. wurden seit der ursprünglichen Wahl der Technologie neue Technologien entwickelt, mit denen das jeweilige Problem hätte effizienter gelöst werden können. Dadurch wäre dann in weiterer Folge auch die Entwicklung neuer Features nicht mehr so effizient wie sie eben sein könnte.

Die Entstehung von Technischer Schuld lässt sich also gar nicht verhindern, egal wie sehr Sie sich beim erstmaligen Erstellen eines Architekturentwurfs einmal bemüht haben. Meiner Meinung nach ist es der Idealfall, wenn man mit einer komplexen Software noch einzelne Issues identifizieren kann, die eben nicht ideal sind. Besser als das geht es nämlich nicht. Am besten geht man damit um, indem man diese Dinge notiert, sobald sie auffallen. Methoden zum Management Technischer Schuld tun genau das. Ein Beispiel dafür ist aim42 (siehe Bild 9.1), das aus den folgenden drei Phasen besteht:

- **Analyze:** Probleme werden identifiziert und festgehalten. Mögliche Lösungsansätze ebenfalls, allerdings in einer eigenen Liste und nicht gemeinsam mit den Problemen. Die Lösungen referenzieren die Probleme, die sie beheben würden und umgekehrt.
- **Evaluate:** Die Auswirkungen der Probleme werden geschätzt, genau wie die Aufwände, um die möglichen Lösungen umzusetzen. Mit diesen Informationen ist es dann möglich zu entscheiden, welche Lösungsansätze auch tatsächlich umgesetzt werden. Ist der Aufwand für eine mögliche Lösung höher als ihr Nutzen, wird sie nicht umgesetzt.
- **Improve:** Durch eine Lösung werden 1 bis n Probleme behoben. Dadurch fallen die laufenden Kosten dieser Probleme weg. Die Lösungsansätze werden eingeplant und umgesetzt, idealerweise priorisiert nach dem Nutzen der dadurch generiert wird.

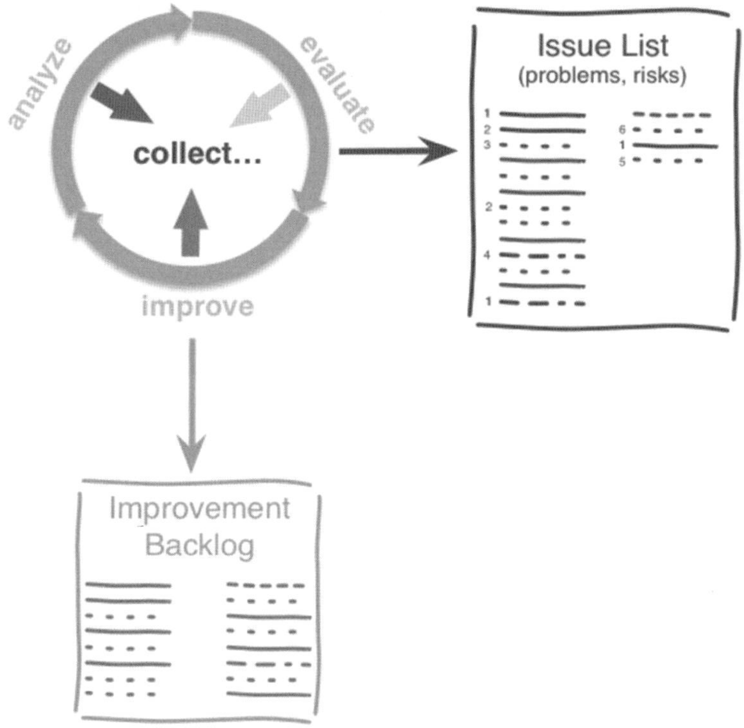

Bild 9.1 aim42 im Überblick (Quelle: *aim42.github.io*)

9.1.2.1 Oder machen Sie es wie die Pfadfinder

Vielleicht kennen Sie den Leitsatz der Pfadfinderbewegung:

> *Try and leave this world a little better than you found it.*
> Robert Baden Powell

Für sein Buch „97 Things Every Progammer Should Know“ [Hen10] hat Kevlin Henney u. a. jemanden interviewt, der auch in diesem Buch ziemlich häufig vorkommt, nämlich Robert C. Martin. Dieser schlägt dort vor, die Maxime der Pfadfinder auf die Softwareentwicklung zu übertragen. Code soll dann, wenn er eingecheckt wird, niemals weniger sauber sein, als er es zuvor war. Das wohlgemerkt unabhängig davon, wer für die ursprünglichen Schwächen des Codes verantwortlich war. Unterstützen kann dabei ein Tool wie Teamscale (*https://www.cqse.eu/de/produkte/teamscale/landing/*). In Bild 9.2 sehen Sie drei Commits im Code, wobei das Tool für jedes bis zu drei Werte ausgibt. Dabei handelt es sich um neu gefundende Issues im Code, Issues, die durch das Commit nicht geändert wurden, und Issues, die im Zuge dessen behoben wurden. Beispielsweise für den Eintrag ganz unten in der Liste (Fix a race condition ...): Es gibt 1 neues Issue (bzw. Finding), 35 wurden durch das Commit nicht geändert und 10 wurden dabei gelöst. Mit anderen Worten: Der Entwickler hat sich hier tatsächlich an die Pfadfinderregel gehalten. Wenn die Auswirkungen von Commits im Code auf diese Weise sichtbar gemacht werden, steigt die Motivation bei den Kollegen immens, dass Probleme im Code im Zuge der üblichen Wartungstätigkeit auch tatsächlich behoben werden.

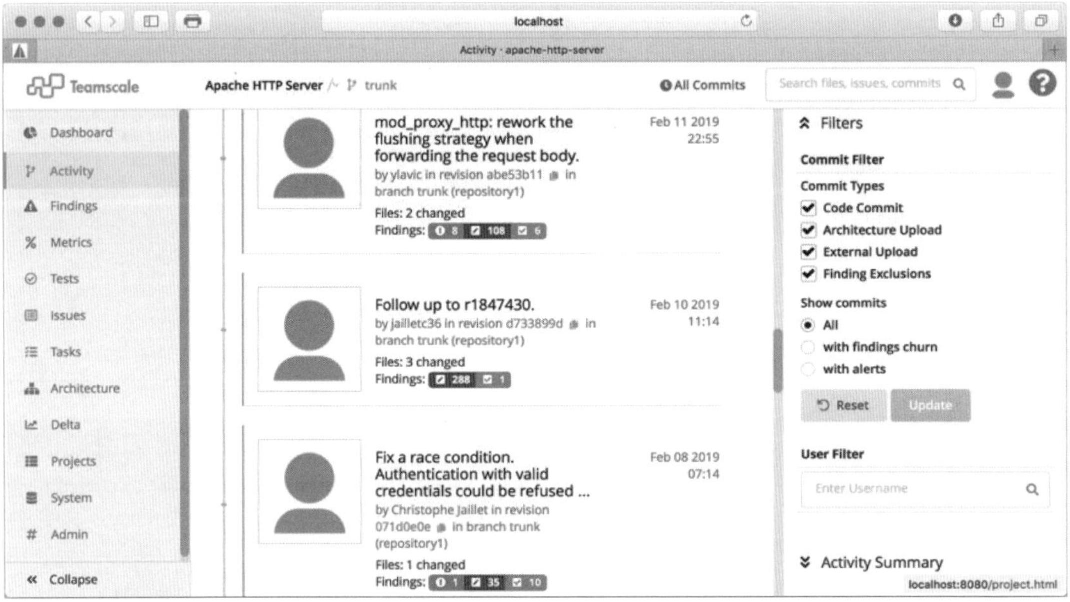

Bild 9.2 Unterstützung der „Pfadfinder“ durch Teamscale

Bei einem noch geringen Maß an Erosion der Architektur mag eine Methode wie die hier vorgestellte Developer-Boy-Scout-Rule noch genügen, um wieder die Kurve zu kriegen.

Wenn die Architektur aber bereits dabei ist, an die Wand zu fahren, benötigen Sie andere Werkzeuge. Einige werde ich in den folgenden Abschnitten vorstellen.

9.1.2.2 Managed Evolution

Bei Managed Evolution geht es, um den Inhalt des Buchs von Stephan Murer und Bruno Bonati [Mur10] auf den Punkt zu bringen, um Folgendes: Die Qualität der Systemlandschaft wird mittels Kennzahlen gemessen. Vor und nach jedem Projekt werden diese erhoben, wobei von jedem Projekt verlangt wird, die so gemessene Qualität zumindest nicht zu verschlechtern. Das bedeutet unter dem Strich, dass es durch jedes Projekt zu einer schrittweisen Verbesserung kommen sollte, solange die gemessenen Kennzahlen zufriedenstellende Werte erreicht haben. Ich persönlich empfehle den Einsatz dieser Methode NICHT, da ich aus den folgenden Gründen nicht an ihre praktische Anwendbarkeit glaube:

- Zunächst einmal kann es schwierig sein, die einzelnen Commits im Code den jeweiligen Projekten zuzuordnen.
- Wenn Sie die Zuordnung hinbekommen, gilt es immer noch die Auswirkung auf die festgelegte Kennzahl durch diese Änderung zu kennen. Wenn dies etwas ist, was nur im laufenden Produktivbetrieb gemessen wird, die vorgenommene Änderung aber nicht exklusiv in Produktion gebracht wurde, dann haben Sie ein Problem. Sie werden die Auswirkung dieser Änderung auf die gewünschte Kennzahl nicht in Erfahrung bringen können. Und Continuous Delivery klappt bei weitem nicht in allen Unternehmen, geschweige denn in denen, die den Einsatz einer „Managed Evolution" in Erwägung ziehen.
- Selbst wenn Sie das hinbekommen sollten, gelten immer noch all die Einschränkungen aus Kapitel 5.2 für den Einsatz von Metriken.

9.1.3 Strategisches Refactoring

Nehmen wir nun Folgendes an: Die neue Architekturvision basiert auf Self-Contained-Systems (Abschnitt 8.3.3) und bei der bestehenden Architektur handelt es sich um einen Big-Ball-of-Mud, der so aussieht wie die „Struktur", die in Bild 3.11 dargestellt ist. In so einem Fall ist es schlichtweg nicht möglich, einzelne Issues zu identifizieren, weil Ausgangssituation und gewünschtes Zielbild gar nichts miteinander zu tun haben. Es müssen andere Methoden her, da eine Methode zum Management Technischer Schuld dann nicht mehr anwendbar ist.

Commercial Off The Shelf (COTS)

Vieles, was früher einmal proprietär entwickelt wurde, gibt es inzwischen kommerziell zu erwerben. Wenn dem so ist handelt es sich um einen Glücksfall, weil dadurch das Refactoring potenziell vergleichsweise einfach wird. Eine kommerzielle Lösung ist üblicherweise bei anderen Kunden bereits im Einsatz und daher als Produkt meist reif genug, um innerhalb relativ kurzer Zeit auch bei Ihnen eingesetzt zu werden. Natürlich muss ein solches COTS auch zur Unternehmensstrategie passen. Ich kenne ein Unternehmen, das im Zuge des 21. Jahrhunderts europaweit führend in seiner Branche werden möchte und dessen Strategie dabei hauptsächlich auf den Einsatz von COTS-Software aufbaut. Persönlich finde ich den Gedanken ausgesprochen kurios, mit der Software von jemand anderem der Anführer des digitalen Zeitalters werden zu wollen.

Trotzdem: Auch wenn Sie kein COTS finden, das alle ihre Bedürfnisse abdeckt, so finden Sie vielleicht etwas, was zumindest einen Teil der Anforderungen erfüllt. Auch das kann, in Kombination mit einer anderen der hier vorgestellten Methoden, ein Refactoring deutlich einfacher und risikoärmer machen.

9.1.3.1 Risiko Big-Bang Rewrite

Prinzipiell ist es immer möglich, die ganze Software, die keine weiteren Strukturen aufweist, en-bloc neu zu schreiben. Allerdings stellt dies ein nicht zu unterschätzendes Risiko dar. Die neue Software wird erst eingesetzt, sobald der Rewrite abgeschlossen ist. Bis zu diesem Zeitpunkt gibt es meist kein Feedback, ob neue Architektur und Umsetzung auch tatsächlich die Anforderungen erfüllen. Wenn sie dies nicht tun sollte, merken Sie das evtl. erst, wenn bereits sehr viel Geld in den Rewrite geflossen ist. Der potenzielle finanzielle Schaden ist dadurch enorm. Eine frühe Inproduktionsnahme einer neuen Version ist bei einem solchen Big-Bang Rewrite nämlich dann nicht möglich, wenn es keine möglichen Integrationspunkte zwischen der alten Lösung und der neuen geben sollte. Nehmen Sie von solch großen Umstellungen soweit möglich Abstand oder versuchen Sie das Risiko durch eine der folgenden Maßnahmen noch in Grenzen zu halten:

- Suchen Sie anfangs in der Legacy-Software nach allem, was auch nur im Entferntesten nach Strukturen im Code aussieht. Meist gibt es zumindest eine gewisse Trennung zwischen UI und Backend. Schärfen Sie diese Strukturen und schreiben Sie danach die Software um, indem Sie eine dieser Strukturen nach der anderen umbauen und releasen.
- Die neue Version wird zunächst nur bei manchen Kunden eingesetzt. Man nimmt dann anfangs Probleme bei diesen Kunden in Kauf und stabilisiert mit deren Unterstützung die neue Version. Sobald das neue Produkt stabiler läuft, kann der Kreis der Kunden, die bereits diese Version nutzen, schrittweise erweitert werden.
- Es gibt eine sehr hohe Abdeckung an automatisierten System-Tests, welche sowohl mit der alten Version als auch mit der neuen kompatibel sind.

> Machen Sie Rewrites komplett am Stück nur, wenn das Risiko eines solchen Unterfangens im Zaum gehalten oder noch akzeptiert werden kann. Unterschätzen Sie dieses Risiko dabei aber bitte wirklich niemals!

Risiko Melonenprojekt

Big-Bang Rewrites sind u.a. deswegen so problematisch, weil sie oft in Kombination mit einem Melonenprojekt auftreten. Bei Projekten gibt es typischerweise Ampeln, die als Abstraktion gegenüber dem Management den Gesundheitszustand des Projekts abbilden. Grün bedeutet dabei sinngemäß, dass im Projekt – offiziell – alles in bester Ordnung ist. Bei manchen Projekten ist es allerdings so, dass, ähnlich wie bei einer Wassermelone, unter einer dünnen grünen Schicht erstaunlich viel Rotes verborgen ist. Kurz vor Produktionseinsatz schalten diese Projektampeln dann plötzlich von Grün auf Rot um. Der Grund dafür kann sein, dass das Team entweder bis zum Schluss noch darauf hofft, die Probleme zu lösen, oder sich der Probleme selbst vorher nicht bewusst ist. Bei einem Big-Bang Rewrite gibt es oft kein echtes Feedback an das Projektteam, was die Tragfähigkeit der Neuentwicklung angeht, bis zum finalen Einsatz der neuen Software, was das Risiko deutlich erhöht, dass es zu einem solchen Melonenprojekt kommen wird. Um diese klassischen Risiken komplexer Rewrites zu minimieren, bietet es sich daher an, einen Blick auf Alternativen zu werfen, wie die Change-by-Split-Methode oder den Strangulation-Approach.

9.1.3.2 Change-by-Split

Die sogenannte Split-Methode (oder Changy-by-Split) lässt sich dann anwenden, wenn unterschiedliche Features in einem Legacy-System implementiert wurden, die von den technischen Strukturen her dort untrennbar miteinander verbunden sind, fachlich aber trotzdem wenig bis nichts miteinander zu tun haben [aim42-19a]. Nehmen wir an, dass es sich in Bild 9.3 um eine solche Situation handelt. Es könnte sich um ein System handeln, das von zwei unterschiedlichen Kunden benützt wird, die es auf völlig unterschiedliche Art und Weise verwenden.

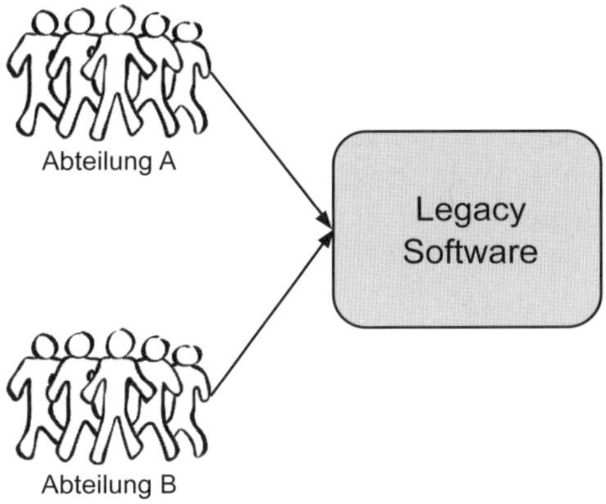

Bild 9.3
Die Ausgangssituation für unseren Split

Als Erstes verwenden wir für jede der Abteilungen einen völlig eigenständigen, aber identischen Klon der ursprünglichen Software, siehe dazu Bild 9.4.

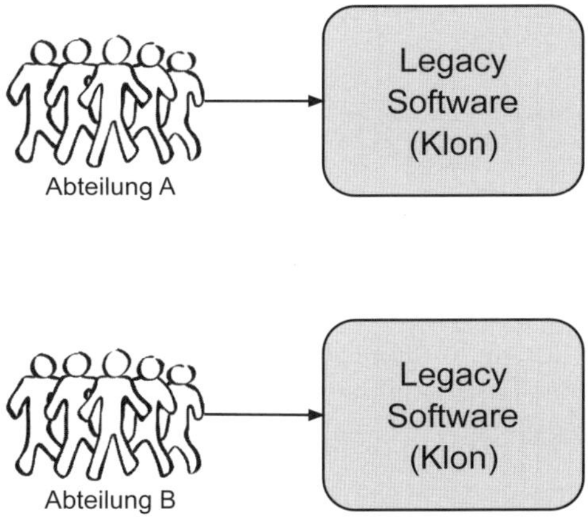

Bild 9.4
Zwei völlig identische Klone wurden erzeugt.

Dann extrahieren wir Gemeinsamkeiten in eine neue Commons-Bibliothek, die ab dann von beiden geklonten Legacy-Systemen verwendet wird (Bild 9.5).

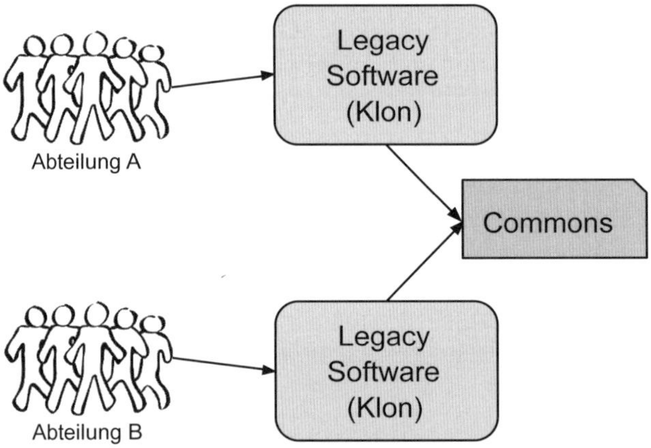

Bild 9.5 Gemeinsamkeiten werden extrahiert.

Nun entfernen wir alle Features in jedem der Klone, die dort gar nicht gebraucht werden (Bild 9.6). Dies ist praktikabel, denn obwohl Änderungen in Legacy-Code oft schwierig sind, so ist es meist noch relativ gefahrlos möglich, Dinge zu entfernen.

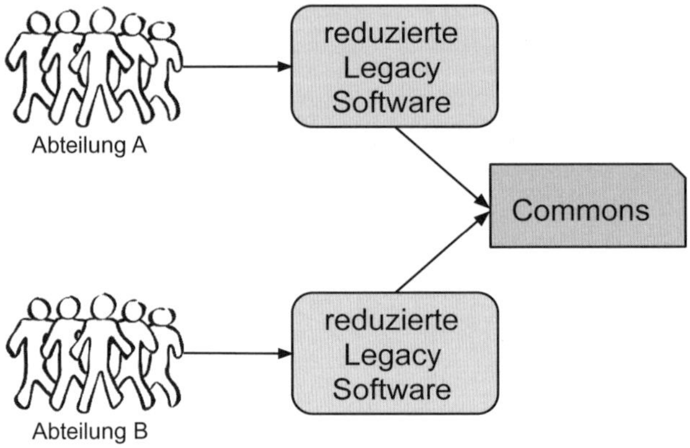

Bild 9.6 In jedem Klon werden die Dinge entfernt, die dort nichts zu suchen haben.

Danach sind die Systeme, die noch im Einsatz sind, kleiner als es das ursprüngliche Legacy-System in Bild 9.3 noch war. Der Rewrite der einzelnen Klone wird vereinfacht, weil die ursprüngliche Problematik dadurch auf kleinere Teilaufgaben reduziert werden konnte. Der Nachteil dieser Methode ist allerdings, dass die Voraussetzung dafür gegeben sein muss. Wenn eine solche fachliche Aufteilung der Funktionalität in einem Legacy-System nicht möglich ist, ist die Split-Methode nicht anwendbar.

9.1.3.3 Strangulation-Approach

Im Gegensatz zur Split-Methode ist der Strangulation-Approach in den allermeisten Fällen anwendbar. Der Name kommt von der australischen Würgefeige (Strangler-Fig), die als Schmarotzer einen anderen Baum immer mehr umhüllt, bis dieser darunter abstirbt und am Ende nur mehr die Würgefeige stehen bleibt [Fow04]. Gehen wir von einem System aus, wie es in Bild 9.7 dargestellt ist. Die Buchstaben geben dabei die Subdomänen im Sinne des DDD an, die relativ schlecht strukturiert in den jeweiligen Subsystemen implementiert wurden. Die Systeme greifen auf nur zwei gemeinsam geteilte Datenbanken zu.

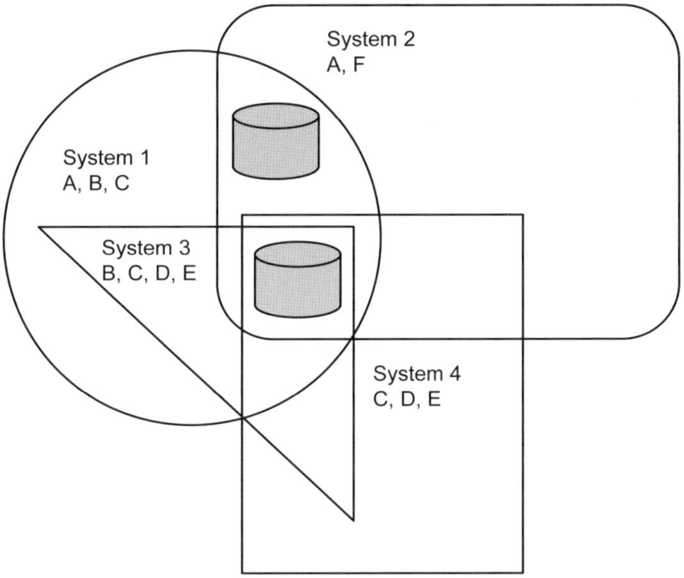

Bild 9.7 Die Ausgangssituation für die Strangulation

Damit wir die Strategie der Würgefeige zur Ablösung des Legacy-Systems anwenden können, sollte man wie folgt vorgehen: Zunächst wird eines der Module im Sinne der (hoffentlich gut zerlegten) Zielarchitektur als Service neu entwickelt. Wir beginnen mit dem Service für Subdomäne F. Ein solcher Service zeichnet sich dadurch aus, dass er mit der restlichen Funktionalität nur vergleichsweise lose gekoppelt ist. Dieser neue Service wird demnach mit dem bestehenden Legacy-System ebenfalls nur lose gekoppelt werden müssen. Die Hoffnung ist, dass dies auch mit dem problematischen Legacy-System noch zu bewerkstelligen ist. Üblicherweise wird im Zuge dessen ein Adapter (hier zunächst noch als Anticorruption-Layer) gebaut, der die alte und neue Welt miteinander verbindet (siehe Bild 9.8). Die entsprechende Funktionalität der Subdomäne wird im Legacy-System gelöscht.

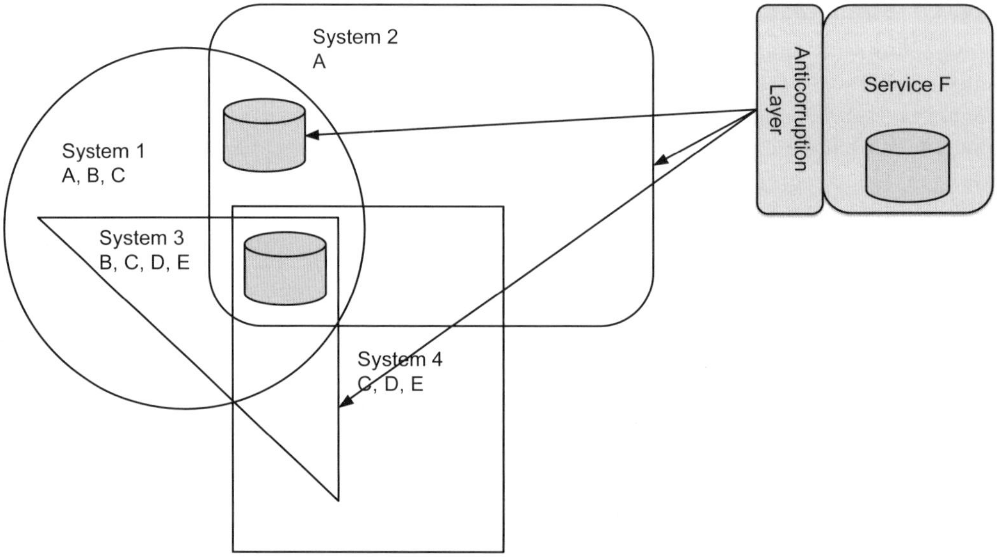

Bild 9.8 Der erste Schritt wäre getan.

Im nächsten Schritt wird der Adapter breiter genutzt (dann als Open-Host-Service), wenn wir zusätzlich die Subdomäne A als Service extrahieren (siehe Bild 9.9). Wir wählen diese Subdomäne als Nächstes, da dadurch das System 2 der Legacy-Architektur wegfällt und daher abgeschaltet werden kann. Dieses Spiel wird immer weiter gespielt bis die alte Lösung komplett abgelöst ist.

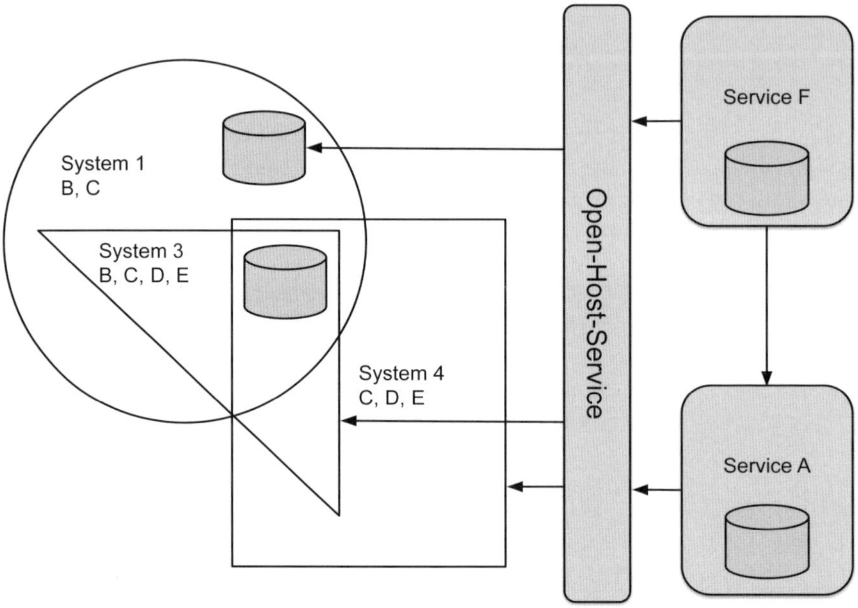

Bild 9.9 Und weiter geht's ...

API-First Strangulation

Eine Schwäche der meisten Legacy-Architekturen, so vermutlich auch in der Ausgangssituation für die Strangulation in Bild 9.7, ist Folgendes: Die Subsysteme sind so eng miteinander verzahnt, wie in diesem Fall über die geteilten Datenbanken, dass es für neue saubere Module oder Services gar keine vernünftigen Schnittstellen gibt, die diese verwenden könnten. Bei der Entwicklung von neuen Features bleibt einem dann gar nichts anderes übrig, als das böse Spiel weiterhin mitzuspielen und ebenfalls die Tabellen der Datenbanken als Schnittstellen zu benutzen. Damit wird das Problem immer weiter in die Zukunft prolongiert. Dem kann man entgehen, indem man sich zunächst überlegt, welche Schnittstellen in Zukunft im neuen Architekturbild überhaupt noch notwendig sein werden. Im Sinne der losen Kopplung sollten sich externe Schnittstellen dann zwischen den Services ja tendenziell in Grenzen halten. Man beginnt dann damit, diese neuen Schnittstellen in einer Adapterschicht zur Verfügung zu stellen (Bild 9.10).

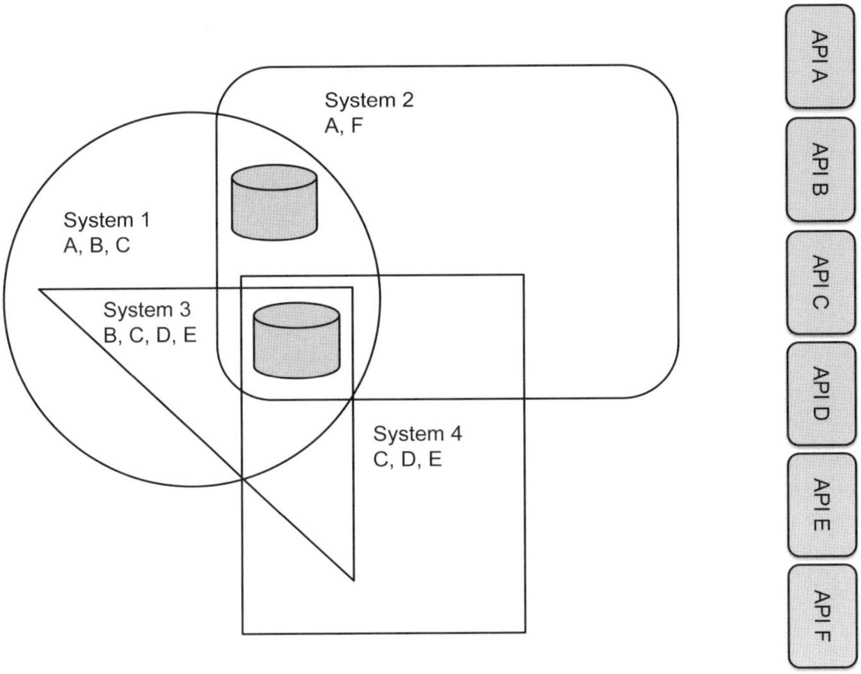

Bild 9.10 Wir beginnen die Strangulation mit einem API-Adapter-Layer.

Neue Services werden dann dem neuen Architekturkonzept entsprechend entwickelt. Wenn diese Schnittstellen anderer Services benötigen, so benutzen sie die jeweilige neue API. Sollte die benötigte Funktionalität allerdings noch nicht in der neuen Architektur verfügbar sein, so wird einstweilen ein Adapter benutzt, der die neue API auf die alten Schnittstellen mappt. In unserem Fall auf das Legacy-System bzw. direkt auf die Datenbanken selbst (Bild 9.11). Damit werden die mangelhaften alten Integrationsmuster in Zukunft nicht weiter benutzt.

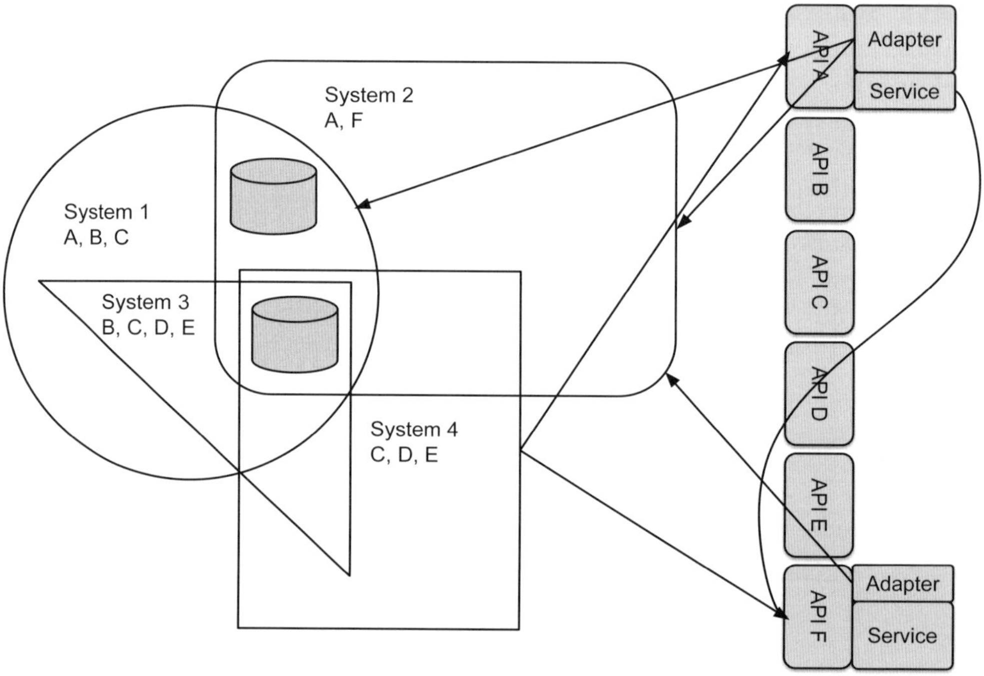

Bild 9.11 Neue Services können nun vergleichsweise einfach bereits die moderneren APIs benutzen.

Interne Strangulation/Aushöhlung

Niemand sagt übrigens, dass das Ziel einer Strangulation ein Verteiltes System sein muss. Die strukturelle Qualität eines Architektur- und Deployment-Monolithen kann auch erhöht werden, indem man daraus Schritt für Schritt einen Deployment-Modulithen macht. Die Integration zwischen dem Legacy-Code und den neuen Modulen erfolgt dabei im Code. In Bild 9.12 sehen Sie einen möglichen ersten Schritt einer Strangulation, die innerhalb der Grenzen eines Deployment-Monolithen passiert.

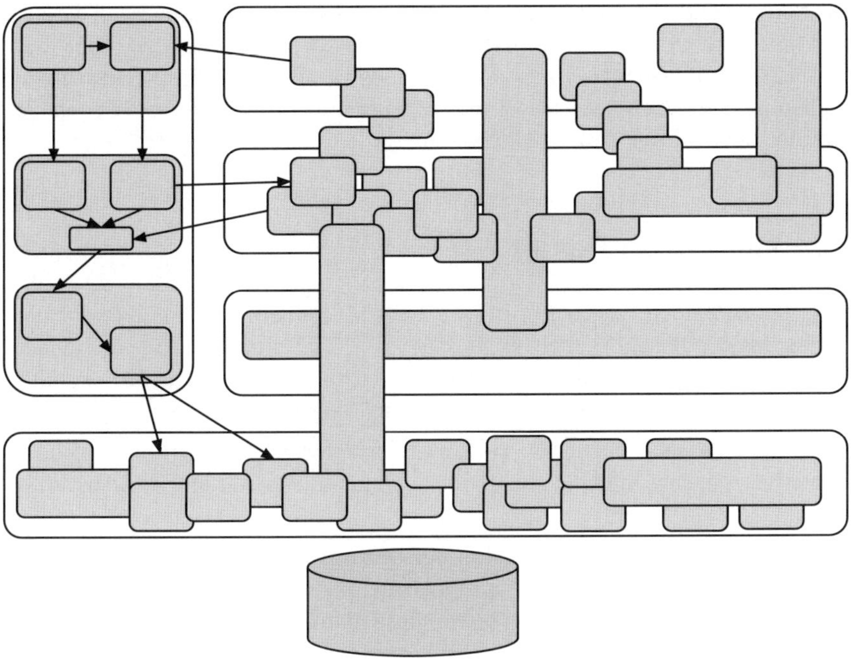

Bild 9.12 Beginnende modulare Aushöhlung eines Deployment-Monolithen

Composite DB (Parallel Database Strategy)

Es gibt einige Quellen mit sehr konkreten Vorschlägen, wie man ein komplexes Refactoring durchführen kann. Viele davon sind nichts anderes als konkretere Varianten der Strangulation. Diese unterscheiden sich in erster Linie dadurch, wie während der Strangulation temporär die Integration zwischen dem Legacy-System und der neuen Lösung funktioniert. Ein Beispiel dafür ist Composite-DB [aim42-19b]. Die Integration erfolgt dabei zwischen der alten und der neuen Datenbank mittels des 2-Phase-Commit-Protokolls.

Ich persönlich denke, dass ein komplexes Refactoring ein individuelles Unterfangen darstellt, wo sehr konkrete Vorgehensmuster nicht angebracht sind, weil sie zu wenig individuellen Spielraum zulassen. Es hängt bei einem geplanten komplexen Refactoring einfach zu viel von der konkreten Ist-Situation als auch vom jeweiligen Zielbild ab. Die Integrationsstrategie, die temporär während einer Strangulation zwischen Legacy und neuer Architektur nötig sein wird, ist passend zu wählen. Im Grunde können Sie sich bei allen Möglichkeiten zur Integration bedienen, wie sie in diesem Buch vorgestellt wurden (Abschnitt 4.4.1.1 oder 7.2.3). Sogar Varianten, bei denen die Nachteile überwiegen, sind möglich, da die Integration gemeinsam mit dem Legacy-System früher oder später abgelöst werden sollte.

9.1.4 Kombinationen

Die in diesem Kapitel vorgestellten Methoden lassen sich natürlich prima miteinander kombinieren. Vielleicht setzen Sie zuerst eine Zeitlang auf aim42, um alte, bereits in Vergessenheit geratene Konzepte des Layerings im Code wieder zu erwecken. Sie bemerken, dass das Backend noch immer zu groß ist, um es auf einmal neu zu schreiben, und setzen danach auf Strangulation. Tun Sie bitte das, was sich am besten eignet, um ein großes Refactoring des Systems in kleinere Häppchen aufzuteilen, die auch jeweils released werden können. Ziel ist, das Risiko des Refactorings im Zaum zu halten.

9.1.5 Entwicklung neuer Features

Angenommen, Sie schreiben eine Software neu. Lassen Sie dann die Benutzer auf neue Features warten, bis das Refactoring abgeschlossen ist? Oder werden im Zuge des Refactorings ebenfalls neue Features entwickelt? Im Grunde haben Sie drei Möglichkeiten, mit jeweils spezifischen Vor- und Nachteilen (T06-RefactoringNewFeatures) [Ham13]:

- **Einfrieren:** Solange das Refactoring läuft, werden keine neuen Features entwickelt. Dies hat den Vorteil, dass man die alte und neue Version jederzeit miteinander vergleichen kann.
- **Neue Features nur in der neuen Version der Software:** Wenn Sie beim Rewrite der Software auch bereit sind, neue Features einzubauen, wird das den Auftraggebern einfacher zu verkaufen sein. Ansonsten müssten diese nämlich Geld in die Hand nehmen, um danach dieselbe Funktionalität nutzen zu können wie zuvor.
- **Neue Features in der alten und der neuen Version:** Wenn Sie die neuen Features in beiden Versionen entwickeln, muss der Auftraggeber auf neue Funktionen nicht warten und die beiden Versionen bleiben vergleichbar, was das Risiko der Neuentwicklung etwas mindert. Dafür ist das parallele Arbeiten natürlich aufwendiger und damit teurer.

9.2 Technische Migration

Jede Technologie, die in einem Softwareprodukt angewendet wird, kommt früher oder später an das Ende ihrer Lebensspanne. Wenn die weitere Verwendung einer bestimmten Technologie teuer wird, weil es am Markt kaum noch Unterstützung dafür gibt oder weil die geforderte Kompatibilität mit modernen Standards nicht mehr gegeben ist, dann müssen Sie diese loswerden. Es kann sich dabei um eine Programmiersprache, ein Framework, eine Datenbank, ein Betriebssystem oder ähnliches handeln. Was dann zu tun ist, hängt sehr davon ab, wie weit die abzulösende Technologie von einer neuen Technologie, durch die sie potenziell ersetzt werden kann, entfernt ist. Es kann noch relativ einfach sein, ein relationales Datenbanksystem durch ein anderes zu ersetzen, weil u. U. nur einige Spezifika des ursprünglichen SQL-Dialekts zu ersetzen sind. Bei SQL handelt es sich zwar um einen Standard relationaler Datenbanken, die einzelnen Implementierungen weichen aber im Detail voneinander ab. Manchmal ist es auch denkbar, eine Programmiersprache in eine andere durch automatische Übersetzung zu transpilieren. Eine JEE-basierte Applikation in das Spring-Framework zu übertragen, wird aufgrund der Ähnlichkeit der Konzepte ebenfalls mit überschaubarem Aufwand möglich sein. Auf all diese Möglichkeiten werde ich hier nicht weiter eingehen. Was mich interessiert, ist vielmehr die Frage, was man vorab tun kann, um spätere Aufwände für technische Migrationen möglichst im Zaum zu halten. In diesem Abschnitt wird es genau darum gehen.

9.2.1 Indirektionen/Minimieren der Abhängigkeit

Die Abhängigkeit zu der jeweiligen Technologie wird an einer Stelle zentriert. So könnten alle Zugriffe auf einen Cache-Server ausschließlich über ein Gateway erfolgen. Wird eines Tages der Cache-Server ausgetauscht, sodass sich auch die API für den Zugriff auf diesen ändert, dann muss idealerweise nur dieses Gateway geändert werden. Statt unzähliger Abhängigkeiten zur API des Cache-Servers gibt es in einem solchen Szenario nämlich nur eine.

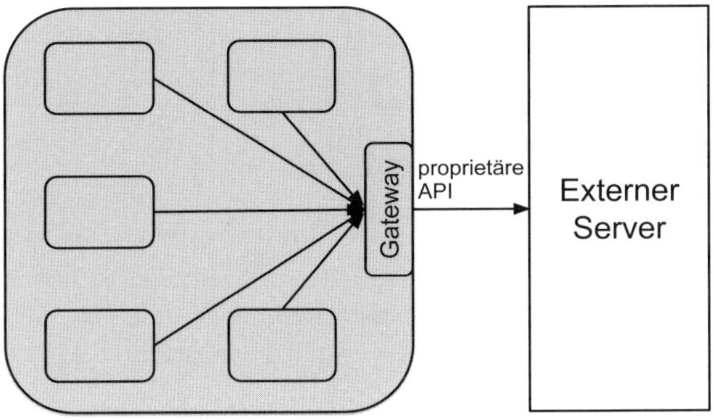

Bild 9.13 Zugriff auf den Cache nur über das Gateway

9.2.2 Standards

Für vieles, wie den Zugriff auf relationale Datenbanksysteme, wurden Standards entwickelt. Die Idee ist, dass man bei der Auswahl der konkreten Technologie flexibel ist, solange man auf diesen Standard, im konkreten Fall SQL, setzt. Die Java Plattform JEE (siehe: *https://jakarta.ee/*) ist nichts anderes als ein Sammelsurium solcher Standards für Java Application Server. Es gibt mehrere Implementierungen davon (also verschiedene JEE Server), aus denen man wählen kann. Tatsächlich zeigt sich bei der JEE auch ein wenig der Nachteil solcher Standards: Weiterentwickelt werden diese durch Gremien, wo meist alle Hersteller von Technologien vertreten sind, die diesen Standard implementieren. Dies ist allerdings oft mühsam und langwierig. Das Spring Framework (*https://spring.io/*) bietet sehr ähnliche Features wie die JEE, basiert aber selbst nicht auf diesen Standard. Dadurch war es in seiner Weiterentwicklung flotter und flexibler und hat die JEE in letzter Zeit an Popularität überholt.

9.2.3 Langweilige, alte und bewährte Technologien verwenden

Wenn eine Technologie bereits älter ist und dabei von der Community immer noch breit eingesetzt wird, ist die Chance groß, dass man auch die nächsten Jahre und sogar Jahrzehnte darauf setzen kann [McK15].

9.2.4 Verteilte Systeme bauen

Wenn Sie ein Verteiltes System bauen, so wie es in Kapitel 7 beschrieben wurde, ändert dies nichts an den Aufwänden, die Sie im Endeffekt haben werden, um eine bestimmte Technologie wieder loszuwerden. Die Ablöse selbst kann aber relativ risikofrei passieren, da sie für jeden Service einzeln erfolgen kann. Der Einsatz einer Strangulation (Abschnitt 9.1.3.3) wäre dann gar nicht nötig. Einer der Gründe für die Popularität von Microservices ist übrigens genau der, dass man jede Technologie vergleichsweise risikolos wieder loswerden kann. Dieser Abschnitt soll zeigen, dass es dafür Alternativen gibt.

9.2.5 Technologie-agnostische Kommunikation

Die Kommunikation zwischen Bausteinen sollte auf eine Art und Weise passieren, die von möglichst vielen Technologien beherrscht wird. Dies trifft man in erster Linie bei Verteilten Systemen an, ist aber nicht nur dort möglich. Es ist denkbar, wenn auch unüblich, dass auch Module eines Deployment-Monolithen über beispielsweise REST (Abschnitt 7.4) miteinander interagieren.

9.2.6 Libraries statt Frameworks

Um diesen Punkt zu erklären, möchte ich zunächst den Unterschied zwischen einer Library und einem Framework erklären. Wenn eine Library verwendet wird, obliegt die Steuerung des Ablaufs Ihrem Code. Ihr Code ist es, der entscheidet, wann die Library aufgerufen werden soll (Bild 9.14). Sie bestimmen den Ablauf selbst und haben die Kontrolle darüber.

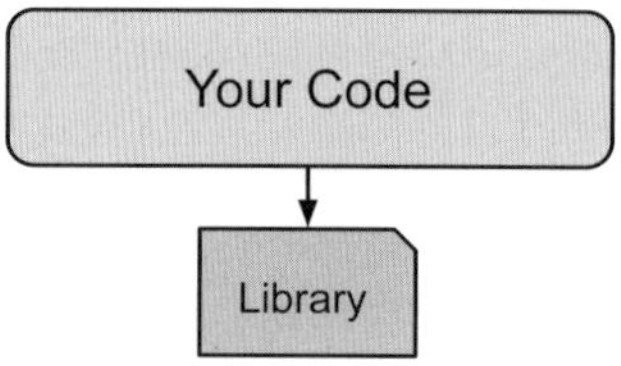

Bild 9.14
Ihr Code hat die Kontrolle und ruft die Library auf.

Bei einem Framework ist es umgekehrt, denn es entscheidet, wann es den von Ihnen programmierten Code aufruft (Bild 9.15). Üblicherweise merkt man dem Code die Abhängigkeit zu einem Framework mehr an, als die Verwendung einer Library. Indirektionen, wie in

Abschnitt 9.2.1 empfohlen, können bei einem Framework ebenfalls weniger gut als Entkopplung dienen.

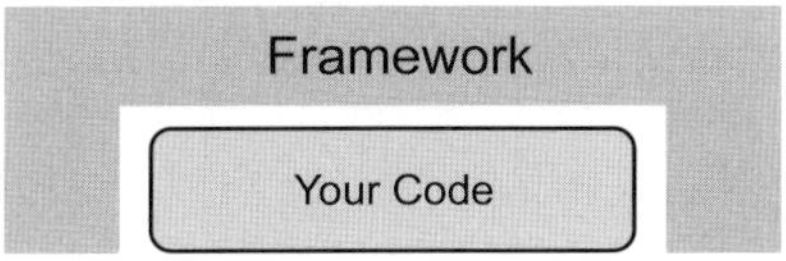

Bild 9.15
Das Framework ruft uns auf, nicht wir das Framework.

9.2.7 Minimalinvasive Technologien

In Abschnitt 8.3.2.2 haben wir verschiedene Ansätze gesehen, wie ein Service in einem Verteilten System ein anderes finden kann. Der letzte dort vorgestellte Ansatz wird vor dem Client-Service komplett abstrahiert und es muss keine Library verwendet werden, um den Provider zu finden. Auf diese Art und Weise arbeiten Technologien wie Kubernetes (*https://kubernetes.io/*). Abhängigkeiten zu Kubernetes wird man im Code so gut wie nicht finden, was es zu einem wunderbaren Beispiel für eine minimalinvasive Technologie macht.

Abschließend lässt sich sagen, dass der Einsatz einer Technologie natürlich nichts per se Schlechtes ist. Es gilt immer abzuwägen, ob Nutzen und Mehrwert einer zusätzlichen technologischen Abhängigkeit die negativen Aspekte übersteigen (T07-TechnologyDependency).

9.3 Stakeholder überzeugen

Sobald die Notwendigkeit eines Refactorings bei einem Softwaresystem von den Entwicklern und Architekten erst einmal erkannt ist, gilt es zunächst die zuständigen Verantwortlichen davon zu überzeugen. Schließlich müssen diese jede Menge Geld in die Hand nehmen um damit einen langwierigen Verbesserungsprozess zu finanzieren. In den meisten Fällen kommt es zu einer Situation, wo es an den Technikern eines Unternehmens liegt, das Management von einem solchen teuren und langfristigen Unterfangen zu überzeugen. Dabei kollidieren nicht selten zwei Welten miteinander, die sich manchmal schwer damit tun, in einer gemeinsamen Sprache miteinander zu kommunizieren.

Für die Techniker ist es manchmal schwierig, die wirtschaftlichen Aspekte der Software zu verstehen. Die Kunden und Benutzer wollen nicht vergrault werden und die Maßnahmen und Investitionen müssen diesen verkauft werden. Im Endeffekt geht es in der Wirtschaft immer darum, dass die Kasse stimmt, denn aus dieser werden auch die Gehälter der Techniker bezahlt.

Das Management versteht wiederum oft nicht die Problematik der Technischen Schulden und wie sich diese auf Dauer immer verheerender auf die Wartung einer Software auswirken. Dies ist auch tatsächlich schwierig für jemanden, der noch niemals Code einer komplexen Software entwickelt hat.

Spätestens jetzt tut ein Unternehmen gut daran, vernünftig miteinander über Hierarchien hinweg zu kommunizieren. Nur gemeinsam kann die rational richtige Entscheidung getroffen werden. Sollte das Management entscheiden, dass es wirtschaftlicher ist, mit den Technischen Schulden zu leben, als diese zurückzuzahlen, dann ist dies für die Techniker zu akzeptieren, denn die Führung des Unternehmens liegt in der Verantwortung des Managements.

Die folgenden beiden Abschnitte stellen Ideen dar, die dabei helfen können, Stakeholder von einem Verbesserungsprozess zu überzeugen.

9.3.1 Metriken

Manager lieben Kennzahlen. Schon Peter Drucker stellte Folgendes fest:

If you can't measure it, you can't manage it.

Wenn Sie vernünftige Kennzahlen finden, die die gewünschte Qualität des Systems gut wiedergeben, dann können diese dazu dienen, Manager von einem teuren Refactoring zu überzeugen. Schließlich wird man ja auch aktiv, wenn man nach Analyse der eigenen Blutwerte von einem Arzt eine Empfehlung bekommt. Bei den Blutwerten handelt es sich quasi um die Metriken unseres Körpers, die wiederum Indikatoren sein können für gesundheitliche Probleme. Ist ein Wert außerhalb der Norm, dann reagiert man. Allerdings gilt es dabei natürlich die typischen Fallen zu beachten, in die man beim Einsatz von Metriken tappen kann. Diese wurden in Abschnitt 5.2 diskutiert.

9.3.2 4-MAT

Nach dem 4-MAT-System [Hen07] gibt es vier verschiedene Typen von Menschen, nach denen sich jeder typischerweise immer ein und dieselbe Frage stellt, wenn es darum geht, etwas zu beurteilen. Wenn Sie jemand von etwas überzeugen wollen tun Sie demnach gut daran, Antworten auf alle diese vier Fragen zu liefern, um somit jeden Typus Mensch mit Ihrer Argumentation zu erreichen. Abgesehen davon wird dadurch auch ausführlicher argumentiert. Bei diesen Fragen handelt es sich um die folgenden, gleich mit typischen Argumenten, um ein teures Refactoring zu rechtfertigen.

- **Warum?** Wozu soll das Refactoring gut sein? Welche Gefahren drohen, wenn es nicht gemacht wird? Im Extremfall kann es zu Ausfällen durch Fehler und Reputationsverlust beim Kunden kommen. Wenn die Know-how-Träger des Legacy-Codes das Unternehmen verlassen, könnte es sein, dass sich niemand mehr traut, den Code zu ändern. Es könnte schwierig werden, neue Entwickler am Arbeitsmarkt zu finden usw.
- **Was?** Hier werden Zahlen, Daten und Fakten geliefert. Um wie viel ist die Weiterentwicklung teurer durch die Technische Schuld? Wie wahrscheinlich sind Systemausfälle und was kosten diese? Ab wann würde sich ein teures Refactoring amortisieren? Wenn Sie keine exakten Zahlen liefern können, so arbeiten Sie mit Näherungswerten, was Sie idealerweise im Zuge der Argumentation natürlich auch erwähnen.

- **Wie?** Was genau ist jetzt zu tun? Welche Mitarbeiter braucht man dafür und was müssen diese können?
- **Wohin noch?** Überzeugen Sie auch die Visionäre in Ihrem Unternehmen. Was alles wird erst möglich, wenn man die Technische Schuld langfristig in den Griff bekommt? Kann man dann die Nr. 1 und damit Weltmarktführer werden? Inwiefern ist das mögliche Wachstum gefährdet, wenn man nichts unternimmt?

9.4 Zusammenfassung

Lassen Sie mich das hier vorgestellte Meta-Vorgehensmodell für komplexes Refactoring nochmal zusammenfassen:

Architekturkonzepte

Zunächst einmal gilt es festzuhalten, dass es verschiedene Arten von Architekturkonzepten gibt, mit denen wir uns auseinandersetzen müssen. Es muss zunächst geklärt werden, ob es diese gibt oder ob diese erst entwickelt werden müssen:

- **Das tatsächliche Konzept:** Dieses wird von der existierenden Softwarelösung implementiert und ist ziemlich sicher auf gewisse Weise misslungen, da es sonst den Wunsch nach einem Refactoring schließlich nicht geben würde. Im Extremfall handelt es sich um einen Big-Ball-of-Mud, wobei man dann darüber streiten kann, ob es sich dabei um ein schlechtes Konzept oder um die Abwesenheit von tatsächlichen Konzepten handelt.
- **Ein potenziell passendes Konzept:** Dabei handelt es sich um einen gewissen Graubereich, in dem es wohl kaum ein tatsächliches Richtig oder Falsch gibt, und meist mehrere mögliche passende Lösungen. Es ist das, wonach wir als Architekten eigentlich immer suchen.
- **Das ursprünglich geplante Konzept:** Sollten wir in weiterer Folge herausfinden, dass es ein Konzept für unsere bestehende Softwarelösung gab und dieses Konzept ausreichend gut ist, haben wir möglicherweise ein Ziel für unser Refactoring bereits gefunden. Dies ist natürlich nicht immer der Fall, denn es gibt folgende Möglichkeiten:
  - Ein geplantes Konzept existiert nicht. Es handelt sich bei der bestehenden Softwarelösung dann um eine „accidental Architecture".
  - Das Konzept existiert und findet sich entsprechend in der bestehenden Softwarelösung auch wieder. Das geplante Konzept ist also dasselbe wie das tatsächliche Konzept. In dem Fall muss man sich ebenfalls etwas Neues überlegen.
  - Das Konzept existiert, wird von der bestehenden Software nicht implementiert und würde die eigentlichen Ziele ohnehin gar nicht erfüllen.
  - Das Konzept existiert und wäre auch tatsächlich passend, wäre es jemals umgesetzt worden. Die Gründe, warum man dies nicht hinbekommen hat, wären dann zu analysieren (z. B. mit der 5-Why-Methode [Tot15]), damit so etwas nicht wieder passiert.

- **Das konkrete Ziel für unser Refactoring:** Dies brauchen wir auf jeden Fall, um mit einem Refactoring zu starten. Es kann sich, wenn auch nur zum Teil, um ein **ursprünglich geplantes Konzept** handeln. Auf jeden Fall sollte es eine **potenziell passende Lösung** sein. Bei der Auswahl kann man Kompromisse eingehen mit dem **tatsächlichen Konzept**, um das Refactoring in weiterer Folge einfacher zu gestalten (T05-RefactoringDelta).

Qualitätsziele

Um das konkrete Ziel für unser Refactoring festzulegen, ist es nötig, die Qualitätsziele (Abschnitt 1.2) für das Softwareprodukt zu kennen. Diese Wünsche gab es, zumindest implizit, auf Seiten der Auftraggeber schon immer. Beim Start eines komplexen Refactorings sollten Sie diese auf jeden Fall erheben, da diese sich, wenn auch ursprünglich bekannt, inzwischen geändert haben könnten.

- Die Zerlegung der Problemdomäne sollte einfacher fallen, als bei einem reinen Greenfield-Projekt. Auch bei der Entwicklung eines Big-Ball-of-Mud lernt man schließlich viel über die Problemdomäne und wie sich diese idealerweise hätte zerlegen lassen.
- Für das neue Konzept gilt dasselbe wie für jedes neue Architekturkonzept: Es handelt sich erstmals nur um eine Vision (siehe Abschnitt 1.5), die wir im Zuge der weiteren Arbeit weiter konkretisieren werden.
- Sollte es die gewünschten Features, oder auch nur einen Teil davon, inzwischen als Kaufprodukt am Markt geben (COTS), dann könnte das viel Arbeit – und damit Risiko – im Zuge des Refactoring ersparen.

Transformationsstrategie

Inzwischen sollten Sie die Ausgangssituation und das Ziel kennen. Es gilt als Nächstes die optimale Transformationsstrategie festzulegen. Prinzipiell können die folgenden Strategien natürlich kombiniert werden. Unterteilt werden können die diversen Methoden in:

- **Patentrezepte:** Es gibt einige Patentrezepte als fixe Ideen für komplexes Refactoring. Ich rate an dieser Stelle entschieden davon ab, eine davon einzusetzen. Ein komplexes Refactoring ist ein sehr individuelles Unterfangen, wo sehr viel davon abhängt, wie die konkrete Ausgangssituation und das konkrete Ziel aussehen.
- **Big-Bang-Rewrite:** Alles auf einmal umzuschreiben und zu releasen, wenn fertig, ist in den meisten Fällen ein zu großes Risiko (Abschnitt 9.1.3.1). Ziehen Sie diese Variante nur in Erwägung, wenn das Risiko im konkreten Kontext noch gering genug ist. Das Risiko im Zuge des Einsatzes lässt sich durch manche Maßnahmen reduzieren, wie zum Beispiel die neue Lösung anfangs nur bei manchen ausgewählten Benutzern einzusetzen, damit diese dort reifen kann.
- **Taktische Methoden:** Ausgangssituation und Ziel sind sich noch soweit ähnlich, dass das Refactoring in einzelne Teilaufgaben heruntergebrochen werden kann. Mögliche Methoden dafür wären:
  - *Developer-Boy-Scout-Rule:* Die Migration erfolgt quasi laufend nebenbei und man setzt auf Motivation und Ehrgefühl der Mitarbeiter (Abschnitt 9.1.2.1). Die Erfolgsaussichten dafür sind bei entsprechender Toolunterstützung wesentlich besser, als ohne eine solche.

  - *Methoden zum Management Technischer Schuld:* Setzen Sie auf eine Methode wie aim42 oder notieren Sie alles, was als Technische Schuld identifiziert wird, in der Doku oder in einem Backlog (Abschnitt 9.1.2).
- **Strategische Methoden:** Ausgangssituation und Ziel sind vergleichsweise weit voneinander entfernt.
  - *Split:* Sollten verschiedene, fachlich vergleichsweise voneinander unabhängige Anforderungen, in der bestehenden Softwarelösung umgesetzt worden sein, kann die Anwendung der Split-Methode sinnvoll sein (Abschnitt 9.1.3.2).
  - *Strangulation/modulare Extraktion:* Die neuen Module oder Services werden Schritt für Schritt neu geschrieben und temporär irgendwie mit der bestehenden Software integriert, bis durch diese Extraktion die bestehende Software komplett abgelöst wurde (Abschnitt 9.1.3.3).

10 Zusammanfassung, Fazit und Ausblick

And this chaos, it defies imagination. 5, 6, 7, minus 9 lives. You've arrived at panic station.
Muse

10.1 Vorgehen bei einer Dekomposition

Falls Sie sich beim Kauf dieses Buchs ein einfach anzuwendendes Patentrezept zur Dekomposition einer komplexen Software erwartet haben und wir nun inzwischen das letzte Kapitel erreicht haben, dann sind Sie evtl. etwas enttäuscht. Wenn es Sie interessiert, wie ich im Zuge einer solchen Dekomposition vorgehe, so verrate ich das natürlich gerne. Dafür ist es nötig die Dinge, die in diesem Buch bisher beschrieben wurden, verinnerlicht zu haben. Nehmen wir jetzt an, Sie werden mit einer für Sie neuen Problemdomäne konfrontiert und sollen für diese einen Plan zur Zerlegung erstellen.

1. Identifizieren Sie den längsten und kompliziertesten Ablauf eines Geschäftsfalls auf seinem Weg durch die gesamte Problemdomäne. Bei einer Versicherung könnte das der Weg eines Versicherungsvertrags vom Rechnen des ersten Angebots über den Vertragsabschluss bis hin zur Auszahlung des ersten Schadenfalls sein. Bei einer Bank wäre dies ein Kreditantrag, im Zuge dessen eigentlich auch immer ein Girokonto angelegt wird. In einem Webshop könnte das die Reise einer Bestellung durch das System über die Bezahlung bis hin zu einer möglichen Retoure sein. In einem Reiseportal die Buchung einer individuell zusammengestellten Reise von den ersten Vorschlägen bis hin zu einer möglichen verfrühten Heimreise inkl. Abrechnung mit der Reiseversicherung.
2. Machen Sie einen ersten Wurf an Subsystemen, so wie Sie die ideale Zerlegung zunächst vermuten. Versuchen Sie zusammenhängende Blöcke an Logik und Businessregeln aus den Anforderungen zu Subsystemen zusammenzufassen. Versuchen Sie explizit NICHT Subsysteme anhand eines möglichen Datenmodells zu identifizieren. Weitere Indizien für passende Strukturen sind:
   - Die Organisation des Auftraggebers ist ein Indiz, wie die Fachseite das Business in seine Einzelteile zerlegen würde. Und niemand kennt dieses besser. Macht die Organisation allerdings einen vergleichsweise chaotischen Eindruck, würde ich mich tendenziell eher weniger daran orientieren.

- Gleichartige Qualitätsanforderungen (Abschnitt 1.2) sind ein weiteres Indiz. Wenn die Wünsche, was Performance, Änderbarkeit usw. angeht, ähnlich sind, tut man gut daran, diese Teilbereiche auch in Subsysteme zusammenzufassen.
- Die Stellen, wo der Auftraggeber mit BASE Consistency leben kann, taugen gut als Grenzen, wo sich Subsysteme abtrennen lassen. Solange ACID vonnöten ist, tut man besser daran, keine externen Grenzen zu ziehen.
- Lassen Sie die fachlichen Know-how-Träger ein Bild zeichnen, das die Abläufe der Geschäftsfälle darstellt. Bei Knowledge-Crunching-Methoden wie Event Storming oder Domain-Story-Telling passiert genau das [Plö19]. In so einem Bild sehen Sie dann erste Hinweise, wo es stärkere Zusammenhänge gibt und wo diese geringer sind.

3. Überlegen Sie genau, wie der im ersten Schritt gewählte Ablauf durch die im zweiten entworfenen Subsysteme wandern würde. Identifizieren Sie dabei die Schnittstellen, die die einzelnen Subsysteme dafür anbieten müssten, damit dies funktioniert.
4. Die eben in Schritt 3 identifizierten Schnittstellen sind ein guter Indikator dafür, wie gut die Zerlegung in Schritt 1 funktioniert hatte. Wenn die Schnittstellen zu geschwätzig sind (CONTRACT), ist auch die Kopplung zu groß und es gibt keine erkennbare Kohäsion in den bisher identifizierten Subsystemen (CUT), und damit ist auch das Information-Hiding nicht gegeben (CONCEAL). Gehen Sie dann mit dem, was sie inzwischen gelernt haben, zurück zu Schritt 1. Wiederholen Sie dies solange, bis Sie mit dem Entwurf zufrieden sind.

Sie können natürlich zu Beginn ein normalisiertes Datenmodell erzeugen, es sollte aber auf Dauer nicht der einzige Indikator sein, um die Modulgrenzen zu identifizieren. Nehmen wir an, unsere Aufgabe wäre es, einen klassischen Webshop zu bauen. Ein Datenmodell würde dann in etwa so aussehen wie in Bild 10.1 dargestellt.

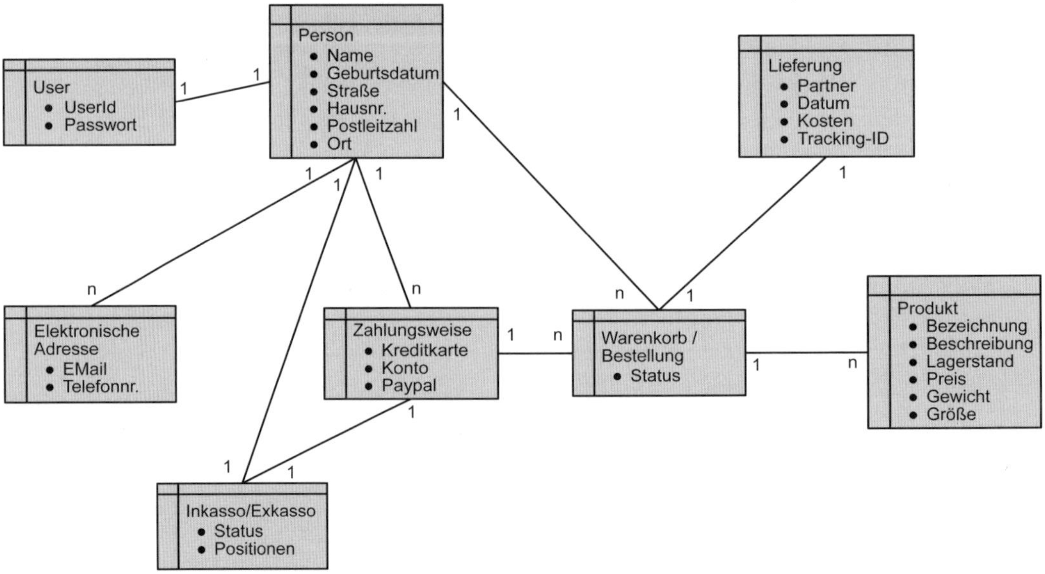

Bild 10.1 Die Entities unseres Webshops

Wenn wir hinterfragen, was an Logik in so einem Webshop steckt, dann würden wir vermutlich die folgenden Dinge identifizieren:

- *Authentifizierung/Autorisierung:* Wer ist der Benutzer? Was darf der Benutzer? Der Benutzer wird bei Registrierung oder erfolgter Bestellung im System abgelegt. Man weiß, wie der Kunde bevorzugt kontaktiert werden möchte, ob per E-Mail, SMS oder WhatsApp.
- *Produktkatalog/Lager:* Welche Produkte gibt es zu verkaufen? Was kosten diese? Wie viele sind auf Lager? Wie schnell können diese wo genau nachbestellt werden?
- *Bestellung:* Welche Positionen wurden bestellt? Welchen Status hat die Bestellung, wurde sie evtl. wieder storniert? Im Buchhaltungssystem wird eine Rechnung erstellt.
- *Lieferung:* Wer liefert das Paket bis wann an den Kunden? Was kostet die Lieferung?
- *In-, Exkasso:* Ist der Kunde kreditwürdig anhand unserer oder auch externer Daten? Ist eine Mahnung fällig? Beträge werden abgebucht und im Fall einer Retoursendung auch manchmal wieder an den Kunden überwiesen.

In unserer Architekturvision in Bild 10.2 folgen wir dieser Idee und zerlegen unsere Applikation in entsprechende Module. Wir beschließen, einen Deployment-Modulithen zu bauen, bei dem wir mit einer Toolunterstützung für ein hohes Maß an Modularisierung sorgen. Jedes Modul bekommt seine eigenen Tabellen in ein und derselben Datenbank, wodurch die Konsistenz zwischen den Daten der Module einfach herzustellen ist. Das UI bauen wir als eine Single-Page-Application, weil es dadurch für den Nutzer attraktiv gestaltet werden kann.

Gehen wir nun den Ablauf einer Bestellung durch. Zunächst registriert sich der Benutzer gegenüber dem Modul „Kundenkonto". Er bekommt eine E-Mail mit einem Registrierungslink und kann danach ein Passwort vergeben. Im Anschluss sucht er in „Lager / Produkt" nach lagernden Produkten, die er bestellen möchte. Die gewünschten Produkte legt er in den Warenkorb, der als „Bestellung" mit einem entsprechenden Status abgebildet ist. Beim Absenden der Bestellung wird vom Modul „Lager / Produkt" bei Bedarf eine Nachbestellung beim Händler angestoßen, wenn der Lagerbestand für ein Produkt eine gewisse Schwelle unterschreitet. Das Modul „Bestellung" erzeugt eine Rechnung im Buchhaltungssystem und fordert sowohl von „In- / Exkasso" als auch von „Lieferung" die weitere Bearbeitung an. Im Zuge der Bestellung muss der Kunde erstmals eine Zahlungsweise und eine Lieferadresse angeben.

Soweit so gut, unsere erste Architekturvision wirkt brauchbar und gut modularisiert. Dabei teilen sich die ursprünglich in Bild 10.1 identifizierten Entities auf die einzelnen Module auf. Der User ist nun Teil von „Kundenkonto". Die möglichen Zahlungsweisen passen allerdings besser zum Thema „In- / Exkasso" als zum „Kundenkonto" und die Adresse interessiert uns eigentlich nur im Zusammenhang mit der Lieferung. Die Zerlegung nach Logik hat also in gewissem Sinne mit den Entities zu tun, unterscheidet sich aber bei manchen Details, wo wir dann die Grenze etwas anders ziehen.

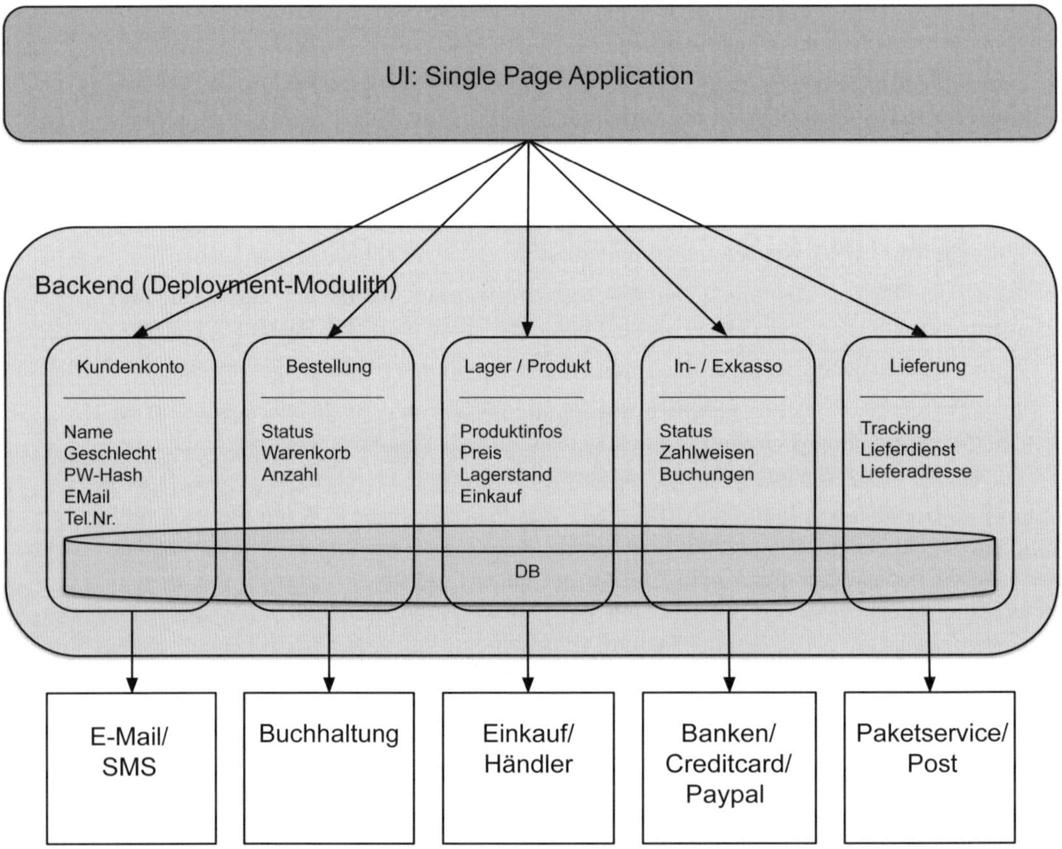

Bild 10.2 Unser Webshop als Deployment-Modulith

Die in den 70er-Jahren entwickelten Methoden zu Structured Analysis und Design [Con79] haben die erste Generation an Softwarearchitekten geprägt. Das Hauptwerkzeug, um die initiale Dekomposition zu identifizieren, ist dort meist ein Datenflussdiagramm. Dies gilt heutzutage allerdings nicht mehr als das Mittel der Wahl, weshalb die meisten Architekten auch diesen klassischen Methoden der Modularisierung heute eher wenig abgewinnen können.

10.1.1 Auflösung einer Smart-Pipe

Dass ich kein Fan einer zentralen Komponente zur Orchestrierung von Services, genannt Enterprise Service Bus oder kurz ESB, bin, habe ich ja bereits vorsichtig angedeutet. Der Grund dafür ist, dass es dadurch zu einer Verwässerung der Logik der einzelnen Bausteine in der Infrastrukturschicht kommt. Ein Refactoring eines solchen Prozesses im Sinne des

Lightweight-Messaging-Prinzips (P05-DumbPipe) ist dabei in den meisten Fällen überraschend einfach. Nehmen wir als Beispiel die Bestellung aus unserem Web-Shop, wobei wir zunächst einmal eine mögliche ESB-Lösung betrachten (Bild 10.3).

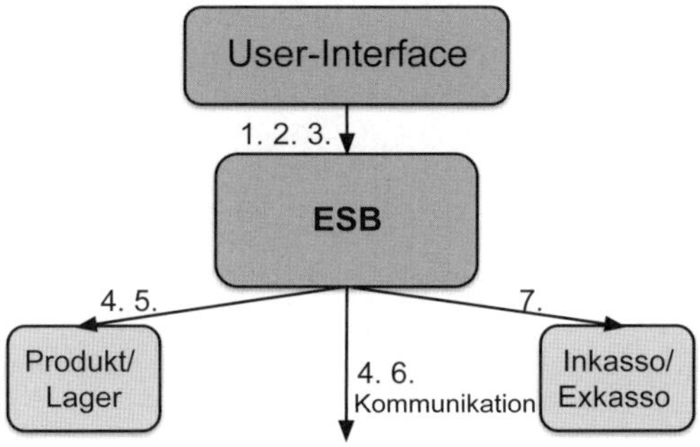

Bild 10.3
Die Bestellung, über einen zentralen ESB orchestriert

1. Der Kunde legt im Web-GUI unseres Online-Shops diverse Artikel in seinen Warenkorb.
2. Der Kunde möchte die Produkte haben, gibt sowohl seine Postadresse für die Lieferung, seine E-Mail-Adresse als Kontaktmöglichkeit als auch seine Bankverbindung zur Bezahlung an und klickt auf den Button zur Bestellung im Web-GUI.
3. Es wird ein Prozess auf einem Enterprise Service Bus gestartet, welcher sämtliche Daten erhält und daraufhin den weiteren Ablauf steuern wird.
4. Zunächst wird die Verfügbarkeit der Produkte im Lager durch den Service „Produkt / Lager“ geprüft. Wenn einzelne Produkte der Bestellung nicht auf Lager sind, wird eine Order an den jeweiligen Lieferanten geschickt. Der Kunde bekommt eine E-Mail, dass sich die Lieferung verzögern wird. In diesem Fall wird täglich überprüft, ob die Produkte inzwischen lagernd sind, und sobald sie das sind, geht es weiter bei 5.
5. Es werden die bestellten Produkte mittels Aufruf des Services „Produkt / Lager“ vom Lagerbestand abgezogen.
6. Es geht eine E-Mail an das Versandteam mit dem Auftrag, die gewünschten Produkte an den Kunden zu versenden. Sobald der Versand erfolgt ist, schicken die Mitarbeiter eine E-Mail an den Kunden, welche über den voraussichtlichen Liefertermin informiert.
7. Es wird der Service für Inkasso „In- Exkasso“ aufgerufen, mit dem Auftrag, den fälligen Betrag vom Konto des Kunden abzubuchen.

Dies ist, wie Sie selbst bestimmt sehen, alles andere als gut modularisiert, da ein Großteil der Logik einfach in den zentralen ESB wandert. Damit diese zentrale Ablaufsteuerung funktioniert, muss das Team, welches diesen ESB-Prozess entwickelt, mit sämtlichen Modellen und Schnittstellen der Systemlandschaft umgehen können. Nicht zufällig wird gerade in Unternehmen, welche auf dieses Antipattern setzen, oft der Ruf nach einem kanonischen Schnittstellenmodell laut, wobei es sich aber im Endeffekt nur um den Versuch handelt, das Feuer mit Benzin zu löschen. Schließlich haben wir auch dieses „Kanonische Modell“ bereits als Antipattern kennengelernt (Abschnitt 4.3.1.1). Nicht selten entwickeln die ESBs durch all diese negativen Aspekte gerne ein Eigenleben und beginnen zu wachsen, wodurch sie noch problematischer werden und man sie später kaum noch loswerden kann. Die Berechnung eines Component-Rank (Abschnitt 5.1.9) für einen ESB würde ihn jedenfalls sofort als problematisch identifizieren, wenn dies in Verteilten Systemen einfach möglich wäre (siehe Abschnitt 5.3).

Kommen wir also nun zu der Frage, wie dieser Ablauf aussehen würde, wenn wir auf einfaches Lightweight Messaging setzen und alle Logik in den jeweiligen Endpoints kapseln (Bild 10.4):

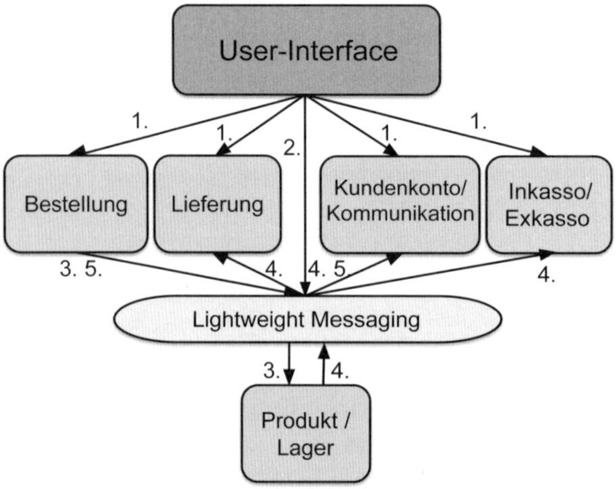

Bild 10.4
Die Bestellung, diesmal als Choreografie

1. Der Kunde gibt im Zuge des Bestellprozesses seine Kontaktdaten an (Service „Kundenkonto / Kommunikation“), seine Zahlungsweise (Service „In- Exkasso“) und seine Postadresse (Service „Lieferung“). Die gewünschten Artikel werden im Warenkorb des Services „Bestellung“ gespeichert und enthalten nur die ID des jeweiligen Produkts und die gewünschte Anzahl.
2. Sobald der Kunde bestellen möchte, wird eine Message an „Bestellung“ gesendet, mit dem Auftrag, den jeweiligen Warenkorb für den beauftragenden Kunden zu bestellen.
3. Der Service „Bestellung“ sendet eine Message an den Service „Produkt / Lager“ mit dem Auftrag, die gewünschten Produkte zur Verfügung zu stellen. (3.)
4. Sobald die Waren vorrätig sind, sendet der Service „Produkt / Lager“ wiederum eine Message, welche unter anderem vom Service „Bestellung“ abonniert wird. Dies kann entweder mehr oder weniger sofort erfolgen oder mit einer entsprechenden Zeitverzögerung, falls die gewünschten Produkte erst bei Lieferanten geordert werden müssen. Die Services „Kundenkonto / Kommunikation“, „Lieferung“ sowie „In- Exkasso“ haben ebenfalls diese Nachricht abonniert und kümmern sich jeweils um ihren Teil, der im Zuge der Auslieferung einer Bestellung nötig ist.
5. Sollte der Service „Bestellung“ nicht innerhalb von einem Tag die Bestätigung über die Verfügbarkeit der Produkte erhalten haben, sendet er eine Nachricht an den Service „Kundenkonto / Kommunikation“ mit der Bitte, den Kunden über die Verzögerung zu informieren.

10.1.2 Das finale Tutorial #16: Vertikalität

```
design / design-modularization / lab02
```

Die Aufgabe

Die GamesConsole im ui package ist derzeit ein Layer über den beiden Spielen „Blackjack" und „Zahlen-Raten". Die API des Black-Jack-Spiels ist gar nicht so unkompliziert und dadurch ist die Kopplung zwischen dem ui package und dem blackjack package relativ groß. Vielleicht finden Sie eine bessere Lösung? Ideal wäre eine Lösung, die man um ein neues Spiel erweitern könnte, ohne dass man den bestehenden Code angreifen muss.

10.2 Die Grenzen der Zerlegung

Ob die Architektur passend gewählt wurde, zeigt sich, wenn sich die künftigen Anforderungen damit effizient umsetzen lassen, korrekt? Nehmen wir folgendes Beispiel an, welches sicher aus Sicht des Fachbereichs als eine Anforderung gesehen wird: Ab sofort soll es in gewissen Fällen möglich sein, frische Schnittblumen mit jeder Bestellung mit auszuliefern. Dies kann entweder über Bezahlung möglich sein oder ab jeweils einem Umsatz von 1000 Euro einmalig als Gratis-Angebot. Dies ist allerdings nur möglich bei Lieferdiensten, welche dabei auch mitmachen. Diese müssen nämlich die Blumen immer frisch bei örtlichen Blumenhändlern abholen. Außerdem ist dies nur möglich, wenn es in der jeweiligen Gegend auch einen Blumenhändler gibt, der mit uns kooperiert. Angeboten wird dies außerdem selbstverständlich nur weiblichen Kunden. Für männliche Kunden wird überlegt, evtl. später ein After-Shave als Bonus den Paketen beizulegen. Allerdings nur, solange auch welche auf Lager sind.

In welchem dieser Module wird diese neue Anforderung nun umgesetzt? Ich habe mich sehr bemüht, eine Anforderung zu finden, welche wirklich alle unsere vertikalen Module betrifft, weshalb es Ihnen nicht möglich sein sollte, diese Änderung an nur einer Stelle zu verorten. Aber wie kann das sein? Bei Architekten kommt bei so etwas oft auch mal Frust auf, weil sich der Gedanke aufdrängt, man hätte bei der ursprünglichen Festlegung der Strukturen des Systems vielleicht nicht korrekt gearbeitet. Das ist jedoch nicht der Fall. Diese Anforderung war keineswegs vorherzusehen. Man könnte nun natürlich ein neues „Geschenke"-Modul erstellen, mit ein- und ausgehenden Abhängigkeiten zu allen anderen Services. Ich glaube aber nicht, dass das der richtige Weg wäre. Ich denke, dass dieses neue Feature eher auf die Module verteilt werden sollte.

Ganzheitliche Betrachtung von Komplexität

Wir sehen daran, dass ein gewisses Maß an Komplexität bereits in den Requirements enthalten ist, das man mit der Umsetzung nicht mehr wird unterschreiten können. So wie Qualitätsanforderungen (Abschnitt 1.2) teilweise die Modularisierung schwierig machen, so gilt dies auch für querschnittliche fachliche Anforderungen. Wenn die Business-Regeln, so wie sie vom Auftraggeber formuliert werden, alle voneinander abhängen, dann wird die zu schreibende Software nicht gut modularisiert werden können.

Im Idealfall klappt Folgendes: Der Kunde nimmt bei der Formulierung der Businessregeln auf die dadurch entstehende Komplexität Rücksicht. Die Regeln werden vom Kunden bereits so formuliert, dass klar ist, in welchem der fachlichen Schnitte sie jeweils verortet werden können. Wenn man diese Aufgabe so zumindest teilweise zum Kunden delegieren kann, dann macht man ihm die Komplexität der eigenen Anforderungen bewusst. Eine Anforderung, die durch ihre Komplexität mehr Aufwand verursacht als Nutzen generiert, macht nämlich wirtschaftlich gesehen keinen Sinn.

10.3 Tipps zum Scheitern

Gründe dafür, um ein Unternehmen an die Wand zu fahren, gibt es ja viele. So könnte Ihnen einer der Aktionäre früher einmal den Freund oder die Freundin ausgespannt haben und Sie würden sich gerne rächen. Oder Sie spekulieren selbst an der Börse auf fallende Kurse. Vielleicht haben Sie auch ein Auge auf die Büroräumlichkeiten geworfen und sind der Meinung, dass Sie dort eigentlich auch prima mit Ihrer Familie wohnen könnten. Die folgenden Tipps können Ihnen dann helfen, Ihren diabolischen Plan in die Tat umzusetzen.

10.3.1 Fallen Sie auf Bullshit rein

Jeder kennt ihn, jeder belächelt ihn und jeder benutzt ihn hin und wieder mal als Werkzeug, um unverdient zu glänzen: den Bullshit. Er ist in unserer Branche so omnipräsent, dass er eigentlich kaum noch wegzudenken ist. Es muss die Frage erlaubt sein, worum es sich dabei eigentlich handelt und warum gerade wir in der IT so massiv darunter zu leiden haben.

Ich bin mir sicher, dass Sie genauso wie ich der Meinung sind, Bullshit zu erkennen, wenn Sie ihn hören. Genauso sicher bin ich mir, dass Sie sich schwer tun werden, wenn ich Sie um eine Definition dafür bitte. Was genau macht Bullshit aus und an welchen Merkmalen kann man ihn als solchen identifizieren?

Genau da wird es schwierig. Laut dem Philosophen Harry Frankfurt, dessen Buch zum Thema [Fra05] in den USA zum Bestseller wurde, handelt es sich bei Bullshit um eine Aussage, welche die folgenden beiden Merkmale aufweist:

- Sie zeichnet sich durch eine vergleichsweise inhaltliche Leere aus. Dies wird erreicht durch gezielte Verwendung besonders hohler Phrasen, die dabei gerne auch zuhauf und in Kombination miteinander eingesetzt werden. Dahinter steckt die Absicht, eine Falsifizierung unmöglich zu machen. Mit anderen Worten: Einen Bullshit erkennt man daran, dass es nicht nur praktisch, sondern auch theoretisch schwierig wäre, das Gegenteil zu beweisen. Dadurch besteht die Hoffnung, dass diese Behauptung danach von allen als faktisch korrekt angesehen werden muss.

- Die Aussage ist anmaßend in Bezug auf die vortragende Person oder ein Produkt oder Konzept, das durch diese repräsentiert wird.

Mein absoluter Favorit diesbezüglich ist dabei die folgende These, welche sich aufgrund ihrer abstrakten Allgemeingültigkeit gut zur Wiederverwendung eignet. Allerdings nur für all jene, die keinerlei Skrupel haben, ihre Zuhörer auch mal argumentativ an der Nase herumzuführen:

> *„Das ist Industriestandard!"*
> Ein namentlich nicht näher genannter Bullshit-Artist

Russells Teekanne

Solche Sachen sind wohl genau das, worum es in Betrand Russells [Rus27] Teekannen-Analogie geht. Er bringt dabei als Beispiel jemanden, der behauptet, dass zwischen Erde und Mars eine Teekanne aus Porzellan kreisen würde, welche gerade so klein sei, dass auch die leistungsfähigsten Teleskope sie nicht entdecken könnten. Eine solche Behauptung ist dann nicht automatisch als wahrhaftig anzusehen, weil es niemandem möglich ist, das Gegenteil zu beweisen. Es obliegt vielmehr dem, der diese These aufgestellt hat, für Belege zu sorgen, wenn er möchte, dass man ihm Glauben schenkt. Genau auf diese Art und Weise kann man Bullshit als solchen entlarven. Derjenige, der eine atemberaubende Behauptung aufstellt, hat diese auch zu belegen. Oft mangelt es aber den Zuhörern an Mut, eine solche These zu hinterfragen. Schließlich steht man ggf. selber dumm da, wenn die These sich überraschenderweise doch belegen lässt.

Warum gerade wir?

Wieso gibt es eigentlich gerade in unserer Branche, der IT, ein gefühlt so extrem hohes Maß an Bullshit? Zumindest wenn wir die IT mit Branchen wie der Biologie, Rechtswissenschaft oder der Medizin vergleichen? Ich denke, dass die folgenden Ursachen dafür ausschlaggebend sind:

- Die Begriffe, die wir verwenden, sind nicht besonders gut definiert. Mediziner und auch Biologen haben deswegen eine eigene Sprache entwickelt, in beiden Fällen basierend auf dem Lateinischen. Dies hat den Vorteil, dass diese Begrifflichkeiten durch den alltäglichen Gebrauch nicht verwässert werden können. Die Unschärfe der Begriffe, die wir in der IT benutzen, bieten den begabten Bullshit-Artists den fragwürdigen Raum, innerhalb dessen sie agieren.
- Es tut sich in der IT ständig etwas Neues. Eigentlich gibt es sogar pro Jahrzehnt nach wie vor richtige Paradigmenwechsel, wo es wirklich schwer ist, inhaltlich nicht abgehängt zu werden. Dadurch hört man oft von Dingen, zu denen man selbst noch wenig Erfahrung hat und die man daher nicht gut einschätzen kann. Gleichzeitig gibt es die Notwendigkeit, mit der Konkurrenz Schritt zu halten. Somit ist man dauernd dem Dilemma ausgesetzt, diese neuen Trends irgendwie einzuordnen.
- Ich kenne keine Apotheke, die nicht von einem ausgebildeten Pharmazeuten geführt wird (wobei ich allerdings zugeben muss, dass ich nicht besonders viele Apotheken kenne). In der IT ist das, aus welchen Gründen auch immer, anders. Die Manager und somit Hauptverantwortlichen für die zu treffenden Entscheidungen haben meist kein Studium aus dem Software-Bereich vorzuweisen. Zugegeben, es gibt die Möglichkeit,

komplexe Unternehmen anzuführen, auch ohne selbst vom Fach zu sein, aber auch das muss man erst mal können. Manager, wo weder das eine noch das andere der Fall ist, sind leider oft ein gefundenes Fressen für Bullshit-Artists, die dann leichtes Spiel haben, diesen etwas im Grunde völlig Unbrauchbares anzudrehen.

In der Formel 1 wurden einige Jahrzehnte lang fast alle Weltmeistertitel von Teams gewonnen, die entweder Ross Brawn oder Adrian Newey als technische Direktoren hatten. Wo Adrian Newey selber inhaltlich die Ingenieure seiner Teams anführte, tat Ross Brawn dies nur auf abstrakte Art und Weise [New17]. Letzterer wusste allerdings, wem seiner Leute er wann zu vertrauen hatte, und traf so die richtigen Entscheidungen eben auf abstrakte Art und Weise. Dies ist also prinzipiell möglich und es handelt sich vermutlich um einen ganz speziellen Skill, den man entweder hat oder auch nicht. In der Formel 1 ist Erfolg recht einfach von Misserfolg zu unterscheiden (einfach mit der Stoppuhr als Tool, um die relevante Metrik zu erheben), weshalb es dort kaum Manager gibt, die unbrauchbar sind (und wenn, dann selten lange). In der Softwareentwicklung ist wiederum der Grad an Produktivität schwer objektiv feststellbar, weshalb es hier anders zu sein scheint.

Bullshit ist gefährlich, denn wenn er einmal die Oberhand gewinnt über die Vernunft in einem Unternehmen, ist es mit dessen Wettbewerbsfähigkeit meist vorbei. Was dagegen hilft, ist eine Kultur in der es auch mal in Ordnung ist, etwas nicht zu wissen, und wo Behauptungen höflich hinterfragt werden dürfen. Kompetente Mitarbeiter, die sich ihrer Wertschätzung bewusst sind, haben kein Problem damit, Dinge zu hinterfragen und lassen dem Bullshit so keine Chance.

10.3.2 Legen Sie Konzepte als Ziele fest

Kontraproduktiv ist es meist, Konzepte als Ziele zu verfolgen. Ein Beispiel, welches mir in meiner Praxis schon mehrmals untergekommen ist, ist eine Strategie zum parallelen Betrieb verschiedener Service-Versionen in einem Verteilten System. Das kann eine gute Idee sein, die aber kein Selbstzweck ist. Das Ziel dahinter ist meist, die Releasezyklen der Services möglichst zu entkoppeln. Man möchte damit also Deployment-Abhängigkeiten reduzieren. Dazu gibt es aber alternative Konzepte wie Consumer-Driven Contract Testing (Abschnitt 4.3.2.1), den Robustheitsgrundsatz (Abschnitt 4.3.2.2) oder auch simple Rückwärtskompatibilität. Wenn das Konzept als Ziel verfolgt wird, kann es passieren, dass man blind ist gegenüber alternativen Konzepten, die ebenfalls zum eigentlich gewünschten Ziel führen, und das vielleicht sogar besser. Dabei hilft es bei jedem festgelegten Konzept, auch das Ziel zu definieren und aufmerksam zu werden, wenn es sich bei Konzept und Ziel um dasselbe handelt.

10.3.3 Glauben Sie ganz fest an Hypes

Etwas, dem ich ausgesprochen skeptisch gegenüberstehe, sind die Hypes in unserer Branche. Meist ist natürlich irgendetwas dran an so einem Hype, aber wie viel tatsächlich dran ist, kann man kaum vom Ausmaß des Hypes ableiten. Hypes haben nämlich eine gewisse Eigendynamik. Man darf nicht vergessen, dass die Quellen (wie Fachmagazine und Konferenzen), über die sich die Branche zu einem neuen Hype informiert, bestens an diesem verdienen. Meist mögen es Unternehmen, die Magazine veröffentlichen und/oder Konferenzen organisieren nicht, wenn man Artikel oder Vorträge einreicht, die diesen Hype anzweifeln. Manche Beratungsunternehmen leben ebenfalls prima von diesen Hypes und halten sich dann sowieso zurück mit abweichenden Meinungen. Man tut meist gut daran, wenn man Hypes relativ emotionslos und auch immer kritisch gegenübersteht, was aber nicht heißt, dass man sich nicht oft auch davon inspirieren lassen sollte.

Resume-Driven Design

Ein anderes Phänomen, das meiner Meinung nach in starkem Zusammenhang mit Hypes zu sehen ist, nennt sich Resume-Driven Design. Ein Hype setzt Techniker in gewisser Weise unter Druck. Wenn man nicht mithält, läuft man Gefahr, seinen Marktwert zu verlieren. Das führt dazu, dass man einen Hype im Unternehmen auch unbedingt ausprobieren möchte. Personalabteilungen sind sich dessen bewusst und haben die Erfahrung gemacht, dass sie kaum Mitarbeiter am Arbeitsmarkt finden, wenn sie diesen nicht anbieten, alle aktuellen Hypes auch ausprobieren zu dürfen. Somit wird früher oder später der Hype benötigt, um bei einem neuen Unternehmen arbeiten zu können. Aus diesem Grund werden manchmal Konzepte gewählt, die diesen Hypes entsprechen, damit man den Hype danach im Lebenslauf angeben kann.

10.3.4 Haben Sie keine vernünftige Kultur des Debattierens

Wie oft habe ich schon hitzige Diskussionen von Mitarbeitern erlebt, die inhaltlich eigentlich komplett wertlos waren. Ein Klassiker ist dabei die Frage, ob man auf den Microservice-Architekturstil setzen sollte oder nicht. Eine solche Diskussion scheitert dabei schon oft daran, dass die Kontrahenten in dieser Debatte von unterschiedlichen Definitionen dieses Begriffs (siehe Abschnitt 8.3.2.1) ausgehen. Dies fällt aber nicht weiter ins Gewicht, da die Diskussion meist schon lange auf einer rein persönlichen Ebene geführt wird. So etwas bringt natürlich kein Team in seiner Entwicklung weiter. Als Coach schreite ich dann ein und stelle Fragen, die die Debatte wieder versachlichen.

Als Führungskraft würde ich bei jeder Gelegenheit für eine Kultur des sachlichen Debattierens sorgen. Eine Idee dazu wäre, einmal pro Jahr einen Debattierwettbewerb mit den Mitarbeitern zu organisieren. Dabei wird ein Thema gewählt wie: „Soll ein bedingungsloses Grundeinkommen eingeführt werden?“ Die Teams dürfen sich dann allerdings nicht aussuchen, ob sie Pro oder Contra argumentieren, sondern bekommen die Position, die sie in der Debatte vertreten werden, zugelost. Das führt dazu, dass man sich in der Diskussion nicht persönlich mit einer Überzeugung identifiziert. Dadurch wird geübt, auf rein sachlicher Ebene zu diskutieren.

10.3.5 Überzeugen Sie unsere Personalabteilung mit Ihrem Lebenslauf

Die erste Gelegenheit, bei der ein Unternehmen etwas im Bereich IT falsch machen kann, ist die Job-Annonce. Die typischen Fehler, die dabei gemacht werden, sind:

- Es macht wenig Sinn, von einem Ingenieur zu erwarten, dass er oder sie sich in der Bewerbung besonders gut präsentiert. Das ist schließlich nicht die Stärke von Ingenieuren. Wenn sie diesen Skill hätten, wären sie vermutlich Werbegrafiker geworden. Ein Techniker hat Spaß am Tüfteln und nicht am Verkaufen.
- Es bringt vergleichsweise eher wenig, Kenntnisse einer bestimmten Technologie zu verlangen. Diese ändern sich ohnehin laufend. Ich persönlich würde lieber jemand einstellen, der in einer anderen Technologie wirklich gut ist, als jemand, der die geforderte Technologie nur so halbwegs beherrscht. Andere Technologien kann derjenige bestimmt lernen.

10.3.6 Ignorieren Sie Feedback Ihres Teams zu Machbarkeit und Sinnhaftigkeit

Die folgende Geschichte, wenn auch evtl. historisch nicht ganz korrekt, soll als Warnung dienen, Ziele nicht zu hoch zu stecken, wie es beispielsweise eine Big-Bang-Migration tun würde. Außerdem lehrt sie uns, auf Feedback der Leute, die es eigentlich besser wissen müssten, auch einzugehen: Während des Dreißigjährigen Kriegs erteilte der König von Schweden seinen Ingenieuren den Auftrag, das größte und beste Schiff zu konstruieren, welches die Welt jemals gesehen hatte. Vor allem bestand er darauf gleich zwei Kanonendecks übereinander einzubauen [Paa08], die diesbezüglichen Einwände seiner Mitarbeiter in den Wind schlagend und in der Meinung, dass sich diese nur nicht genug anstrengen würden. Er setzte seine Mannschaft so lange unter Druck, bis im Endeffekt keine andere Meinung als seine eigene akzeptiert wurde, denn schließlich wollte keiner seiner Untergebenen seinen Kopf riskieren. So wurden die Aufwände zur Aufrüstung der Seemacht in diesem einen Projekt konzentriert und das größte Schlachtschiff gebaut, welches die Welt bis dahin gesehen hatte. Nach Fertigstellung und Stapellauf kam die „Vasa“ nur etwa 1000 Meter weit und sank daraufhin mit Mann und Maus.

Wobei mir natürlich klar ist, dass man als Manager unmöglich auf jeden Widerstand, welchen es einfach gegen jegliche Form der Veränderung geben wird, Rücksicht nehmen kann. Und diesen wird es immer geben, schließlich bedeutet jede Veränderung für Mitarbeiter, dass sie eine Zeitlang ihre Komfortzone werden verlassen müssen. Die Unterscheidung zwischen berechtigtem Widerspruch und einer generellen Ablehnung gegenüber allem Neuen ist wohl das ganz besondere Fingerspitzengefühl, welches gute Führungskräfte auszeichnet.

10.3.7 Betreiben Sie Cargo-Kulte

Von einem Cargo-Kult spricht man, wenn an einmal getroffenen Entscheidungen, Mustern und Vorgehen festgehalten wird, auch wenn es für Außenstehende längst offensichtlich ist, dass dadurch keinerlei Mehrwert entsteht. Die grundlos getätigten Handlungen werden zum Teil des Selbstverständnisses und nach einer Weile gar nicht mehr hinterfragt. Man kann demnach auch sagen: als eine Art Kult zelebriert. Ein amüsantes Beispiel aus der Welt der Südsee-Insulaner, den Begründern der ersten Cargo-Kulte während des zweiten Weltkriegs, sind die sogenannten John-Frum-Kulte [Daw16]. Anhänger gibt es auf einigen Inseln des Pazifiks auch heute noch. Obwohl es bei der historischen Person John Frum nicht einmal völlig klar ist, ob dieser überhaupt jemals existierte, wird er dort trotzdem mancherorts als eine Art Messias verehrt. Bei einigen gezielten Versuchen, diese Kulte zu unterdrücken, handelte es sich meist um völlig sinnlose Unterfangen. Einer der Anführer behauptete, John Frum würde per Flugzeug und reich an Fracht (eben: Cargo) wiederkehren. Neben eine Landepiste stellte man einen Kontrollturm aus Bambus und setzte Fluglotsen hinein, die Kopfhörerattrappen aus Kokosnussschalen trugen. Auf der Startbahn standen Flugzeugattrappen, die als Täuschung dienten und John Frums Flugzeug anlocken sollten.

Einige Jahre später reiste der berühmte englische Tierfilmer Sir David Attenborough auf eine der Inseln, um einen der Anführer des Kults zu treffen. Dieser behauptete, er würde regelmäßig über Funk mit John Frum sprechen. Das Funkgerät bestand aus einer alten Insulanerin, welche man mit einem Draht umwickelt hatte, und deren Kauderwelsch, welches sie in Trance von sich gab, wurde als Botschaft von John Frum gedeutet.

Wenn auch nicht in einer solchen Extremform, so behaupte ich aber doch, dass wir alle prinzipiell für solch unlogisches Verhalten anfällig sind. Wenn Sie hin und wieder alles, was Sie tun, mal ganz ehrlich auf die Sinnhaftigkeit hinterfragen, dann werden Sie evtl. ab und zu auch mal den einen oder anderen Kult bei sich selbst aufdecken können. Übrigens ist es gar nicht so einfach, sich so etwas dann einzugestehen, da man vor sich selbst und anderen nicht gerne zugeben möchte, soviel Lebensmühe in etwas völlig Witzloses investiert und damit verschwendet zu haben.

10.3.8 Verlassen Sie sich darauf, dass die Teams sich immer selbst organisieren

Im Grunde ist es für Ihren Erfolg natürlich egal, wie ein Unternehmen es schafft, dauerhaft eine effiziente Architekturarbeit sicherzustellen. Mit dem agilen Hype (siehe Abschnitt 10.3.3) war man plötzlich vielerorts der Meinung, dass sich Teams ganz einfach von selbst organisieren, wenn man den Mitarbeitern nur entsprechend Zeit dafür ließe. Es kristallisiert sich also früher oder später heraus, welche der Mitarbeiter sich um das Architekturthema kümmern. So jedenfalls die Theorie.

In der Praxis habe ich allerdings ganz andere Erfahrungen gemacht. Oft wird die Einführung der Agilität als Ausrede hergenommen, um sich danach um einst lästige Themen nicht mehr zu kümmern. Diese Themen wurden in der alten Bürokratie zuvor als lästig wahrgenommen, weil sie dort mit einer völlig falschen Herangehensweise in Angriff genommen wurden. Und dazu zählen leider oft Themen wie Softwarearchitektur oder auch Dokumentation.

Sie können gerne eine Zeitlang zusehen, welche Aufgaben die Mitarbeiter in einem agilen Team in den ersten Sprints von selber übernehmen. Bei den Dingen, um die sich aber danach noch immer niemand kümmert, ist es sicherlich legitim, wenn jemanden nominiert wird, der sich im Anschluss darum zu kümmern hat.

10.3.9 Sorgen Sie für ein hohes Maß an Produktivität durch eine hohe Auslastung der Mitarbeiter

Wohl kaum einem Manager wird der Grad an Produktivität seines Unternehmens egal sein. Dass es für ein Unternehmen, das Software entwickelt, schwierig ist, dies festzustellen, hatte ich in diesem Buch ja bereits einige Male erwähnt. Eine Möglichkeit, die zunächst einmal aussieht, als wäre sie messbar, ist es dafür zu sorgen, dass es möglichst selten bei den Mitarbeitern zu Phasen kommt, in denen sie an keinem der zu bearbeitenden Themen auch wirklich etwas machen können. Um dies sicherzustellen, werden dann meist die Aufgaben der Mitarbeiter so gut es geht parallelisiert. Schließlich ist die Gefahr eines Leerlaufs besonders gering, wenn man besonders viele Aufgaben gleichzeitig zu erledigen hat, weil man dann einfach immer an einem anderen Thema weiterarbeiten kann. So etwas ist auch eine prima Ausrede, um als Manager keine Prioritäten setzen zu müssen.

Dies führt allerdings dazu, dass die Mitarbeiter einen Großteil ihrer Zeit damit beschäftigt sind, gedankliche Kontextwechsel von einem Thema zu einem anderen zu machen. Das kostet den Mitarbeiter Kraft und das Unternehmen wertvolle Zeit und somit Geld, und das, wo man eigentlich das Gegenteil erreichen wollte. Mein Meditationslehrer Klaus Kirchmayr (*https://geist-reich.jetzt/*) führt manchmal mit Managern in seinen Workshops die folgende Übung durch, um ihnen zu zeigen, wie toxisch eine Parallelisierung von Aufgaben für die Produktivität von Mitarbeitern in Wirklichkeit ist:

- Zunächst schreibt jeder auf ein Blatt Papier zwei Sätze wie „Ich liebe Multitasking" und gleich darunter „Produktivität ist gut". Zuerst den ersten Satz am Stück und danach darunter den zweiten.
- Es wird die Zeit gemessen, die dafür gebraucht wurde. Wobei es sich meist nur um wenige Sekunden handelt.
- Danach wird die Übung mit denselben zwei Sätzen wiederholt. Diesmal wird aber von beiden Sätzen zunächst der erste Buchstabe untereinander geschrieben (also I und darunter P), dann der zweite Buchstabe von beiden Sätzen (C und R) usw.
- Es wird wieder die Zeit gemessen. Sie beträgt meist das X-fache der Zeit des ersten Teils der Übung.

Abgesehen von einem möglichen Produktivitätsverlust: Eine Mußestunde ist vielleicht genau der Zeitpunkt, wo einem Mitarbeiter auch die Ideen kommen, die den Unterschied zwischen Erfolg und Misserfolg ausmachen. Wann soll denn ein Holzfäller seine Axt schärfen, wenn das Unternehmen den Erfolg daran misst, dass auch wirklich pausenlos Bäume gefällt werden?

10.4 Nachhaltige Softwarearchitektur

Was ist Nachhaltigkeit in der Softwarearchitektur? Blicken wir auf eine andere Branche, wie die Fischerei, dann ist die Definition vermutlich klar. Man entnimmt dem Ozean nur so viel an Fisch, dass sich der Bestand bis zum nächsten Jahr wieder von selbst vollständig regenerieren kann. Abgesehen vom Schutz der Umwelt steckt natürlich ein Eigeninteresse dahinter, denn schließlich möchte man in den Jahren danach nicht der eigenen Existenzgrundlage beraubt werden. In der IT ist es ähnlich. Die Softwarearchitektur soll sicherstellen, dass die Arbeit an einem System auch in den kommenden Jahren noch produktiv möglich ist. Und genauso wie in der Fischerei gelingt uns dies nicht immer.

Ich bin ein großer Fan der Definition von Softwarearchitektur, wie sie Uwe Friedrichsen mal in einem seiner exzellenten Vorträge vorgestellt hat [Fri19]. Er teilt dabei die klassischen Qualitätsanforderungen (ich weiß, ich wiederhole mich, dieses Thema hatten wir in Abschnitt 1.2) in zwei Kategorien:

- Kosten von Änderungen: Dazu zählen Ziele wie Änderbarkeit, Wartbarkeit, Verständlichkeit, Skalierbarkeit oder Portabilität.
- Korrektes Verhalten: Hierzu werden Ziele wie Performance, Effizienz, Sicherheit, Funktionale Korrektheit oder Zuverlässigkeit gezählt.

Darauf aufbauend definiert er Folgendes: Die Aufgabe der Softwarearchitektur ist es, die kumulativen Kosten über die Lebensdauer des Systems im Zaum zu halten und dabei das korrekte Verhalten zur Laufzeit auf Dauer sicherzustellen.

Muss man dies immer tun? Eigentlich ja, es sei denn, es handelt sich um einen der folgenden seltenen Fälle:

- Manche Systeme haben von Anfang an eine begrenzte Laufzeit. Hier ist es nicht nötig, einen langfristigen Plan zu erstellen.
- Manchmal werden Systeme so selten released, dass sich bis dahin so viel geändert hat, dass es einfacher ist, das System neu zu entwickeln und vom alten System nur die Dinge zu übernehmen, die auch tatsächlich nach wie vor gebraucht werden.

In allen anderen Fällen empfehle ich, die Dinge zu berücksichtigen, von denen ich Ihnen in diesem Werk vorgeschwärmt habe. Wenn Sie davon noch nicht genug haben oder eine Anregung dazu loswerden möchten, können Sie gerne auf der Website zu diesem Buch vorbeischauen oder mir eine E-Mail senden:

https://5c-design.info

hdowalil@gmail.com

Und ja, Sie dürfen das wirklich tun. Nur keine Scheu ...

Bevor wir abschließend die Inhalte nochmals zusammenfassen, möchte ich Sie noch auf die laufende Verfilmung dieses Buches als Online-Videokurs hinweisen. Diesen finden Sie unter der folgenden Adresse: *https://www.udemy.com/user/herbert-dowalil/*

10.5 Key-Take-Aways

- Softwarearchitektur wird von Qualitätszielen getrieben (ich glaube, die kamen in Abschnitt 1.2).
- Die Umsetzung unterschiedlicher Qualitätsziele kann Kompromisse nötig machen (T01-Quality).
- Es gibt diverse Best Practices, um gewünschte Qualitätsziele zu erfüllen, wie z. B. Skalierbarkeit (Abschnitt 7.3.6). Das Mittel, um dauerhaft einfache Änderbarkeit und somit Wartbarkeit einer Softwarelösung sicherzustellen. ist die Modularisierung. Dabei handelt es sich um die Zerlegung einer Software in ihre Einzelteile, um diese jeweils einfacher handhabbar zu machen.
- Es ist normalerweise nicht einfach möglich, eine definitive Strategie der Zerlegung und Modularisierung vorab zu entwerfen, weshalb man diese Tätigkeit auf die Zeit vor der Arbeit am Produkt und auf die Zeit währenddessen aufteilt (Abschnitt 1.5).
- Manche Anforderungen lassen sich einfach zerlegen, andere wiederum nicht so gut. Es kommt darauf an, wie verschränkt die Businessregeln in den Anforderungen bereits sind (Abschnitt 10.2). Besser als die Strukturen der Anforderungen selbst werden Sie eine Zerlegung nicht hinbekommen können.
- Wie man modularisiert, lernt man am besten, indem man selbst codiert (Kapitel 2 und 3). Es ist nicht ratsam, seine Karriere damit zu beginnen, Strukturen von Systemlandschaften zu planen.
- Einzelne Module grenzen sich besonders gut von anderen ab, wenn ihre Interna mehr miteinander zu tun haben als mit anderen Modulen (P02-SoC). Das erreicht man am besten, indem man Daten und Logik miteinander kapselt (Abschnitt 10.1).
- Damit die Idee der Dekomposition sich auch in der tatsächlichen Lösung wiederfindet, bietet sich der Einsatz eines Tools an (Abschnitt 3.6).
- Ein gut entworfenes Modul ist möglichst eigenständig geschnitten (CUT), verbirgt seine Interna so gut es geht vor der Außenwelt (CONCEAL), definiert einen sauberen Vertrag zur Interaktion (CONTRACT) und wird mit explizit gewählten anderen Modulen auf möglichst lose Art und Weise verbunden (CONNECT). Wenn die Anzahl an Modulen wiederum unübersichtlich wird, dann können diese Module selber wieder Interna von Modulen einer höheren Abstraktionsebene darstellen (CONSTRUCT). Diese Punkte sind auch als das 5C-Modell zur effizienten Zerlegung von Software bekannt (Kapitel 4).
- Um die strukturelle Qualität zu messen, als Gradmesser für das Gelingen der Modularisierung, gibt es diverse Kennzahlen (Abschnitt 5.1). Diese sagen allerdings nur indirekt etwas über die Wartungsproduktivität aus, weshalb es bei deren Einsatz viele Dinge zu berücksichtigen gibt (Abschnitt 5.2).
- Ein Modell zur Dekomposition von Software ist das Domain-Driven-Design (Kapitel 6), das allerdings noch die Ideen der OOP verinnerlicht hat, ziemlich abstrakt ist und heute teilweise anders diskutiert wird als es ursprünglich gemeint war. Ein einfach anzuwendendes Patentrezept ist auch dieses DDD daher nicht.

- Verteilte Systeme (Kapitel 7) besitzen gegenüber Deployment-Monolithen diverse Vor- und Nachteile. Wenn Sie auf Verteilung setzen möchten, tun Sie dies auf der Abstraktionsebene (CONSTRUCT), ab der deren Vorteile die Nachteile überwiegen.
- Microservices (Abschnitt 8.3.2), also DER aktuelle Hype in der Softwarearchitektur, sind ein Architekturstil von ausgesprochen unklarer Definition. Es scheint sich um eine Mischung aus modularem Entwurf und Verteilung zu handeln. Allerdings wird dabei meiner Meinung nach die Verteilung überbewertet bzw. deren Nachteile werden auch gerne mal ignoriert. Als Hype ist das Thema ohnehin mit Vorsicht zu genießen (Abschnitt 10.3.3).
- Die Arbeit zur Modularisierung höherer Abstraktionsebenen wird Makro-Architektur genannt (Kapitel 8). Prinzipiell werden dort dieselben Ziele verfolgt wie auf unteren Abstraktionsebenen und die Arbeit ist ebenfalls vom Prinzip her dieselbe. Durch Aufteilung in strategische und taktische Tätigkeiten schafft man es, die Dekomposition der Makro-Architektur als explizites Thema zu behandeln. Dies ist auch wichtig und wird in letzter Zeit wegen des Scheiterns der klassischen EA leider immer öfter weggelassen. Die klassische EA kannte diese Aufteilung in Strategie (Makro-Architekturarbeit) und Taktik (Mikro-Architektur) nämlich nicht.
- Wenn das Kind bereits in den Brunnen gefallen sein sollte und die Modularisierung der Software nachweislich fehlgeschlagen ist, so zeigt sich dies bestimmt an der Nicht-Erfüllung gewünschter Qualitätsziele. Um so eine Situation zu bereinigen, muss man zunächst einmal die gewünschten Qualitätsziele kennen und dazu passend eine Zielarchitektur entwickeln (Kapitel 9).
- Wenn die Zielarchitektur nur wenig von der tatsächlichen Architektur der Software abweicht, lassen sich taktische Maßnahmen zur Verbesserung dieser einsetzen (Abschnitt 9.1.2), wenn nicht, müssen die langwierigeren und risikoreicheren strategischen Maßnahmen verwendet werden (Abschnitt 9.1.3). Ein Big-Bang-Rewrite ist weniger wegen des Aufwands, sondern vielmehr wegen des damit einhergehenden Risikos abzulehnen.
- Die Entstehung von Qualitätsproblemen geschieht teilweise mehr oder weniger von selbst. Das lässt sich im Grunde gar nicht verhindern, weshalb Sie auf jeden Fall zumindest auf eine der taktischen Methoden zum Umgang mit Qualitätsmängeln setzen sollten (Kapitel 9).

11 Anhang

11.1 Prinzipien

Kürzel	Prinzip	SOLID	Ist untergeordnet
P01-YAGNI	You ain't gonna need it; Keep it simple, stupid		
P02-SoC	Separation of Concerns; Single Responsibility	**S**	CUT
P03-Cohesion	High Cohesion		CUT
P04-SLA	Single Level of Abstraction		P02-SoC
P05-DumbPipe	Dumb Pipes and Smart Endpoints		P02-SoC
P06-IOSP	Interface Operation Segregation		P04-SLA
P07-Hide	Information Hiding		CONCEAL
P08-Demeter	Law of Demeter		P07-Hide
P09-Open	Open Closed	**O**	CUT, CONTRACT
P10-DbC	Design by Contract		CONTRACT
P11-Liskov	Liskovsches Substitutionsprinzip	**L**	CONTRACT
P12-InSeg	Interface Segregation	**I**	CONTRACT
P13-AoI	Abstractions over Implementations		CONTRACT
P14-Tolerant	Tolerant Reader		CONTRACT
P15-Robust	Robustness		CONTRACT
P16-DRY	Don't Repeat Yourself		CONNECT
P17-DepInv	Dependency Inversion	**D**	CONNECT
P18-Loose	Loose Coupling		CONNECT

11.2 Antipattern und klassische Denkfehler

Kürzel	Beschreibung	Verletztes Prinzip
A01-MisInh	Übertriebene Verwendung der Vererbung in der OOP zur Wiederverwendung von Funktionalität.	CONTRACT
A02-GodObj	Zu viel an Logik an zentraler Stelle.	CUT
A03-Magic Abstract	Der Glaube an eine magische Abstraktion, welche angeblich maximale Flexibilität garantiert.	P01-YAGNI
A04-Cyclic	Zyklische Abhängigkeiten führen zu vielen transitiven Abhängigkeiten meist durch das gesamte System hindurch. Deshalb sollten sie vermieden werden.	CONNECT
A05-Canonical	Kanonische Daten-, Format- und Schnittstellenmodelle sind zu komplex auf globaler Ebene, als dass sie aber in einer gewissen Größenordnung noch praktikabel wären.	CONTRACT
A06-Cascades	Dieselbe Abhängigkeit sollte sich nicht kaskadierend über transitiv eingehende Abhängigkeiten fortpflanzen.	CONNECT
A07-MaxReuse	Architekturen sollten nicht zur Maximierung der Wiederverwendung entworfen werden, sondern eher Kapselung bzw. Modularisierung betonen. Jedes Modul sollte man möglichst einfach ersetzen können.	CONCEAL

11.3 Gesetze der Softwareentwicklung

Kürzel	Verweis
L01-Hyrum	Abschnitt 4.3
L02-Goodhart	Abschnitt 5.2.1.3
L03-Conway	Abschnitt 8.1

11.4 Klassische Trade-offs (Kompromisse) der Softwareentwicklung

Kürzel	Dilemma/Kompromiss
T01-Quality	Oft muss die Erfüllung gewisser Qualitätsziele gegeneinander abgewogen werden, weil solche Ziele im Widerspruch zueinander stehen. Solche Widersprüche kann es auch zu Rahmenbedingungen (wie dem Budget) geben.
T02-Regulation	Wie sehr soll man die Konzepte unterschiedlicher Teams aneinander angleichen? Es gibt immer ein gewisses Spannungsfeld zwischen Freiheit und Einheitlichkeit.
T03-TeamSize	Ein kleines Team kommt mit einer geringeren Anzahl an Kommunikationsoverhead aus, während größere Teams oft von den Skills her kompletter und eigenständiger sein können.
T04-DRYvsIndependence	Manchmal nimmt man Redundanzen in Kauf, um Abhängigkeiten zu vermeiden. Abhängigkeiten bedeuten ebenfalls Aufwände, und wenn diese größer wären als die Redundanz, ist es nur logisch, auf die Redundanz zu setzen.
T05-RefactoringDelta	Bei einem Refactoring einer bestehenden IST-Architektur zu einer neuen SOLL-Architektur kann es sinnvoll sein, bei der SOLL-Architektur Kompromisse einzugehen. Man wählt u.U. eine Lösung, die zwar nicht so ideal ist wie eine andere, die aber näher an der IST-Architektur ist, um die Aufwände und Risiken des Refactoring im Zaum zu halten.
T06-RefactoringNewFeatures	Während eines Refactoring kann man die Stakeholder auf neue Features warten lassen, neue Features bereits in die neue Lösung einbauen oder neue Features in alter und neuer Lösung implementieren. Die Ansätze haben jeweils Vor- und Nachteile.
T07-Technology Dependency	Eine neue Technologie zu verwenden, bringt Nutzen, aber auch immer Aufwände z.B. für eine mögliche Migration oder spätere Ablöse mit sich. Nutzen und Aufwände sollen bei Einführung einer neuen Technologie immer abgewogen werden.
T08-StructOrg	Bei der Festlegung der Strukturen eines Systems kann es Sinn machen, die organisatorischen Strukturen des Unternehmens zu berücksichtigen.

11.5 Begriffe

Abhängigkeit direkt bzw. indirekt	Eine Komponente ist von einer anderen direkt abhängig, wenn sie eine Schnittstelle dieser benützt. Indirekte Abhängigkeiten ergeben sich durch die weiteren Abhängigkeiten der verwendeten Komponenten.
Abstraktionsebene	Konkrete Ebene in den Strukturdimensionen
Antipattern	Ein Muster, welches früher als Pattern galt, wo sich aber herausstellte, dass durch den Einsatz mehr Nachteile als Vorteile entstehen.
Big Ball of Mud	Synonym für ein komplexes System, dem es völlig an jedem Strukturentwurf mangelt.
Baustein	*siehe Komponente*
Consumer	Benutzer einer Schnittstelle, die eine andere Komponente exportiert.
Dependency	*siehe Abhängigkeit*
Design	*siehe Mikro-Architektur*
Distributed System	*siehe Verteiltes System*
Elfenbeinturm	Ein leider allzu oft anzutreffendes organisatorisches Antipattern. Es werden damit Abteilungen bezeichnet, die aufgrund ihrer Abschottung von der Realität bei den Zielen, die sie verfolgen, sich nur mehr auf sich selbst konzentrieren.
Inkrement	Eigenständig lauffähiges Teilergebnis.
Iteration	Einzelner gleichartiger Schritt eines Vorgehens, welches auf Grund seiner Länge oder Komplexität in kürzere Einzelschritte aufgeteilt wurde.
Komponente	Ein modularer Teil eines Systems. Dieser wird durch seine extern wahrnehmbaren Eigenschaften beschrieben, wie ein- und ausgehende Schnittstellen, auf deren Basis er austauschbar ist.
Layer	Strukturschnitte von vollständiger horizontaler Ausdehnung und technischer (nicht fachlicher) Orientierung.
Legacy	Die „Erbschaft", womit üblicherweise die Altsystemlandschaft des Unternehmens gemeint ist. Oft wird es auch einfach als synonym für schlechte Architekturen verwendet (*siehe Big Ball of Mud*).
Makro-Architektur	Architekturthemen der hohen Abstraktionsebenen.
Microservices	Hype und nicht näher definierter Architekturstil, meist modular und meist auf Basis eines verteilten Systems.
Mikro-Architektur	Architekturthemen niedriger Abstraktionsebenen.
Modul	*siehe Komponente*

Monolith	Software, welche am Stück gebaut und ausgeliefert wird. Die einzelnen Komponenten müssen dazu auf derselben Technologieplattform aufsetzen. Die Kommunikation zwischen den einzelnen Komponenten erfolgt innerhalb desselben Prozesses. Das System ist nicht verteilt.
Muster	*siehe Pattern*
Pattern	Bewährtes Lösungsmuster für eine Problematik in einem bestimmten Kontext, die in Design oder Architektur häufiger anzutreffen ist.
Provider	Komponente, die eine Schnittstelle für mögliche Consumer bereitstellt.
Qualitätsanforderung	Ein Wunsch des Kunden ob eines gewissen Verhaltens der Software. Dieser ist nicht funktionaler Natur. Ein solcher existiert impliziert oder explizit. Er ist spezifisch oder unspezifisch.
Qualitätsmerkmal	Ein Aspekt nichtfunktionaler Natur einer Software, der sich bei Benutzung dieser zeigt.
Qualitätsszenario	Eine Konkretisierung eines Qualitätsmerkmals bzw. einer Anforderung. Es handelt sich dabei um eine kurze Geschichte ähnlich einer Userstory, die beispielhaft die Verwendung des Systems zeigt, bei der sich ein gewisses gewünschtes Qualitätsmerkmal zeigt.
Qualitätsziele	Die durch die Auftraggeber am höchsten priorisierten gewünschten Qualitätsmerkmale einer Software.
Schichten	*siehe Layer*
Schnitte	Grenzen der einzelnen Komponenten in einer Architektur.
Seiteneffekt	Änderungen an einer Komponente, die zu einer unerwünschten Auswirkung auf eine andere Komponente führt.
Service	Eine Komponente in einem verteilten System.
SOA	Nicht exakt definierter Architekturstil, meist in Verbindung mit diversen Antipatterns wie A07-MaxReuse.
Strukturdimensionen	Ebenen der Verschachtelung von Komponenten ineinander. Je größer das System, desto mehr davon machen Sinn.
Verteiltes System	Eine Systemlandschaft, bei der die einzelnen Bausteine nicht im selben Prozess laufen, sondern meist über das Netzwerk miteinander kommunizieren.
Wartung	Laufende Betreuung (Änderungen, Updates) eines Softwaresystems.

Literatur

[aim42-19a]	*aim42:* Change-by-Split Approach. *http://aim42.github.io/#change-by-split-approach* (Download am 16.12.2019)
[aim42-19b]	*aim42:* Composite Database Approach. *http://aim42.github.io/#change-by-split-approach* (Download am 16.12.2019)
[Bog18]	*Bogard, Jimmy:* My Microservices FAQ. *https://jimmybogard.com/my-microservices-faq*, 15.02.2018
[Bro86]	*Brooks, Fred:* No Silver Bullet – Essence and Accident in Software Engineering. *http://faculty.salisbury.edu/~xswang/Research/Papers/SERelated/no-silver-bullet.pdf*, 1986
[Bro19]	*Brown, Neil:* Message Broker or Bus – what's the difference? *https://neiljbrown.com/2017/05/13/message-broker-or-bus-whats-the-difference* (Download am 13.12.2019)
[Bus96]	*Buschmann, Frank, et al.:* Pattern-Oriented Software Architecture. Wiley, 1996
[Cho18]	*Choi, Janet:* Why Jeff Bezos' Two-Pizza Team Rule Still Holds True in 2018. *http://blog.idonethis.com/two-pizza-team/*, 04.12.2018
[Con68]	*Conway, Melvin E.:* How Do Committees Invent? In: F. D. Thompson Publications, Inc. (Hrsg.): Datamation. 1968
[Con79]	*Constantine, Larry, et al.:* Structured Design: Fundamentals of a Discipline of Computer Program and Systems Design. Prentice Hall, 1979
[Dah10]	*Dahan, Udi:* The known unknowns of SOA. 15.11.2010, *http://udidahan.com/2010/11/15/the-known-unknowns-of-soa*
[Dij68]	*Dijkstra, Edsger W.:* A Case against the GO TO Statement, 03.1986, *https://www.cs.utexas.edu/users/EWD/transcriptions/EWD02xx/EWD215.html*
[Dij74]	*Dijkstra, Edsger W.:* On the role of scientific thought, 30.08.1976, *https://www.cs.utexas.edu/users/EWD/transcriptions/EWD04xx/EWD447.html*
[Daw16]	*Dawkins, Richard:* Der Gotteswahn. Ullstein, 2016
[Dow18]	*Dowalil, Herbert:* Visibility Metrics and the Importance of Hiding Things. 02.10.2018, *https://dzone.com/articles/visibility-metrics-and-the-importance-of-hiding-th*

[Eva03]	*Evans, Eric:* Domain-Driven Design: Tackling Complexity in the Heart of Software. Addison Wesley, 2003
[Fea10]	*Feathers, Michael C.:* Effektives Arbeiten mit Legacy Code. Refactoring und Testen bestehender Software. Mitp, 2010
[Fow04]	*Fowler, Martin:* StrangerFigApplication, 29.06.2004. *https://martinfowler.com/bliki/StranglerFigApplication.html*
[Fow10]	*Fowler, Martin:* Richardson Maturity Model, steps toward the glory of REST, 18.03.2010. *https://martinfowler.com/articles/richardsonMaturityModel.html*
[Fow15]	*Fowler, Martin:* Monolith First, 03.07.2015. *https://martinfowler.com/bliki/MonolithFirst.html*
[Fra95]	*Frankfurt, Harry:* On Bullshit. Princeton University Press, 2005
[Fri19]	*Friedrichsen, Uwe:* Essential architectural thinking, 08.10.2019. *https://speakerdeck.com/ufried/essential-architectural-thinking*
[Gaf17]	*Gafert, Peter:* Java-Architekturen testen mit ArchUnit, 31.10.2017. *https://www.informatik-aktuell.de/entwicklung/programmiersprachen/java-architekturen-testen-mit-archunit.html*
[Gam16]	*Gamma, Erich, et al.:* Wir möchten, dass VS Code zum beliebtesten Code-Editor wird, 06.07.2016. *https://jaxenter.de/vs-code-interview-gamma-42932*
[Gam94]	*Gamma, Erich, et al.:* Design Patterns. Elements of Reusable Object-Oriented Software. Prentice Hall, 1994
[Goo75]	*Goodhart, Charles A. E.:* Problems of Monetary Management: The U.K. Experience. In: Reserve Bank of Australia (Hrsg.): Papers in Monetary Economics. Band 1, 1975
[Hal77]	*Halstead, Maurice:* Elements of Software Science. Elsevier North-Holland, 1977
[Ham13]	*Hammant, Paul:* Strangler Applications. *https://paulhammant.com/2013/07/14/legacy-application-strangulation-case-studies/* (Download am 16.12.2019)
[Hic12]	*Hickey, Rich:* Simplicity Matters, Rails Conf Keynote, 2012. *http://confreaks.tv/videos/railsconf2012-keynote-simplicity-matters*
[Hen07]	*Henner-Fehr, Christian:* Das 4-Mat-System: Erfolgreich präsentieren, 09.03.2007. *https://kulturmanagement.blog/2007/03/09/das-4-mat-system-erfolgreich-prasentieren/*
[Hen10]	*Henney, Kevlin:* 97 Things Every Programmer Should Know. O'Reilly and Associates, 18.03.2010
[Hod16]	*Hodgson, Pete:* Feature Toggles, 08.02.2008. *https://martinfowler.com/articles/feature-toggles.html*
[Hoh03]	*Hohpe, Gregor, et al.:* Enterprise Integration Patterns: Designing, Building, and Deploying Messaging Solutions. Addison-Wesley Longman, Amsterdam 2003
[Hol87]	*Holland, Ian:* Law of Demeter: Principle of Least Knowledge. Northeastern University, 1987. *http://www.ccs.neu.edu/home/lieber/LoD.html*

[Hum17]	*Humble, Jez, et al.:* Lean Enterprise: Mit agilen Methoden zum innovativen Unternehmen. O'Reilly, 2017
[Ino17]	*Inoue, Katsuro, et al.:* Component Rank: Relative Significance Rank for Software Component Search, 2017. *http://sel.ist.osaka-u.ac.jp/lab-db/betuzuri/archive/391/391.pdf*
[JAr19]	*JArchitect: https://www.jarchitect.com/Metrics#RelationalCohesion* (Download am 14.12.2019)
[Kel17]	*Keller Wolfgang:* IT-Unternehmensarchitektur: Von der Geschäftsstrategie zur optimalen IT-Unterstützung. dpunkt, 2017
[Kle18]	*Kleppmann, Martin:* Datenintensive Anwendungen designen: Konzepte für zuverlässige, skalierbare und wartbare Systeme. O'Reilly, 2018
[Lak96]	*Lakos, John:* Large-Scale C++ Software Design. Addison-Wesley Professional Computing, 1996
[Lau19]	*Lauret, Arnaud:* The Design of Web APIs. Manning, 2019
[Lie17]	*Lieser, Stefan:* Testbarkeit wieder herstellen: das IOSP, 26.01.2017. *https://refactoring-legacy-code.net/testbarkeit-wieder-herstellen-das-iosp/*
[Lin09]	*Linthicum, David:* Burton Group: SOA is Dead; Long Live Services, 06.01.2009. *https://www.cio.com/article/2431468/burton-group–soa-is-dead–long-live-services.html*
[Lis87]	*Liskov, Barbara:* Data abstraction and hierarchy Konferenz-Keynote, 1987
[Kni12]	*Kniberg, Henrik, et al.:* Scaling Agile @ Spotify, 10.2012. *https://blog.crisp.se/wp-content/uploads/2012/11/SpotifyScaling.pdf*
[Mar02]	*Martin, Robert C.:* Agile Software Development: Principles, Patterns and Practices. Pearson Education, 2002
[Mar13]	*Martin, Robert C.:* Clean Code: A Handbook for Agile Software Craftsmanship. Prentice Hall, 2013
[Mar17]	*Martin, Robert C.:* Clean Architecture: A Craftsman's Guide to Software Structure and Design. Prentice Hall, 2017
[McC76]	*McCabe, Thomas J.:* A Complexity Measure, IEEE Trans. On S.E., 1976
[McK15]	*McKinley, David:* Choose Boring Technology, 30.03.2015. *https://mcfunley.com/choose-boring-technology*
[Mey94]	*Meyer, Bertrand:* Object Oriented Software Construction. Prentice Hall, 1994
[Mil55]	*Miller, George A.:* The Magical Number Seven, Plus or Minus Two, 15.04.1955. *http://www2.psych.utoronto.ca/users/peterson/psy430s2001/Miller%20GA%20Magical%20Seven%20Psych%20Review%201955.pdf*
[Mur10]	*Murer, Stephan:* Managed Evolution: A Strategy for Very Large Information Systems. Springer, 2010
[New15]	*Newman, Sam:* Pattern: Backends For Frontends, 18.11.2015. *http://samnewman.io/patterns/architectural/bff/*
[New17]	*Newey, Adrian:* How to build a car. Harper Collins Publ. UK 2017

[Nyg97]	*Nygard, Michael:* Release It!: Design and Deploy Production-Ready Software. Pragmatic Programmers. O'Reilly UK Ltd., 2007
[Paa08]	*Paal, Günther:* Verluste - eine Geschichte, 2008. *http://www.gunkl.at/Verluste.pdf*
[Par01]	*Parnas, David L.:* Software Fundamentals: Collected Papers by David L. Parnas. Addison Wesley Pub Co Inc., 2001
[Plö19]	*Plöd, Michael:* Hands-on Domain-driven Design - by example. Leanpub, 2019
[Pos89]	*Postel, Jonathan:* Requirements for Internet Hosts - Communication Layers, 10.1989. *https://tools.ietf.org/html/rfc1122*
[Ric18]	*Richardson, Chris:* Microservice Patterns: With examples in Java. Manning, 2019
[Rod01]	*Rodriguez, Daniel, et al.:* An Overview of Object-Oriented Design Metrics, 03.2001. *http://www.cc.uah.es/drg/b/RodHarRama00.English.pdf*
[Rot19]	*Rotem-Gal-Oz, Arnon:* Fallacies of Distributed Computing Explained. *http://www.rgoarchitects.com/Files/fallacies.pdf* (Download am 15.12.2019)
[Rus27]	*Russell, Bertrand:* Is There a God? Why I am not a Christian. 1927
[Shr15]	*Shreve, Alan:* The Neomonolith, 10.07.2015. *https://inconshreveable.com/10-07-2015/the-neomonolith*
[Sne10]	*Sneed, Harry, et al.:* Software in Zahlen: Die Vermessung von Applikationen. Hanser, 2010
[Sta15]	*Starke, Gernot:* Effektive Softwarearchitekturen: Ein praktischer Leitfaden. Hanser, 2015
[Tak17]	*Takai, Daniel:* Architektur für Websysteme. Hanser, 2017
[Tan10]	*Tannenbaum, Andrew S.:* Computer Networks. Pearson, 2010
[Til11]	*Tilkov, Stefan, et al.:* Softwarearchitektur im Großen, OBJEKTspektrum - Ausgabe Architekturen/2011
[Til15]	*Tilkov, Stefan:* REST und HTTP: Entwicklung und Integration nach dem Architekturstil des Web. dpunkt., 2015
[TOG11]	*The Open Group:* TOGAF® Version 9.1. Van Haren Publishing, 2011
[Tot15]	*Toth, Stefan:* Vorgehensmuster für Softwarearchitektur: Kombinierbare Praktiken in Zeiten von Agile und Lean. Hanser, 2015
[Ver17]	*Vernon, Vaughn:* Domain Driven Design kompakt. dpunkt, 2017
[WIK19-a]	*WIKIPEDIA:* ISO/IEC 9126. *https://de.wikipedia.org/wiki/ISO/IEC_9126* (Download am: 11.12.2019)
[WIK19-b]	*WIKIPEDIA:* Service-oriented architecture. *https://en.wikipedia.org/wiki/Service-oriented_architecture* (Download am: 14.12.2019)
[Wol18]	*Wolff, Eberhard:* Das Microservices-Praxisbuch: Grundlagen, Konzepte und Rezepte. dpunkt, 2018
[Zör15]	*Zörner, Stefan:* Softwarearchitekturen dokumentieren und kommunizieren: Entwürfe, Entscheidungen und Lösungen nachvollziehbar und wirkungsvoll festhalten. Hanser, 2015

Index

Symbole

5C Design 67

A

Abhängigkeiten 49, 73, 78, 85
- Ausführungsort 58, 79
- Datenformat 59, 79, 132, 164
- kaskadierende (A06-Cascades) 83
- Organisation 58
- Technologie 58, 79
- transitive 49, 83, 102
- Zeit 79
- zyklische 50, 104

Abstraktion 27
Abstraktion statt Implementierung 28
Abstraktionsebene 2, 80, 95, 124, 140
Accidental Architecture 105
Adapter Pattern 51, 60, 191
Agilität 12
API Gateway 173
Architekturbewertung 159
Architekturmuster 161
Architekturstil 7
Architekturvision 14, 157, 184
Architektur-Werkzeuge 63
ArchUnit 63
Average Component Dependency (ACD) 102

B

Backend for Frontend 174
Baustein 3
Big Ball of Mud 65
Big-Bang Rewrite 188
Bounded Context 116
Builder-Pattern 34
Bulkhead Pattern 86
Bullshit 212
Bürokratie 12, 149

C

C4-Modell 90
CAP-Theorem 126
Changy-by-Split 189
Choreografie 134
Chunks of Information 1
Circuit Breaker Pattern 85
Clean Code 17
Cobra-Effekt 110
Code Reuse 80
Command Query Responsibility Segregation (CQRS) 137
Composite DB 195
Composite-UI 83
Composition over Inheritance 29
CONCEAL (5C) 71
CONNECT (5C) 78
CONSTRUCT (5C) 87
Consumer Driven Contract Test 76

Context Map 119
Continuous Delivery 138
CONTRACT (5C) 72
Conway's Law 148
Cross-Cutting-Concerns 18, 40
CUT (5C) 69

D

Datenbankintegration 80
Datenreplikation 81
Decorator Pattern 29
Dependency Injection 51
Dependency Inversion 52
Deployment-Monolith 59, 72, 80, 83, 106, 179, 180, 194
Depth of Inheritance 108
Design-by-Contract (P10-DbC) 22
Developer-Boy-Scout-Rule 186
Digitalisierung 15
Dokumentation 73, 156
Domain Driven Design 115
Dynamik 4

E

Emergente Eigenschaften 163
Enterprise-Architektur, klassisch 88, 115, 153
Enterprise Service Bus (ESB) 133
Entity-Service 131, 166
Erosion 139
Ersetzbarkeit 85
Event Sourcing 136

F

Facade-Pattern 42
Factory-Method Pattern 56
Fallback 86
Feature-Toggle Pattern 59
Fehlerisolation 139, 158, 180
Flexibilität 67, 165
Framework 198

G

Gateway Pattern 197
Gesetz von Demeter 45
Goodharts Gesetz 110
Governance 161

H

Horizontale Struktur 70
Hypermedia 144
Hypes 215

I

Idempotent Receiver Pattern 127
Idempotenz 126
Immutability 34, 46
Information Hiding 41, 72, 97, 167
Integration-Operation-Segregation (P06-IOSP) 21
Interface-Segregation (P12-InSeg) 25
Inter-Prozess-Kommunikation 123
Intra-Prozess-Kommunikation 123
Invariante 22, 23
Inverse-Conway-Maneuver 149
Inversion-of-Control 53

J

Java Platform Module System (JPMS) 43, 62
JSR 305 24

K

Kanonisches Schnittstellenmodell 73, 117
Kohäsion 46, 98
Komplexität 68, 95, 140, 211
- semantisch 96
- strukturell 96
- Verschachtelung 97

Konsistenz 129
- ACID 129
- BASE 130
Kopplung *siehe* Abhängigkeiten

L

Lastverteilung 174
Layer *siehe* Horizontale Struktur
Leaking Interface 46
Lean-Enterprise 154
Legacy-System 10, 67, 189, 191
Liksov's Substitutionsprinzip 31
Logging 177

M

Makro-Architektur 145
Managing Technical Debt 184
- aim42 184
Maximierung des Reuse (A07-MaxReuse) 84, 88, 163
Melonenprojekt 188
Messaging 82, 135
Metriken 93, 176
- Abreu und Melo 107
- Chidamber und Kemerer 107
- John Lakos 101
- Sichtbarkeit 97
- strukturell 93
Microservices 169
Modularisierung 6
Modulith 179, 207
Modulith-First 140
Monitoring 176
Monolith 123

N

Neomonolith 123, 180
Number of Children 108

O

Observer Pattern 53
Open-Closed 55, 107
Orchestrierung 132, 133
OSGi 124

P

package protected 42, 62
Paradigmenwechsel 88
Prinzipien 36

Q

Qualitative Analyse 160
Quantitative Analyse 159
- dynamisch 160
- statisch 159
Querschnittliche Themen *siehe* Cross-Cutting-Concerns

R

Redundanz 78
Refactoring 183
- neue Features 196
- strategisch 187
Relational Cohesion 98
Relative Average Component Dependency (RACD) 103
Relative Cyclicity 104
Release 13, 59, 138
Remote Procedure Call 81
Request-Reply-Pattern 134
REST 81, 143
Resume-Driven Design 215
Right-Sized Services 172
Robustness Principle (P15-Robust) 77

S

Saga 135
Schnittstellen 13, 21, 32, 55, 60, 72, 167, 193, 206
- Versionierung 75

Seiteneffekte, unerwünschte 7, 13, 22, 49, 102, 109, 139
Self Contained Systems 178
Separation-of-Concerns (P02-SoC) 18
Service 124
Service Discovery 174
ServiceLoader 57
Service-orientierte Architektur (SOA) 161
Single-Level-of-Abstraction (P04-SLA) 19
Single Point of Failure 142
Single-Responsibility *siehe* Separation-of-Concerns
SOA 2.0 172
SOAP 81
Softwarearchitektur 3, 4, 10
- hierarchisch 88, 115
Softwarekrise 1, 15
Software-Package-Metriken 100
Softwarequalität 5, 184
SOLID-Prinzipien 36
Sonargraph 64
Spotify-Modell 151
Stabilität 85, 101, 164
Strangulation-Approach 191
Strategie und Taktik 154
Systemkontext 90

T

Teamgröße 150
Technische Migration 196
Technische Schulden 146, 158, 165, 184, 199
Technologie 198
Teile und herrsche 116
Test 13
Test Driven Development 95
Testpyramide 94
Time-Out 85
Tolerant Reader (P14-Tolerant) 77
Tracing 177
Transactional Outbox Pattern 128

U

Ubiquitous Language 115
Unit-Test 93

V

Vererbung 29
Verteiltes System 72, 112, 123
Vertikale Struktur 70

W

Wartbarkeit 6, 8
Wiederverwendung 84

Y

You ain't gonna need it (P01-YAGNI) 8, 28